U0823195

《中国法院2024年度案例》编委会

主　任　李成林

副主任　李成玉

成　员　雷　鸿　胡田野　王晓芳　袁登明　王　立
梁　欣　郑未媚　程　瑛　王　锐　刘　畅
解文生　曹海荣　李晓果

《中国法院2024年度案例》编审人员（按姓氏笔画）

王　锐　王翼妍　朱　琳　刘　畅　苏　女　李明桓
李晓果　李　强　宋　爽　张淑芬　林　婷　郑未媚
郑悦迪　赵文轩　胡　岩　美丽努尔·图尔荪
姜　丹　唐世银　曹海荣　梁　欣　程　瑛　潘园园

编　务　赵文轩　李明桓

本书编审人员　朱　琳　林　婷

中国法院2024年度案例

国家法官学院　最高人民法院司法案例研究院 / 编

婚姻家庭与继承纠纷

中国法制出版社
CHINA LEGAL PUBLISHING HOUSE

《中国法院2024年度案例》通讯编辑名单

刘晓虹　北京市高级人民法院
王　凯　北京市高级人民法院
张　荷　天津市高级人民法院
徐翠翠　河北省高级人民法院
崔铮亮　山西省高级人民法院
杨智勇　内蒙古自治区高级人民法院
周文政　辽宁省高级人民法院
苏　浩　吉林省高级人民法院
王　妍　黑龙江省高级人民法院
牛晨光　上海市高级人民法院
缪　芳　江苏省高级人民法院
左一凡　江苏省高级人民法院
谷昔伟　江苏省南通市中级人民法院
宋婉龄　江苏省无锡市中级人民法院
杨　治　浙江省高级人民法院
蒋　莹　浙江省高级人民法院
刘伟玲　安徽省高级人民法院
林冬颖　福建省高级人民法院
李智芹　江西省高级人民法院
李　宁　山东省高级人民法院
张　琦　河南省高级人民法院
宋淼军　湖北省高级人民法院
黄　娅　湖北省宜昌市中级人民法院
唐　竞　湖南省高级人民法院
李　雪　广东省高级人民法院
邹尚忠　广西壮族自治区高级人民法院
韦丹萍　广西壮族自治区高级人民法院
黄文楠　海南省高级人民法院
吴　小　重庆市高级人民法院
任　梦　四川省高级人民法院
杨俊杰　云南省高级人民法院
赵鸿章　云南省昆明市中级人民法院
颜　源　贵州省高级人民法院
戚　雷　贵州省贵阳市中级人民法院
王丽萍　西藏自治区高级人民法院
郑亚非　陕西省高级人民法院
张旦旦　甘肃省高级人民法院
王　晶　青海省高级人民法院
康　莹　宁夏回族自治区高级人民法院
石孝能　新疆维吾尔自治区高级人民法院
洪超胜　新疆维吾尔自治区高级人民法院生产建设兵团分院

序

党的二十大擘画了全面建成社会主义现代化强国、以中国式现代化全面推进中华民族伟大复兴的宏伟蓝图，强调全面依法治国是国家治理的一场深刻革命，必须更好发挥法治固根本、稳预期、利长远的保障作用，在法治轨道上全面建设社会主义现代化国家。为落实习近平总书记“一个案例胜过一打文件”的重要指示精神，人民法院始终把完善中国特色案例制度，加强司法案例研究作为推进全面依法治国、支撑和服务中国式现代化的重要途径，通过发布具有普遍指导意义的典型案例，统一法律适用、提高审判质效，提升司法公信力，努力让人民群众在每一个司法案件中感受到公平正义。为更好满足社会各界和人民群众多元化司法需求，把习近平法治思想落实到人民法院审判工作全过程各方面，人民法院案例库于2024年2月27日正式上线并向社会开放，这是进一步完善中国特色案例制度的重要举措，是最高人民法院推出的新的“公共法律服务产品”。

“中国法院年度案例系列”丛书以及时记录人民法院司法审判工作新发展、新成就为己任，通过总结提炼典型案例的裁判规则、裁判方法和裁判理念，发挥案例鲜活生动、针对性强的优势，以案释法，以点带面，有针对性地阐释法律条文和立法精神，促进社会公众通过案例更加方便地学习法律，领悟法治精神，发挥司法规范、指导、评价、引领的重要作用，大力弘扬社会主义核心价值观，积极服务人民法院案例库建设，加强案例库案例研究，促进统一法律适用、提升审判质效，丰富实践法学研究，增强全民法治意识和法治素养，展现新时代我国法治建设新成就。

“中国法院年度案例系列”丛书自2012年编辑出版以来，已连续出版13年，受到读者广泛好评。为更加全面地反映我国司法审判执行工作的发展进程，顺应审判执行实践需要，响应读者需求，丛书于2014年度新增金融纠纷、行政纠纷、刑事案例3个分册，2015年度将刑事案例调整为刑法总则案例、刑法分则案例2个分册，2016年度新增知识产权纠纷分册，2017年度新增执行案例分册，2018年度将刑事案例扩充为4个分册，2022年度将土地纠纷（含林地纠纷）分册改为土地纠纷（含环境资源纠纷）分册。自2020年起，丛书由国家法官学院与最高人民法院司法案例研究院共同编辑，每年年初定期出版。在全国各级人民法院的大力支持下，丛书编委会现编辑出版《中国法院2024年度案例系列》丛书，共23册。

“中国法院年度案例系列”丛书以开放务实的态度、简洁明快的风格，在编辑过程中坚持以下方法，努力让案例书籍“好读有用”：一是高度提炼案例内容，控制案例篇幅，每个案例字数基本在3000字左右；二是突出争议焦点，尽可能在有限的篇幅内为读者提供更多有效、有益的信息；三是注重释法说理，大多数案例由法官撰写“法官后语”，高度提炼、总结案例的指导价值，力求引发读者思考，为司法审判提供借鉴，为法学研究提供启迪。

“中国法院年度案例系列”丛书编辑工作坚持以下原则：一是以研究案例库案例为首要任务。自今年起，“中国法院年度案例系列”丛书优先选用人民法院案例库案例作为研究对象，力求对案例库案例裁判要旨的基本内涵、价值导向、法理基础、适用要点等进行深入分析，增强丛书的权威性、参考性。二是广泛选编案例。国家法官学院和最高人民法院司法案例研究院每年通过各高级人民法院从全国各地法院汇集上一年度审结的典型案例近万件，使该丛书有广泛的精选基础，通过优中选优，可提供给读者新近发生的全国各地多种类型的典型性、疑难性案例。三是方便读者检索。丛书坚持以读者为本，做到分卷细化，每卷案例主要根据案由（罪名）分类编排，每个案例用一句话概括裁判规则、裁判思路、裁判理念、裁判方法或焦点问题作为主标题，让读者一目了然，迅速找到目标案例。

中国法制出版社始终全力支持“中国法院年度案例系列”丛书的出版，给了编者们巨大的鼓励。2024年，丛书将继续提供数据库增值服务。购买本书，扫描前勒口二维码，即可在本年度免费查阅往年同类案例数据库。我们在此谨表谢忱，并希望通过共同努力，逐步完善，做得更好，探索出一条充分挖掘好、宣传好人民法院案例库案例和其他典型案例价值的新路，为广大法律工作者和社会公众提供权威、鲜活、精准的办案参考、研究素材，更好地服务司法审判实践、服务法学教育研究、服务法治中国建设。

“中国法院年度案例系列”丛书既是法官、检察官、律师等法律工作者的办案参考和司法人员培训辅助教材，也是社会大众学法用法的经典案例读本，同时也为教学科研机构开展案例研究提供了良好的系列素材。当然，编者们在编写过程中也难以一步到位实现最初的编写愿望，客观上会存在各种不足甚至错误，欢迎读者批评指正。我们诚心听取各方建议，立足提质增效，不断拓宽司法案例研究领域，创新司法案例研究方法，助推实现中国特色司法案例研究事业的高质量发展。

国家法官学院　最高人民法院司法案例研究院

2024 年 5 月

目　录

Contents

一、婚姻家庭纠纷

（一）婚约财产纠纷

（二）婚内夫妻财产分割纠纷

（三）离婚纠纷

（四）离婚后财产纠纷

（五）离婚后损害责任纠纷

（六）撤销婚姻纠纷

（七）同居关系纠纷

（八）抚养纠纷

（九）赡养纠纷

（十）收养关系纠纷

（十一）监护权纠纷

（十二）探望权纠纷

（十三）分家析产纠纷

二、继承纠纷

（一）法定继承纠纷

（二）遗嘱继承纠纷

（三）被继承人债务清偿纠纷

（四）遗赠纠纷

一、婚姻家庭纠纷

（一）婚约财产纠纷

1

合理区分彩礼与一般赠与，准确把握未领证的彩礼返还情形

——刘某诉赵某婚约财产案

【案件基本信息】

1. 裁判书字号

北京市第二中级人民法院（2022）京02民终9311号民事判决书

2. 案由：婚约财产纠纷

3. 当事人

原告（上诉人）：刘某

被告（被上诉人）：赵某

【基本案情】

刘某与赵某原系中学同学，于2019年2月确定恋爱关系，当时赵某在某985高校读研究生，刘某在其家乡工作。2019年11月28日赵某发现自己已怀孕。2019年12月29日，双方举办订婚仪式。2019年12月30日，刘某经家人

向赵某转账131400元。2020年5月6日，双方举办了婚礼，同年7月20日生育一女。此期间赵某研究生毕业，入职工作，此后赵某拒绝办理其与刘某的结婚登记手续。刘某主张双方恋爱期间，其与家人向赵某多次转账和购买贵重物品，要求赵某返还给其转账及花费的支出以及131400元彩礼共计30余万元。赵某不认可131400元在性质上属于彩礼，认为属于普通赠与，其他转账和购买的贵重物品也都属于赠与，不同意返还；并认为其拒绝登记结婚是因双方性格不合、缺乏感情。刘某认为自己与家人向赵某多次转账和购买贵重物品的行为，在赵某恋爱、怀孕至生育期间对其精心照顾，全力满足其要求的行为，均可证明自己及家人对赵某倍加珍惜和关爱，是赵某在入职后找借口拒绝登记结婚。

【案件焦点】

1. 刘某经家人给付赵某的131400元在性质上是否属于彩礼；2. 双方虽未办理结婚登记手续，但已经举办过订婚仪式和婚礼，且生育一女，女方是否需要返还彩礼。

【法院裁判要旨】①

北京市东城区人民法院经审理认为，双方举办订婚仪式、婚礼并生育、抚养女儿，在此背景下，刘某本人或由其家人向赵某支付了一定款项或购买了一定物品。双方虽因故未办理结婚登记，但刘某主张前述支付的款项或物品均为婚约财产，依据不足。现刘某以婚约财产纠纷为由起诉赵某要求返还款项或物品，缺乏依据，法院不予支持。

据此依据《最高人民法院关于适用〈中华人民共和国民法典〉婚姻家庭编的解释（一）》第五条规定，判决：驳回刘某的全部诉讼请求。

刘某不服一审判决，提起上诉。北京市第二中级人民法院经审理认为，关于刘某主张的131400元的性质，从刘某及其父母的收入来看，131400元属于一般意义上的大额金钱，该款由刘某的家人向赵某转账；从给付的时间来看，

---

① 本书【法院裁判要旨】适用的法律法规等条文均为案件裁判当时有效，下文不再对此进行提示。

该款在刘某和赵某举办订婚仪式的次日给付。双方举办订婚仪式，应属婚约行为，刘某家人给付赵某131400元的目的在于增加婚约的稳定性，符合彩礼的性质。双方没有办理结婚登记手续，依据相关司法解释规定，赵某应予返还。赵某称因与刘某未登记，但其提交的微信聊天记录和录音证据均发生于赵某2020年8月自行离开刘某家之后以及赵某明确表示不登记结婚之后，故该证据不足以证明赵某的主张。考虑到双方在举办订婚仪式后，举行了婚礼并生育一女，故赵某对该款不应全部返还。综合刘某及其父母给赵某转账的总额及其收入等情况，法院酌定赵某返还刘某的金额为8万元。对于刘某及其父母给赵某转账除131400元外的其他款项，鉴于赵某亦有给刘某的转账，且双方在恋爱关系中亦有消费，故对刘某返还该部分款项的请求不予支持。对于苹果笔记本电脑及钻戒，一审法院认定为恋爱关系中的赠与，并无不当，对刘某该项返还请求亦不予支持。

依照《最高人民法院关于适用〈中华人民共和国婚姻法〉若干问题的解释（二）》第十条、《中华人民共和国民事诉讼法》第一百七十七条第一款第二项规定，判决如下：

一、撤销一审判决；

二、赵某于本判决生效后十五日内返还给刘某8万元；

三、驳回刘某的其他诉讼请求。

【法官后语】[①]

一、彩礼与一般赠与需合理区分

法院在认定某一项给付是否属于彩礼时，可以根据一方给付财物的目的，综合考虑双方当地习俗、给付的时间和方式、财物价值、给付人及收受人等事实认定。比如，可以考察给付的时间是否在双方谈婚论嫁阶段、是否有双方父母或介绍人商谈、财物价值大小等事实。同时，以下几类财物不属于彩礼：一

① 本书【法官后语】对此类法律问题涉及的法律规范等内容进行了时效性更新，下文不再对此进行提示。

方在节日或者生日等有特殊纪念意义时点给付的价值不大的礼物、礼金；一方为表达或者增进感情的日常消费性支出等。此类财物或支出，金额较小，主要是为了增进感情，在婚约解除或离婚时，可以不予返还。

本案一审未认定131400元系彩礼，二审结合131400元的给付时间、给付主体和对象、给付目的和金额，并注意到该金额的特殊象征意义；同时考虑到抚养子女是作为父母的刘某与赵某的法定义务，不应由刘某的父母一次性以此金额支付，故亦未采信该款为孩子抚养费的主张，认定该款的性质系彩礼；同时结合恋爱关系的特点，对其他款项和财物认定为赠与，对区分彩礼与一般赠与提供了可借鉴的角度与思路。

二、双方未领证但共同生活彩礼返还需视情况而定

如果双方未办理结婚登记的，原则上彩礼应当全部予以返还，但亦不应当忽略共同生活的“夫妻之实”。该共同生活的事实一方面承载着给付彩礼一方的重要目的，另一方面会对女性身心健康产生一定程度的影响，尤其是曾经有过妊娠经历或生育子女等情况。如果仅因未办理结婚登记而要求接受彩礼一方全部返还，既有违公平原则，也不利于保护妇女合法权益。因此，双方未办理结婚登记但已共同生活，一方请求返还彩礼的，法院应当根据彩礼实际使用及嫁妆情况，综合考虑共同生活及孕育情况、双方过错等事实，结合当地习俗，确定是否返还以及返还的具体比例。

本案中，考虑到双方同居时间较短，无证据证明彩礼已经用于共同生活；且双方举行婚礼后，系赵某拒绝登记结婚，无证据证明双方未办理结婚登记系刘某过错。二人虽生育一女，但赵某不尽抚养义务，把孩子置于家乡，自己在新的工作环境中以未婚身份开始新的生活，而刘某却要对其付出承担全部后果。且因双方恋爱时赵某还在上学，双方异地生活，共同生活时间并不长（从恋爱开始至结束不足两年）。赵某在上学期间，刘某一家给予了经济资助。故，二审综合考虑上述因素予以改判，符合法律规定和立法精神。

给付彩礼作为我国传统婚嫁习俗，有广泛的社会文化基础。但是，超出家庭正常开支的彩礼成为很多家庭的沉重负担，极易造成双方利益失衡。自2024

年2月1日起施行的《最高人民法院关于审理涉彩礼纠纷案件适用法律若干问题的规定》在民法典婚姻家庭编解释（一）的基础上，对以往的裁判规则进行了完善，有助于统一法律适用标准，依法平衡双方利益，为司法实践提供了新的指引。需要注意的是，新规定适用于尚未审结的一审、二审案件，不适用于新规定施行前已经审结或者施行后再审的案件。本案表明人民法院在通过司法裁判引导社会公众在婚恋关系中忠实守信，弘扬社会主义核心价值观。

编写人：北京市第二中级人民法院　时霈

北京市西城区人民法院　孟琰琰

2

已登记结婚且共同生活情形下的彩礼返还规则

——张某某诉王某1等婚约财产案

【案件基本信息】

1. 裁判书字号

山东省德州市中级人民法院（2022）鲁14民终1192号民事判决书

2. 案由：婚约财产纠纷

3. 当事人

原告（上诉人）：张某某

被告（上诉人）：王某1、高某某

被告（被上诉人）：王某2

【基本案情】

张某某与王某1于2019年3月22日登记结婚，高某某与王某2系王某1的父母。张某某与王某1结婚前，张某某通过农业银行向高某某名下账户转账

55 万元。在双方婚姻关系存续期间王某 1 因刑事犯罪被追究刑事责任，2019 年 9 月 30 日两人登记离婚，离婚当天王某 1 通过其母亲高某某银行卡向张某某转账 8 万元。张某某诉至法院，要求王某 1、高某某与王某 2 返还其彩礼 47 万元人民币。关于收到的 55 万元转款，王某 1 自认用来偿还婚前自己的欠款以及被骗的网上理财投资。

【案件焦点】

王某 1、高某某应否向张某某返还彩礼。

【法院裁判要旨】

山东省平原县人民法院经审理认为：关于 40 万元是否为彩礼的问题，王某 1 辩称 55 万元转款中，只有 15 万元系彩礼，其余 40 万元是赠与，但其未提交证据证明是赠与，因此该转款应确认为彩礼。王某 1 主张离婚时已对彩礼进行了处理，但结合一审法院证据对此无法确认。根据《最高人民法院关于适用〈中华人民共和国婚姻法〉若干问题的解释（二）》第十条规定，考虑涉案 55 万元彩礼数额较大、张某某与王某 1 婚姻关系存续期间较短等因素，一审法院酌定王某 1 返还张某某 55 万元彩礼的 40%，即 22 万元。扣除离婚时王某 1 已支付张某某的 8 万元，王某 1 应返还张某某 14 万元。本案系婚约财产纠纷，张某某将彩礼转账至高某某名下的银行卡，高某某亦有返还彩礼的义务。一审法院判决：

一、王某 1、高某某于本判决生效之日起十日内返还张某某彩礼 14 万元；

二、驳回张某某对王某 2 的诉讼请求；

三、驳回张某某的其他诉讼请求。

张某某、王某 1、高某某不服一审判决，均提起上诉。山东省德州市中级人民法院经审理认为：关于彩礼的返还问题，双方于 2019 年 3 月 22 日登记结婚，2019 年 9 月 30 日登记离婚，共同生活时间较短，张某某给付的彩礼数额巨大，是 2021 年农村居民人均可支配收入的二十余倍，该笔彩礼的来源是其父亲的死亡赔偿金。张某某给付如此巨额的彩礼是为了与王某 1 缔结持续稳定的婚姻家庭关系，但实际上，双方当事人共同生活时间较短，并未真正形成互相扶持照料、互相履行义务的家庭共同体。且在双方婚姻关系存续期间王某1因刑事犯罪导致双方婚姻破裂，王某1对此存在一定的过错。结合双方的过错、共同生活状况以及《中华人民共和国民法典》第一千零四十二条的规定，法院认为一审判决酌定返还40%彩礼即22万元畸低，返还标准应当符合反对婚嫁陋习、天价彩礼等不良风气的社会价值引领，因此二审法院认为王某1应返还彩礼的90%即49.5万元为宜，扣除已经返还的8万元，王某1需要再向张某某返还41.5万元。一审认定高某某与王某1共同承担还款责任并无不当。

故判决：

一、王某1、高某某于本案判决生效之日起十五日内返还张某某彩礼41.5万元；

二、驳回张某某的其他诉讼请求。

【法官后语】

《最高人民法院关于适用〈中华人民共和国民法典〉婚姻家庭编的解释（一）》第五条第二项、第三项对已经结婚登记情形下返还彩礼问题作出了规定，即满足“双方办理结婚登记手续但确未共同生活”“婚前给付并导致给付人生活困难”情形下，法院可以支持返还彩礼的请求。但该条文系有限列举，对于登记结婚后存在共同生活，但共同生活时间短暂或配偶存在重大过错等情形应否返还彩礼以及彩礼返还比例还需相关规定进一步明确，这也成为审判实践中的难点问题。本案即就已登记结婚且共同生活的彩礼纠纷案件中彩礼认定、彩礼返还及返还比例的审判思路进行个案分析，为同类案件裁判提供了参考。

一、明确彩礼给付基本事实

在处理涉彩礼纠纷的案件中，法院需要明确当事人是否给付彩礼以及给付彩礼数额等基本事实。本案中，张某某于订婚前向王某1母亲高某某共转账55万元，王某1对其中40万元系彩礼不予认可。对于该40万元转账是否为彩礼我们从以下四个方面进行判断：首先，该转款行为发生于双方订婚前三个月，订婚前给付彩礼符合当地婚嫁习俗；其次，给付数额较大，不能将其归类于用于增进日常感情的消费性支出，且各方亦均认可除涉案纠纷外再无其他债权债务法律关系；再次，张某某家境一般，无故大额赠与亦不符合常理，其给付行为应当包含与王某1缔结婚姻的目的；最后，该款项的对象为王某1母亲，王某1也认可该款项最终由自己使用，因此王某1为该款项的最终收受人。综上，通过从给付的时间和方式、当地风俗习惯、给付目的、财物价值、给付人及收受人等因素进行综合分析，最终认定张某某给付的涉案40万元款项属于彩礼。

二、已登记结婚且共同生活情形下彩礼返还的认定

给付彩礼包含缔结婚姻之目的，但缔结婚姻并不止于办理结婚登记，还包含与配偶共同生活。所谓“共同生活”不仅指夫妻双方存在共同居住的事实状态，也要求夫妻双方在日常生活中形成持续、稳定、和睦的家庭共同体，并在经济上互相扶养、生活上互相照顾、精神上互相抚慰，为了共同的生活和发展而进行各种活动。双方办理了结婚登记仅代表婚姻关系的成立，若双方因争执隔阂造成夫妻关系一直处于不和谐、不稳定、不持续的状态，则没有夫妻之间互相扶助、共同生活的经历，彩礼赠与的目的并没有真正实现，收取彩礼方应当将彩礼进行返还。因此，对于已经办理结婚登记且共同生活的彩礼纠纷案件，共同生活情况是考量应否返还彩礼的重要因素。司法实践中，可以根据共同生活时间长短、婚姻质量、孕育情况，以及当事人主观过错等因素对共同生活情况来进行综合判断。

本案中，张某某与王某1虽登记结婚，但双方婚姻关系仅存续半年，共同生活时间较为短暂，且王某1还存在犯罪行为，这直接造成婚姻关系的破裂，其自身过错较大，两人亦未能实现婚姻关系的稳定、持续及和睦，因此应当支持当事人要求返还彩礼的诉讼主张。

三、彩礼返还比例的认定问题

登记结婚且共同生活情形下彩礼返还比例需要考虑以下四个方面：（1）给付彩礼目的的实现情况。如前所述，彩礼给付含有登记结婚及维持和睦、稳定、持续的共同生活之目的。登记结婚后，共同生活状态是否达到给付彩礼的目的

以及达到何种程度是判断彩礼返还比例的标准之一，对此可通过双方共同生活时间的长短、共同生活质量、孕育情况，以及导致感情破裂婚姻无法继续的过错方等因素来进行综合判断。(2) 双方的利益平衡，综合考虑男女双方在婚姻关系中的付出情况，如女方在妊娠、分娩、抚育子女等方面的付出，男方为给付彩礼导致家庭经济负担等情况。(3) 彩礼的现实状态。一方面需要考虑收受彩礼的数额大小，另一方面也要考虑彩礼的使用和结余情况，若彩礼用于筹备婚礼、生活花费等双方共同生活开销的，应当将该部分费用予以扣减，以剩余部分为基数考虑返还比例。(4) 司法裁判的价值引领作用。彩礼的返还标准应当符合反对天价彩礼等不良风气的社会价值引领，回应人民群众对于公平正义的朴素期待。综合上述分析，彩礼的返还应当综合双方共同生活情况、双方过错情况、孕育情况、彩礼给付能力、彩礼数额及用途、当地风俗习惯等因素，在公平正义的标尺下，充分发挥法官的主观能动性，作出合法、合情、合理的认定。

本案中，张某某为缔结婚姻给付彩礼高达55万元，为同期农村居民人均支配收入29314元的近二十倍，彩礼数额远高于当地一般水平，且张某某家境并不富裕，该彩礼款项的来源为其父亲的死亡赔偿金，为与王某1缔结婚姻张某某几乎倾尽家财。然而两人的婚姻关系仅仅存续六个月，共同生活时间也仅四个月，在此期间王某1因刑事犯罪导致双方婚姻破裂，其收取的彩礼亦被用于偿还自身债务等。结合本案中当事人过错程度、给付方家庭经济状况、彩礼给付数额以及共同生活情况等多重因素考虑，一审酌定返还的彩礼40%比例过低，二审最终改判王某1返还彩礼数额的90%，不仅符合当地彩礼给付的普遍水平和风俗习惯，也能回应人民群众对于公平正义的良好期待。

编写人：山东省德州市中级人民法院　马丽华　刘冬

（二）婚内夫妻财产分割纠纷

3

通谋虚假离婚中的身份关系与财产处理的效力认定

——顾某诉王某婚内夫妻财产分割案

【案件基本信息】

1. 裁判书字号

山东省德州市乐陵市人民法院（2023）鲁1481民初1152号民事判决书

2. 案由：婚内夫妻财产分割纠纷

3. 当事人

原告：顾某

被告：王某

【基本案情】

原、被告经人介绍相识，2016年4月29日，经民政局登记结婚。9月26日，二人登记离婚。9月29日，王某与房地产开发公司签订《商品房买卖合同》，约定王某购买涉案房屋，房屋价款为403580元，其中首付款103580元，银行按揭贷款300000元。9月26日，顾某通过银行转账向房地产开发公司转账10080元；同日，顾某的父亲顾某父通过银行转账向房地产开发公司转账90000元，当日，房地产开发公司给王某出具收款收据一份，该收据载明交款单位为王某、款项内容为收房款、金额为100080元。2019年9月10日，王某就涉案房屋取得不动产权证。

2017 年 8 月 2 日，原、被告复婚并在民政局办理结婚登记手续，婚后于 2017 年 11 月 10 日生一男孩顾某子。2022 年 10 月 28 日，顾某以夫妻感情破裂为由向山东省德州市乐陵市人民法院提起离婚诉讼；2022 年 11 月 11 日，乐陵市人民法院作出判决，判令不准予原、被告离婚。

2022 年 12 月，王某作为出卖方（甲方）与作为买受方的案外人李某（乙方）签订《房屋买卖定金合同》，合同约定王某将涉案房屋以 63 万元的价格出售给案外人李某，并约定双方于 2022 年 12 月 31 日前签订《房屋买卖合同》，庭审中王某自认已收到 63 万元房款。2022 年 12 月 28 日，王某与案外人李某签订《房屋买卖合同》。2023 年 1 月 19 日，王某将涉案房屋在中国工商银行的按揭贷款全部结清，其中偿还贷款本金 269514.2 元、违约金 984.73 元。2023 年 2 月 6 日，王某将涉案房屋产权变更登记给案外人李某。

顾某诉至法院，认为王某在其不知情的情况下，擅自将涉案房屋出售，将所得款项进行转移。王某恶意转移、变卖夫妻共同财产，违反了《民法典》第一千零六十六条之规定，故请求法院依法对王某私自变卖婚内夫妻共有房屋的价款进行分割。

【案件焦点】

通谋虚假离婚中财产处理的效力认定问题。

【法院裁判要旨】

山东省德州市乐陵市人民法院经审理认为：关于涉案房屋的性质问题，涉案房屋买卖合同虽以王某个人名义签订，签订时间早于双方复婚登记时间，且涉案房屋产权登记于王某名下，但并不足以推定该房屋为王某个人婚前财产。首先，原、被告双方系离婚后复婚，2016 年 9 月 26 日办理离婚登记当天，顾某及其父亲顾某父向房地产开发公司转账支付涉案房屋首付款 100080 元，2016 年 9 月 29 日王某与房地产开发公司签订《商品房买卖合同》。2017 年 8 月 2 日原、被告双方复婚登记前，即 2017 年 4 月，王某与原告共同生活期间发生过妊娠，并于 2017 年 11 月 10 日生一男孩顾某子，综合考虑涉案房屋的购买时间

（《商品房买卖合同》签订时间）、首付款支付方及支付时间、离婚期间共同生活发生妊娠等情节，可以认定双方虽然于2016年9月26日在民政部门办理了离婚登记，婚姻关系已经解除，但二人离婚的真实目的系取得购房贷款资格以达到购买涉案房屋的目的，二人通谋虚假的意思表示虽就身份关系的解除发生效力，但双方的财产关系不因离婚登记而发生改变。首先，涉案房屋登记为王某个人所有并非原、被告双方购买涉案房屋时的真实意愿，应当认定涉案房屋系原、被告双方的共同财产；其次，涉案房产的首付款仅小部分由王某支付给开发商，其他均由原告及其父亲顾某父转账支付给房地产开发公司。根据法律规定，夫妻一方父母出资支付首付款，房产登记在另一方子女名下，婚后由夫妻双方共同还贷的，可以推定父母有赠与双方的意思，应该认定为共同共有。被告在无直接证据证实顾某及其父亲顾某父在向开发商付款时明确作出对其个人赠与的意思表示下，应当认定涉案房屋系双方共同出资购买、共同偿还贷款的共同财产，且双方并未约定按照各自的出资比例共有房产，亦未进行按份产权登记，应当认定涉案房屋系原、被告共同所有的夫妻共同财产。关于房屋现值，被告王某将登记在其名下的涉案房屋以63万元的价格出售给案外人李某，且已办理了过户登记，原、被告虽未就涉案房屋的现值达成一致意见，但原告主张按房屋出让价63万元进行分割，应当视为双方认可以63万元的价格计算涉案房屋的现值，该63万元房款属于涉案房屋转化而来，应当按照共同财产的认定和分割进行处理。

综上所述，对原告顾某要求分割涉案房屋价款的诉讼请求予以支持，被告王某应当给付原告房屋折价款203700.6元。依照《中华人民共和国民法典》第一千零六十二条、第一千零六十六条，《最高人民法院关于适用〈中华人民共和国民法典〉婚姻家庭编的解释（一）》第三十八条，《中华人民共和国民事诉讼法》第六十七条的规定，判决如下：

一、被告王某于本判决生效后十日内给付原告顾某房屋折价款203700.6元；

二、驳回原告顾某的其他诉讼请求。

判决后，双方当事人均未上诉，本判决现已生效。

【法官后语】

本案的焦点问题为通谋虚假离婚中的身份关系与财产处理的效力问题。

出于规避限购、贷款政策、减免税费、拆迁分房、户口迁移、逃避债务、提供担保等因素考虑，男女双方通过通谋虚假离婚的形式达到特定目的的现象在司法实务中并不鲜见。而基于婚姻关系的复杂性，人民法院在通谋虚假离婚中身份关系与财产处理的效力认定上，多赖于当事人的举证和法官的自由心证。现就本案体现的审判思路予以说明。

一、通谋虚假离婚中婚姻关系是否解除的效力评价

司法实践就解除婚姻关系中身份关系的基本共识是法律给予“假离婚”否定性评价。依据《中华人民共和国民法典》第一千零七十六条、第一千零七十八条、第一千零八十条、第一千零八十三条的规定，历经法定程序的离婚当事人不因其意思表示有瑕疵而必然导致解除婚姻关系无效，当事人不享有请求撤销的权利。基于民政机关的形式审查、登记的公示公信效力以及诚实信用原则等因素考量下的离婚行为，涉及离婚当事人的身份变更和婚姻家庭关系结构的迭代，其效力判断应坚持“依方式公然缔结之行为，不能因私的密约左右其效力”——一旦登记离婚或者离婚判决书、调解书生效，即具有既定力，产生终止婚姻关系的法律效力，身份关系不可逆转。本案中，顾某与王某于2016年9月办理离婚登记，应认定双方婚姻关系已经解除。且双方离婚的真实意图系取得购房贷款资格以达到购买涉案房屋的目的，事实上二人对离婚的法律效果是明知且积极追求的，因为只有离婚才能达到上述目的。因此，双方办理的离婚登记已达成了解除双方婚姻关系的法律后果。

二、通谋虚假离婚中财产处理的效力评价

通谋虚假离婚中的财产处理一般涉及两个问题：一是登记离婚时的离婚协议涉财产分割；二是夫妻通谋虚假离婚后购置的房屋性质认定。

1. 针对离婚协议涉财产分割的处理问题。离婚协议是登记离婚的重要形式和载体，本质上是一种针对离婚而衍生出的多种身份与财产内容所产生的复合型协议。专门调整身份关系的法律缺乏对身份关系协议中有关财产部分的规定。

因此，涉及离婚协议中财产分割部分的内容，不仅受民法典婚姻家庭编的调整，在不发生冲突的情况下，亦应将合同编的原则作为适用法律的依据。否则，复合型身份协议中附属的财产部分将会面临无法可依的情形。司法实践中通谋虚假离婚的当事人多主张离婚协议中涉及财产分割的约定并不是慎重考虑的结果，不能反映自己的真实意思，在约定时甚至增加了己方负担，故而要求法院对财产重新进行分配。基于此，通谋虚假离婚当事人多诉诸法院，期待依据《最高人民法院关于适用〈中华人民共和国民法典〉婚姻家庭编的解释（一）》第七十条“夫妻双方协议离婚后就财产分割问题反悔，请求撤销财产分割协议的，人民法院应当受理。人民法院审理后，未发现订立财产分割协议时存在欺诈、胁迫等情形的，应当依法驳回当事人的诉讼请求”的规定使离婚协议无效或可撤销，以便重新分割夫妻共同财产。因此，人民法院审理此类案件时应当注意审查订立财产分割协议时是否存在欺诈、胁迫等情形，如果确有证据能够证明该离婚协议中关于财产分割的约定并非双方当事人的真实意愿，违背了权利义务相一致的原则，则应当依法对夫妻共同财产重新进行分配。

2. 夫妻通谋虚假离婚后购置的房屋性质认定问题。针对发生在通谋虚假离婚后、复婚前期间所购买的大宗财产（本文以房屋为例）性质认定，一般对于所购房屋是否属于夫妻共同财产，原则上以房屋购买界点为认定依据：非婚状态下购买的房屋为个人财产，婚后购买的房屋为夫妻共同财产。由于考虑到从签订房屋买卖合同到产权登记存有一定的时间间隔，而产权登记又只是房屋买卖合同履行的结果。因此，对于夫妻可能因规避房产限购、限贷政策等原因而离婚购房的情况，认定所购房屋是否属于夫妻共同财产，一般遵循的司法裁判规则是：综合考量签订房屋买卖合同时间、离婚时是否分割夫妻共同财产、是否复婚或离婚后仍然生活在一起、是否明确约定支付首付款情况及贷款情况等事实来判断。尤其需要注意的是，夫妻双方离婚后在共同购买房屋的合意下共同出资购买房屋的情形，此时所购房屋也应认定为夫妻共同财产，以分割夫妻共同财产的方式对房屋进行分割。本案中，顾某与王某为取得购房贷款资格而登记离婚，在登记离婚后三日内以王某个人名义签订购房合同，并于登记离婚当日支付首付款，且首付款的资金主要来自顾某和顾某父。另外，顾某与王某登记离婚后仍共同生活，并在共同生活期间（复婚前）发生过妊娠。据此可认定，双方的共有财产属性下的“婚姻关系”一直处于持续的状态，则涉案房屋应当认定为夫妻共同财产，参照夫妻共同财产的分割处理。当然，在具体分割时，仍应结合双方在婚姻关系存续期间是否存在过错、对婚姻的贡献等情况酌予确定分割的比例和数额。顾某与王某的婚姻状态及房屋权属情况如下图所示。

当事人婚姻状态及涉案房屋权利变化对比

三、通谋虚假离婚案件在司法实践中的举证与考量

人民法院审理通谋虚假离婚案件的重点和难点为双方是否存在通谋虚假离婚合意，承办法官可根据审理认定的案件事实从以下四个方面作为切入点：

1. 明确约定虚假离婚合意的意思表示。如双方签订的明确双方是“假离婚”的协议、对“假离婚”事项进行沟通的微信聊天记录、通话录音等。该类约定因损害了婚姻关系的道德伦理学和严肃性，违背了基本的社会道德规范，应当以违背公序良俗而认定无效。

2. 离婚后是否共同生活、财产处理的时间节点等事实。如办完离婚手续后在极短时间内购房或贷款，办理房屋登记手续或取得房屋产权后又复婚，离婚与复婚间隔时间较短，离婚后仍共同生活，甚至发生妊娠，或者复婚后不久就生育，复婚前共同偿还贷款，购房前后双方有大宗经济往来记录等情况。

3. 对“假离婚”目的相关政策条件的考察。通过对当事人购买大宗商品尤其是房屋、车辆的政策或者贷款条件进行审查，若双方婚姻关系及婚内财产情况明显影响前述条件成就时，则“假离婚”的可能性增大。

4. 证人证言、当事人认知能力等其他因素。熟悉当事人生活状况且具有一定中立性的证人证言、当事人自身认知能力在与其他证据结合的情况下，亦能在很大程度上动摇法官的自由心证。但这类辅助性证据，在缺乏认定双方虚假离婚合意的直接性、关键性证据情况下，宜采取审慎态度作出裁量。

综上所述，法院在审理此类案件时，原则上是将身份关系与财产关系区分进行处理，尽管肯定了当事人协议离婚对身份关系处理的效力，但仍需对离婚协议中财产处分的真实意愿进行审查。尤其是现行楼市房贷利率跳水，通谋虚假离婚“夫妻转贷”引发的纠纷大量涌现，人民法院审理此类案件时应基于基础事实和法律关系审慎审查，正确区分不同情形下财产性质的认定和处理。而本案所体现出的典型性，对通谋虚假离婚中身份关系与财产处理效力问题的裁判认定提出应当遵循的基本思路和统一的裁判规则，具有一定的实务参考意义。

编写人：山东省德州市乐陵市人民法院　张娇

4

婚姻关系存续期间配偶一方向第三者支付款项是否构成不当得利的认定

——孟某诉刘某、张某不当得利案

【案件基本信息】

1. 裁判书字号

山东省淄博市中级人民法院（2022）鲁03民终3378号民事判决书

2. 案由：不当得利纠纷

3. 当事人

原告（被上诉人）：孟某

被告（上诉人）：刘某

被告：张某

第三人：李某

【基本案情】

孟某与李某在2000年10月31日登记结婚，系夫妻关系。刘某与张某系母子关系，刘某与李某自2018年相识建立男女朋友关系。2022年4月19日，刘某在高青县经济开发区派出所报案，在民警询问时认可其知道李某已婚，与李某自2018年开始保持情人关系。李某自2018年1月1日至2022年1月29日的微信支付交易明细显示：自2018年7月14日至2022年1月28日其曾多笔数次向刘某转账及发红包共计94854.99元，如2021年妇女节“520元”、2021年5月20日“520元”、2021年8月14日“1314元”等。2022年1月29日，李某向张某转账15000元。李某的山东某商业银行股份有限公司账号（尾号5407）自2018年1月1日至2022年3月23日余额明细查询显示：2020年9月24日，李某共向刘某账户（尾号4776）转款两笔均为50000元，共计转款100000元。综上，李某共向两被告转账209854.99元，上述转款孟某陈述均不知情。孟某因本案诉讼支出财产保全责任保险630元。孟某与李某在夫妻关系存续期间没有对婚姻关系存续期间所得财产，以及婚前财产归各自所有、共同所有或者部分各自所有、部分共同所有约定。

【案件焦点】

孟某主张刘某返还相应款项有无事实及法律依据。

【法院裁判要旨】

山东省高青县人民法院经审理认为，婚姻家庭受国家保护。民事主体从事民事活动，不得违反法律规定，不得违背公序良俗。夫妻在婚姻家庭中地位平等，夫妻对共同财产享有平等处理权。孟某提供的结婚证、户口本能够证实其与李某系夫妻关系，其提供的其他证据可证明其与李某夫妻关系存续期间，自 2018 年起李某与刘某存在情人关系及自 2018 年 7 月至 2022 年 1 月李某向刘某及儿子张某转账 209854.99 元的事实，刘某也认可收到上述款项事实。

一、李某与刘某间转款性质。孟某主张系李某在其不知情情况下对刘某的赠与，该赠与行为无效。刘某辩称转款非赠与，并提供李某签名的消费记录及借条等。孟某提供的微信转账明细中，自 2018 年李某与刘某存在情人关系起至 2022 年 1 月，存在大量转账及红包共计 94854.99 元，已超出一个家庭正常生活性开支。刘某虽主张为消费且提供其自行记录并经李某签字的消费明细，但因记录时间顺序不一，不符合正常记账规则，且孟某对支出不知情，故对其主张不予采信。在微信转账中不乏情人节、妇女节等“520 元”“1314 元”特殊意义的转账或红包，结合李某与刘某之间的特殊关系，可认定双方并非纯粹的消费关系。关于李某向张某转账 15000 元及其向刘某微信转账 10 万元的性质，一审中刘某提交李某书写的借条、刘某书写且李某签名的消费记录本、刘某银行账户交易明细，孟某对证据的真实性均不认可。刘某提交的证据存在修改，且鉴于李某与刘某间的特殊关系以及他们之间银行转账及微信转账事实，涉案转款行为损害了孟某的合法权益。因此，在李某与刘某存在情人关系且在孟某不知情不认可情况下，涉案的 209854.99 元转款，刘某非基于借贷或消费等有偿取得，属于无偿赠与。

二、孟某主张的返还不当得利问题。违背公序良俗的民事法律行为无效，夫妻婚姻关系存续期间所得工资、奖金等财产，为夫妻共同财产，归夫妻共同所有。在孟某与李某婚姻关系存续期间，双方未对夫妻共同财产进行过特殊约定，故双方婚姻关系存续期间所得财产应为夫妻共同财产，双方对该财产具有平等的处理权。从孟某提交的证据看，在孟某与李某婚姻关系存续期间，刘某与李某存在不当往来，孟某不知道李某的赠与行为。夫妻一方不能擅自处分超出日常生活需要的共同财产，一方将 20 余万元财产无偿赠与刘某，侵犯了孟某的共同财产知情权、处分权，也违背了社会公序良俗，损害社会公德，赠与行为无效，刘某应当返还。关于孟某主张的利息损失，刘某在明知李某与孟某存在夫妻关系情况下，仍与其交往，接受其款项，损害了孟某利益，应当返还利息损失。

据此，一审判决：

一、确认李某向刘某赠与194854.99元、向张某赠与15000元的行为无效；

二、刘某返还孟某不当得利194854.99元及利息；

三、张某返还孟某不当得利15000元及利息；

四、刘某、张某支付孟某财产保全保险费630元。

刘某不服一审判决，提起上诉。山东省淄博市中级人民法院经审理认为：

一、刘某主张2020年9月24日李某向其交付10万元，性质为个人借款，上诉人主张收取该10万元借款后，已于2020年10月13日以现金形式归还。从李某的银行明细看，该10万元资金来源于银行贷款，非其与孟某的夫妻共同财产，且相关款项已于2020年10月14日归还银行。同时刘某主张其系用卖房所得房款归还10万元借款，从相关证据看，刘某于2020年9月11日将自有房产通过中介卖给案外人高某，高某办理贷款后，银行于2020年10月12日将70万元房款打入刘某账户，上诉人于2020年10月13日取现33万元，李某于2020年10月14日以现金形式归还银行贷款。相关证据前后时间与款项相对应，可形成完整的证据链条，达到高度盖然性标准，可据此认定涉案10万元为李某与孟某的借款而非无偿赠与，且上诉人已归还。从资金来源与借贷经过分析，不存在上诉人单方收益，被上诉人孟某与李某共同财产受损的情形。因此，该笔款项非不当得利，上诉人要求扣减成立。

二、刘某主张其代李某垫付的26611.20元应否扣除问题。对此，结合相关的微信聊天与转账记录，可认定刘某为李某转款属实，在无证据证实相关款项已归还的情况下，上诉人要求扣减款项，二审亦予以支持。

三、张某于2022年7月2日向李某转账15000元及68243.79元应否扣减问题。刘某与张某若要自动履行一审判决对应判项，应当将认定款项支付给孟某，若无法直接支付，则可通过一审法院予以支付，客观上不存在无法支付情形。本案是否应适用夫妻间家事代理权问题，从本案情况看，李某在与孟某夫妻关系存续期间与刘某有婚外两性关系且存在多笔无偿赠与行为，李某擅自处分夫妻共同财产损害了被上诉人的合法权益，夫妻间的信任基础大为受损。客观上双方也无共同生活的事实，在此情况下双方无论是从主观还是客观均不具备互相代理的前提，也不可能存在相互代理的意思表示。涉案款项的偿付与收取非属家庭日常生活范畴，也不属于家事代理权范围。涉案款项偿付后，李某也未将相应款项用于家庭共同生活，且基于刘某与李某的特殊关系，其将款项转给李某的行为不能认定是善意。因此，刘某的转账与付款行为效力不及于孟某，不能据此认定刘某已经履行相应还款责任。

据此，二审判决：

一、维持一审民事判决第三、四项；

二、撤销一审民事判决第一、二项；

三、确认李某向刘某赠与 68243.79 元、向张某赠与 15000 元的行为无效；

四、刘某于本判决生效后十日内返还孟某不当得利款 68243.79 元及利息；

五、驳回孟某的其他诉讼请求。

【法官后语】

本案主要涉及婚姻关系存续期间夫妻一方向“第三者”支付款项性质的认定问题。

夫妻之间具有相互尊重、相互扶持、彼此忠诚的义务，也具有平等处置共同财产的权利。合法的婚姻关系受到法律的保护，亦应受到道德的约束。夫妻一方将共同财产赠与“第三者”的行为既违背了夫妻的忠诚义务，也损害了配偶的财产权利，但是在司法实践中，对于此类行为需要仔细甄别，并非所有向第三者支付款项的行为均可以被认定为不当得利，具体而言，可以从以下三个方面进行分析：

一、夫妻双方是否对婚前及婚姻关系存续期间所得财产的分配有明确约定

《中华人民共和国民法典》（以下简称《民法典》）第一千零六十五条规定了夫妻财产约定制，即夫妻双方可以约定婚前财产以及婚姻关系存续期间所得财产归各自所有、共同所有或者部分各自所有、部分共同所有，此约定对双

方均有法律约束力，但是此约定必须要采取书面形式，没有采用书面形式进行约定或者约定不明确的，则按照《民法典》第一千零六十二条及第一千零六十三条的规定，将夫妻财产根据实际情况认定为共同财产或个人财产。如果夫妻双方约定了分别财产制，那么夫妻一方向“第三者”支付款项的行为就不能简单地认定为不当得利。所谓分别财产制是指夫妻双方约定婚姻关系存续期间所得的财产及收益归各自所有，且各自享有对财产的占有、使用、收益和处分权利的夫妻财产制度。分别财产制应当进行书面约定，约定后对夫妻双方均产生法律约束力，一方在行使对所有财产的权利时，另一方不得干涉。故，若夫妻双方约定了分别财产制，在婚姻关系存续期间，夫妻一方向“第三者”支付款项，只要未超出约定的财产范围，就不应当认定为不当得利。

二、夫妻一方支付款项行为是否属于擅自处分

在实务中，明确约定分别财产制的夫妻依旧是少数，更多的还是适用共同财产制，而婚姻家庭的琐碎事务繁多，为了便利共同生活、考虑夫妻双方处理日常事务的需求，《民法典》第一千零六十条规定了夫妻双方家事代理权，即夫妻任何一方在处理家庭日常生活的相关事务时互为代理权人，对夫妻双方均发生法律效力，故正确认定夫妻一方向他人支付款项是否属于擅自处分系重点之一。夫妻一方的擅自处分行为根据相关法律规定可以包含两个构成要件：一是超出了家庭日常生活事务的代理范围，夫妻一方非因家庭日常生活事务需要实施的法律行为并不当然对另一方发生法律效力，但是在实践中因为家庭经济能力不一，生活支出种类复杂，需要结合夫妻双方的职业、兴趣等情况以及区域具体社会生活习惯来确定；二是未取得另一方的同意或追认，对于此要件，举证责任应该由擅自处分的一方来承担，但是在实践中情况纷繁复杂，有时也需要另一方来证明自己并未同意或者追认。有直接证据进行证明的情况在此不进行论述，若无直接证据往往需要通过夫妻感情、是否分居以及分居时间等多方面因素来进行推定。若付款行为属于擅自处分，则可以进一步认定属于不当得利。

三、夫妻一方向“第三者”支付款项是否基于借贷、买卖关系等

夫妻一方向“第三者”支付款项可以被认定为不当得利的一个前提条件是

该支付行为属于赠与行为，但因为该赠与行为违背公序良俗且属于擅自处分而自始无效，若该支付行为有基础的法律关系，如借贷、买卖关系等，且作出支付行为的一方或者“第三者”可以提供完整的证据链予以证明，前提条件丧失，则无法认定为不当得利。如本案中虽然孟某与李某没有约定分别财产制，且双方长时间分居、感情不和，李某向刘某支付款项的行为亦属于擅自处分，但是李某于 2020 年 9 月 24 日支付给刘某的 10 万元，因为相关证据前后时间与款项相对应，可形成完整的证据链，且达到高度盖然性标准，法院据此认定该 10 万元不是无偿赠与，加之并不存在刘某单方收益、孟某与李某共同财产受损的情形，故该笔款项亦非不当得利。

编写人：山东省淄博市中级人民法院　荣明潇　杨富元

山东省淄博市周村区人民法院　张蓓

（三）离婚纠纷

5

夫妻婚姻关系存续期间，一方患有疾病的，是否需要通过主张分割夫妻共同财产主张权利

——李某某诉刘某离婚案

【案件基本信息】

1. 裁判书字号

湖南省邵阳市中级人民法院（2022）湘 05 民终 2748 号民事判决书

2. 案由：离婚纠纷

3. 当事人

原告（被上诉人）：李某某

被告（上诉人）：刘某

【基本案情】

李某某（女）与刘某（男）结婚至今已有三十多年，所生育子女均已成年。案外人糜某某从 2013 年 1 月 1 日起至今一直承租刘某从其母亲徐某某处继承的位于邵东市人民路××号的房屋门面用于药店经营。2021 年 5 月，李某某曾因患甲状腺疾病和腹痛住院治疗。2022 年 8 月 4 日，刘某收取上述房屋门面租金 14 万元。2022 年 8 月 13 日，李某某因甲状腺疾病再次住院。当月，李某某以自己所得工资仅能维持基本生活，无力承担长期的医疗费用为由，向人民法院提起诉讼，要求平分刘某收取的上述门面租金 14 万元。

【案件焦点】

李某某能否以患病为由诉请分割与刘某婚姻关系存续期间的案涉财产。

【法院裁判要旨】

湖南省邵东市人民法院经审理认为：结合李某某提供的住院记录及微信聊天记录等证据，能够证实其为治疗该疾病造成经济困难，并向他人借款的事实。李某某要求分割婚内夫妻共同财产，符合《中华人民共和国民法典》第一千零六十六条第一款第二项“一方负有法定扶养义务的人患重大疾病需要医治，另一方不同意支付相关医疗费用”的规定。故，对李某某要求分割邵东市人民路××号的房屋 2022 年 8 月 18 日至 2023 年 8 月 17 日的租赁费的诉请，一审予以支持，根据刘某收取的房屋租赁费 14 万元，认定李某某应分得的份额为 7 万元（14 万元÷2）；对李某某要求刘某按此比例逐年分割后续年份的房租的诉请，因该部分房租系尚未发生的费用，无法对后续未发生的房屋租赁费进行预判，对该诉请不予支持。

湖南省邵东市人民法院依照《中华人民共和国民法典》第一千零六十六条

之规定，作出如下判决：

一、刘某于判决生效之日起15日内支付给李某某婚内夫妻共同财产7万元；

二、驳回李某某的其他诉讼请求。

刘某不服一审判决，提起上诉。湖南省邵阳市中级人民法院经审理认为：根据《中华人民共和国民法典》第一千零六十六条第二项，以及《最高人民法院关于适用〈中华人民共和国民法典〉婚姻家庭编的解释（一）》第三十八条规定，李某某是属于夫妻一方而并非其自身负有法定扶养义务的人，故其在本案中的诉请不符合上述法律规定的情形，其不能以患病为由诉请分割与刘某婚姻关系存续期间的案涉财产。根据《中华人民共和国民法典》第一千零五十九条规定，夫妻之间有相互扶养的义务，其中扶养义务包括一方患病时的扶持，但不是通过分割婚内夫妻共同财产来主张权利。

湖南省邵阳市中级人民法院依照《最高人民法院关于适用〈中华人民共和国民法典〉婚姻家庭编的解释（一）》第三十八条、《中华人民共和国民事诉讼法》第一百七十七条第一款第二项之规定，作出如下判决：

一、撤销湖南省邵东市人民法院（2022）湘0521民初4695号民事判决；

二、驳回李某某的诉讼请求。

【法官后语】

《最高人民法院关于适用〈中华人民共和国民法典〉婚姻家庭编的解释（一）》第三十八条规定："婚姻关系存续期间，除民法典第一千零六十六条规定情形以外，夫妻一方请求分割共同财产的，人民法院不予支持。"《中华人民共和国民法典》第一千零六十六条规定："婚姻关系存续期间，有下列情形之一的，夫妻一方可以向人民法院请求分割共同财产……（二）一方负有法定扶养义务的人患重大疾病需要医治，另一方不同意支付相关医疗费用。"该法条第二项规定的立法目的是保护夫妻一方合理利用夫妻共同财产尽法定扶养义务，以保护其他具有急迫需要的被扶养人的合法权益，不因夫妻共同财产制的限制而受到严重影响。本条适用的条件之一是，一方负有法定扶养义务的人患重大疾病需要医治，另一方不同意支付相关医疗费用，但并不包括夫妻一方自身医治的情况。例如，妻子对其父母有法定的赡养义务，当妻子的父母身患重大疾病时，丈夫不同意支付医疗费，此时妻子可以依据上述法律规定向人民法院起诉请求分割共同财产。所谓扶养，是广义的概念，既包括长辈对晚辈的抚养义务，也包括晚辈对长辈的赡养义务，还包括同辈之间的扶养义务。法定扶养义务，是指这种扶养义务是法律规定的，而不是仅因情感产生的。依据《中华人民共和国民法典》婚姻家庭编的规定，扶养义务的产生主要有以下七种情形：父母对未成年子女和不能独立生活的成年子女的抚养义务；夫妻之间相互扶养的义务；子女对父母的赡养义务；祖父母、外祖父母对孙子女、外孙子女的抚养义务；孙子女、外孙子女对祖父母、外祖父母的赡养义务；兄、姐对未成年弟、妹的扶养义务；弟、妹对兄、姐的扶养义务。司法实践中，应根据具体条款的规定认定法定扶养义务人的范围，如兄、姐对未成年弟、妹的扶养义务是有条件的，要求兄、姐有负担能力，且父母已经死亡或者父母无力抚养，如果不符合这种条件，可自愿进行，但不属于法定义务。

夫妻共同财产制的特点是将夫妻的婚后生活视为一个整体，共同管理、使用、处分其婚后所得财产，它反映了夫妻共同生活、共同居住的现实，使夫妻的经济生活与身份关系趋于一致，有利于婚姻关系的稳定，可以使双方有限的收入发挥最大的效益，提高家庭的生活水平。在夫妻婚姻关系存续期间，对夫妻共同财产的处理，以不允许分割共同财产为原则，允许分割为例外。对夫妻关系存续期间的财产共同共有，是《中华人民共和国民法典》对婚姻家庭关系的法定保护。因此在一方患病时，通过分割婚内夫妻共同财产来主张权利缺乏法律依据，不应支持。但夫妻双方有相互扶养的义务，因此在一方患病时，另一方应当以支付医疗费用等方式保障患病方受到医治，另一方不履行该义务的，患病方有权要求其支付医疗费、履行法定扶养义务。

夫妻一方因患重大疾病需要医治，夫妻共同财产制不会成为解决治疗需求的实际障碍，患病方有权要求另一方支付医疗费、履行法定扶养义务，但不是通过分割婚内夫妻共同财产来主张权利。故李某某在本案中的诉请不符合上述

《中华人民共和国民法典》第一千零六十六条第二项规定的情形，李某某不能以患病为由诉请分割与刘某婚姻关系存续期间的案涉财产。

编写人：湖南省邵阳市中级人民法院　杨碧波

6

婚前房屋变更登记在夫妻双方名下，应为夫妻共同财产

——蔡某诉卢某离婚案

【案件基本信息】

1. 裁判书字号

新疆维吾尔自治区阿克苏地区中级人民法院（2022）新29民终1328号民事判决书

2. 案由：离婚纠纷

3. 当事人

原告（被上诉人）：蔡某

被告（上诉人）：卢某

【基本案情】

2017年，蔡某与卢某经人介绍相识。2018年1月26日，双方在阿克苏市民政局领取结婚证，确立夫妻关系。

婚后蔡某与卢某共同居住在阿瓦提县光明中路某住宅楼某幢某单元某室。2017年5月27日，卢某对该居住房屋首次进行不动产权登记，该房屋系卢某个人婚前购买的集资房，房款全部由卢某支付。婚后蔡某、卢某申请变更登记。2018年4月2日，阿瓦提县不动产登记局出具不动产权证书，载明："权利人：卢某、蔡某。共有情况：共同共有。坐落：阿瓦提县光明中路某住宅楼某幢某

单元某室。权利性质：出让/房改房。用途：城镇住宅用地/住宅。面积：共有房屋建筑面积 114.05 平方米。使用期限：2000 年 8 月 31 日至 2070 年 8 月 30 日”。

婚后，双方因生活琐事经常吵架，蔡某与卢某未生育子女，2019 年 10 月开始分居至今。另，在婚姻关系存续期间，双方无共同债权债务。

蔡某诉讼请求：1. 解除与卢某的婚姻关系；2. 依法分割夫妻共有房屋：阿瓦提县光明中路某住宅楼某幢某单元某室。卢某同意与蔡某离婚，但认为阿瓦提县光明中路某住宅楼某幢某单元某室系其婚前财产，不同意分割。

【案件焦点】

案涉房屋是不是夫妻共同财产。

【法院裁判要旨】

新疆维吾尔自治区阿瓦提县人民法院经审理认为：婚姻关系的建立与维系应以夫妻感情为基础。蔡某与卢某经基层组织和人民法院调解，均无法和好，双方均坚持离婚，应为夫妻感情确已破裂，故准予离婚。男女双方可以约定婚姻关系存续期间所得财产及婚前财产为共同所有。本案蔡某与卢某结婚后，双方共同到不动产登记部门申请将卢某婚前住宅变更登记在双方名下，应为双方将卢某婚前个人房屋约定为夫妻共同财产并进行了公示登记，自此卢某婚前房屋转化为卢某与蔡某共同所有房屋，为夫妻共同财产。离婚时，夫妻对共同财产协议不成的，由人民法院根据财产具体情况依法判决。庭审中，法庭对案涉房屋所有权及价值询问蔡某、卢某，双方均主张房屋所有权、均认为案涉房屋价值 200000 元。双方不同意竞价取得房屋所有权，请求法院裁判。考虑案涉房屋位于某单位院内，卢某系该单位职工而蔡某系阿克苏市人、在阿瓦提无业且离婚后回阿克苏工作生活的实际情况，为有利生产、方便生活，案涉房屋归卢某所有、卢某向蔡某补偿其价值的一半。

新疆维吾尔自治区阿瓦提县人民法院判决如下：

一、解除蔡某与卢某的婚姻关系；

二、位于阿瓦提县光明中路某住宅楼某幢某单元某室房屋归卢某所有；

三、卢某向蔡某补偿 100000 元，此款于判决生效后三日内付清。

卢某不服一审判决，提起上诉。新疆维吾尔自治区阿克苏地区中级人民法院经审理认为：法官多次询问卢某，其均要求离婚。且经多次调解蔡某和卢某均未和好，双方仍坚持离婚，应为夫妻感情现已破裂。案涉房屋原系卢某婚前集资房，蔡某、卢某结婚后，卢某申请将其变更登记为与蔡某“共同共有”。据此一审法院认定案涉房屋系夫妻共同财产，并从有利生产、生活角度裁判，合法且合理。

新疆维吾尔自治区阿克苏地区中级人民法院依照《中华人民共和国民事诉讼法》第一百七十七条第一款第一项规定，作出如下判决：

驳回上诉，维持原判。

【法官后语】

夫妻共同财产与个人财产的准确界定是本案公正裁判的关键点。

1980 年，婚姻法规定夫妻在婚姻关系存续期间取得的财产为夫妻共同财产；相关司法解释进一步明确婚前个人房屋等财产经过一定年限转化为夫妻共同财产。2001 年，婚姻法进一步明确了夫妻共同财产的范围，并规定了约定财产制；取消了一方婚前财产转化为夫妻共同财产的规定。2021 年，施行的民法典婚姻家庭编对夫妻共同财产的规定在 2001 年婚姻法的基础上吸收了婚姻法司法解释规定、进行微调，这使我国婚姻财产制与时俱进、符合时代发展要求，更趋合理。

通常认为，夫妻在婚姻关系存续期间所得的工资奖金、生产经营投资收益、知识产权收益和继承与受赠财产等属于夫妻共同财产，但也不尽然，如同样在婚姻关系存续期间一方因受人身损害获得的赔偿或补偿、遗嘱或赠与合同中确定只归一方的财产、一方专用的生活用品等其他具有一方专属性质的财产就不属于夫妻共同财产。需要重点说明的是，夫妻约定财产制使夫妻共同财产在界定上变得复杂化。对于夫妻约定财产制，需要强调的是：

1. 约定的财产范围：既可以是婚姻关系存续期间取得的财产，也可以是夫妻婚前的个人财产。也就是说，对这两部分财产，夫妻都可以进行约定处理；这不仅包括既存的财产，也包括夫妻未来将取得的财产。

2. 约定的权利范围：归各自所有、可以约定共同所有，也可以约定部分各自所有、部分共同所有。也就是说，双方只要是在平等自愿的基础上可以自由处分，如何约定在法律上不受限制。

3. 约定的方式：应当采取书面形式。在实际情况下，约定采取口头方式也是可以的，只是口头方式不够稳定，且在实操中一旦时过境迁或发生纠纷，口头方式极易产生信用风险。

4. 约定的效力：夫妻对婚姻关系存续期间所得的财产以及婚前财产的约定具有法律约束力。也就是说，夫妻对婚姻关系存续期间以及婚前财产的约定，在被新的约定取代之前，即为界定夫妻个人财产和共同财产的合法依据。

5. 对债权人的权利影响：债权人在形成债权时知道夫妻财产约定的，夫妻共同财产的约定对其具有法律效力；不知道的，对其没有法律效力。

6. 夫妻财产约定不明或没有约定的，适用法定夫妻财产制的相关规定。

从夫妻法定财产制和约定财产制的制度设定来看，我国施行的是约定财产制优先的原则，即有夫妻财产约定的，从其约定界定夫妻财产归属；没有夫妻约定财产的，按照法律规定界定夫妻财产归属。

本案中，蔡某与卢某结婚后，卢某将自己婚前财产到不动产登记部门申请变更为卢某与蔡某共同所有财产，实际上其不仅进行了“约定”，而且进行了不动产公示性登记，具有法律效力。法院据此认定案涉房屋为夫妻共同财产是恰当的。

编写人：新疆维吾尔自治区阿瓦提县人民法院　李度

7

民法典实施前离婚协议约定居住权的司法认定

——曾某 1 等诉曾某、曾某 4 居住权案

【案件基本信息】

1. 裁判书字号

江西省吉安市中级人民法院（2022）赣 08 民终 1565 号民事判决书

2. 案由：居住权纠纷

3. 当事人

原告（上诉人）：曾某 1、曾某 2、曾某 3

被告（被上诉人）：曾某、曾某 4

【基本案情】

曾某与胡某原系夫妻，在婚姻关系存续期间生育了曾某 1、曾某 2、曾某 3。2018 年 9 月 5 日，曾某、胡某因感情不和经法院调解自愿离婚，离婚协议约定：曾某 1、曾某 2 由胡某抚养，曾某 3 由曾某抚养，位于井冈山市碧溪镇三峰村十三组房屋归曾某 1、曾某 2、曾某 3 所有，胡某、曾某对该房屋均享有居住权。离婚后，曾某 1、曾某 2、曾某 3 一直跟随胡某生活。由于曾某未尽父亲责任，胡某于 2021 年起诉曾某要求变更曾某 3 的抚养权，一审判决将曾某 3 的抚养权变更为胡某所有，二审维持了该判决。曾某离婚后，跟他人结婚生子，并且居住在女方家，其父亲曾某 4 在案涉房屋中居住生活。2022 年 3 月，曾某 1、曾某 2、曾某 3 将案涉房屋所有权变更到自己的名下。曾某 1、曾某 2、曾某 3 诉称，其在案涉房屋中安装摄像头时，遭到了曾某、曾某 4 的阻止，并称曾某、曾某 4 损坏了门、床、插座、摄像头等物品。曾某 1、曾某 2、曾某 3 认为

曾某、曾某4的行为严重影响了其对房屋所有权、使用权的行使，故诉请撤销曾某对案涉房屋的居住权、曾某4搬出案涉房屋。

【案件焦点】

1. 曾某1、曾某2、曾某3是否有权撤销曾某对案涉房屋的居住权；2. 曾某父亲曾某4是否应搬离案涉房屋。

【法院裁判要旨】

江西省井冈山市人民法院经审理认为：虽然离婚协议约定涉案房屋的居住权在民法典实施前，涉案房屋居住权在民法典实施后也未进行登记，但根据《最高人民法院关于适用〈中华人民共和国民法典〉时间效力的若干规定》的规定，民法典施行前的法律事实引起的民事纠纷，当时的法律、司法解释没有规定而民法典有规定的，可以适用民法典的规定，但是明显减损当事人合法权益、增加当事人法定义务或者背离当事人合理预期的除外。本案中，离婚协议系曾某与胡某在自愿、合法的基础上达成的，并由法院出具了民事调解书，该协议合法有效，曾某与胡某均应履行该协议。离婚协议约定曾某与胡某将涉案房屋无偿赠与曾某1、曾某2、曾某3，属善意馈赠，且曾某1、曾某2、曾某3已经办理不动产权属证，取得了该房屋的所有权，故曾某1、曾某2、曾某3也应保证曾某与胡某对涉案房屋的居住权。同时曾某对涉案房屋的居住权不符合消灭条件，且曾某在当地无其他住所。因此，对于要求撤销曾某居住权的诉讼请求，不予支持。曾某4系八十多岁的老人，系曾某的父亲和曾某1、曾某2、曾某3的祖父，在涉案房屋的一楼居住多年，曾某4原来居住的老房子年久失修，虽然曾某与胡某的离婚协议中未约定曾某4对涉案房屋有居住权，但根据案情，在衡量法律尺度的同时也应兼顾伦理的限度与亲情的温度，考虑中华民族尊敬长辈的优良文化传统，应树立文明的家风，营造和谐社会，弘扬社会主义核心价值观，曾某4年事已高，强行要求其搬离现有住所有违公序良俗，因此对于要求曾某4搬出涉案房屋的诉讼请求，不予支持。对于赔偿物品损失的诉讼请求，因证据不足，不予支持。

江西省井冈山市人民法院判决：驳回曾某 1、曾某 2、曾某 3 的诉讼请求。

曾某 1、曾某 2、曾某 3 不服一审判决，提起上诉。江西省吉安市中级人民法院经审理认为：案涉房屋系曾某与胡某双方婚姻关系存续期间共同建造，离婚协议约定对案涉房屋处置的内容系附条件的赠与。胡某与曾某约定涉案房屋居住权的行为发生于民法典施行前，而当时的法律并没有设立居住权一说，更没有登记的要求。民法典实施后，才要求对居住权进行登记，这增加了曾某的法定义务，曾某 1、曾某 2、曾某 3 主张曾某因为没有登记而未取得居住权，既不符合事实，亦无法律依据。本案曾某对案涉房屋的居住权系当事人双方协议约定，并经人民法院生效法律文书确定，当事人应当依法履行人民法院生效的裁判文书。曾某 1、曾某 2、曾某 3 亦是根据人民法院生效法律文书取得房屋所有权并进行权利登记，更应当按照离婚协议约定履行相关义务。根据《中华人民共和国老年人权益保障法》规定，老年人养老以居家为基础，家庭成员应当尊重、关心和照料老年人。赡养人应当妥善安排老年人的住房，不得强迫老年人居住或者迁居条件低劣的房屋。本案中，曾某与其兄长约定轮流赡养曾某 4，且曾某在当地没有其他住所，其将曾某 4 安排居住在案涉房屋内，符合我国老年人权益保障法的规定。综上所述，江西省吉安市中级人民法院依照《中华人民共和国民事诉讼法》第一百七十七条第一款第一项之规定，判决：

驳回上诉，维持原判。

【法官后语】

本案通过适用《中华人民共和国民法典》关于居住权的相关规定，合理平衡了房屋所有人和居住权人及被赡养人的合法权益，有效地维护了特定身份居住权人的生存利益，为“住有所居”筑牢了司法保障。以下，笔者对本案涉及的居住权相关法律问题进行具体分析。

一、居住权的设立以及登记效力如何认定

居住权的成立以登记为生效要件，这是法律对居住权设立合同设计的专门程序，目的是使公权力介入私法自治领域，以维护社会公共秩序和公共利益，实现社会治理目标。我国民法典对居住权的设立，采取的是登记要件主义为原则、登记对抗主义为例外的模式。本案的特殊地方在于，涉案房屋约定居住权的行为发生于民法典施行前，当时的法律并未规定居住权，更无居住权登记的要求。民法典实施后，才要求对居住权进行登记，这增加了居住权人的法定义务。根据《最高人民法院关于适用〈中华人民共和国民法典〉时间效力的若干规定》第三条之规定，可以不适用民法典居住权登记的规定。对于本案居住权设立的问题，在民法典施行前，民众基于协议、法律文书等获得的合法居住权，不能直接进行确权登记。当事人可以重新签订居住权协议，依据协议约定向物权登记机构办理确权登记。如当事人之间不能协商一致的，可以依据民事调解书、民事判决书等法律文书明确居住权，据此法律文书至物权登记机构办理居住权登记手续，房屋所有权人应协助居住权人办理居住权登记手续。根据《中华人民共和国民法典》第二百二十九条规定，本案经过一审、二审判决，判决书确认曾某对涉案房屋有居住权，该居住权应自该法律文书生效时即成立。

二、居住权人的家庭成员应当享有与居住权人共同居住的权利

居住权属于用益物权，其存在的必要性表现在充分发挥房屋效能，以满足生活居住需要，旨在体现自然人之间的互帮互助。由于我国民法典对居住权的主体未作明确规定，学界在对主体的范围进行理论探讨和对条文进行解释时形成了“居住权主体范围限定说”和“居住权主体范围扩充说”两种学说：主张“限定说”的学者认为，我国居住权主体范围应当沿袭罗马传统人役权的主体范围，将其严格限制于家庭成员之间；主张“扩充说”的学者认为，应依据居住权“居住”与“用益”的需求变化，对居住权的主体进行适当扩充。不论是“限定说”还是“扩充说”，均认为居住权人的家庭成员享有居住权益。目前《中华人民共和国民法典》婚姻家庭编、继承编，《中华人民共和国妇女权益保障法》《中华人民共和国老年人权益保障法》等家事法律中对老年人居住权益的保障规定过于笼统，不具备可操作性。从司法审判实践中可以看出，子女与父母之间的赡养纠纷与房屋纠纷较多，其中首当其冲的就是老年人的居住权益不稳固。因此，从保护弱者的维度出发，居住权人的家庭成员享有居住权益，意味着居住权伦理性的增强，有利于更好地维护家庭关系，同社会主义核心价

值观相契合。

三、居住权纠纷案件中社会主义核心价值观的体现

居住权作为一项具体的法律制度，首先具备民法典体系内部不可替代的协调功能，同时又在弘扬社会主义核心价值观等方面发挥着重要的社会功能。自居住权产生，它就是一种保障性权利。基于居住权的制度设计，居住权可以实现对离婚、丧偶、年老等原因出现的社会弱势群体居住需求的直接保障功能。在稳固家庭伦理方面，居住权制度的设立，鼓励家庭成员通过为弱势一方设立居住权，来保证其稳定的居住条件和环境。尤其是在养老和婚姻家庭关系领域，这本身就是对中华传统孝道和婚姻家庭伦理价值的一种法律确认。伦理价值作为观念层面的存在，不能直接转化为社会现实。作为制度的居住权，使得传统的家庭伦理价值在实践中更加具有操作性，成为从伦理价值到社会现实的连接工具，使伦理价值转化为现实行动更加有据可依。居住权的设立，使得相关权属在法律上有了明确的定位，能够有效避免因居住而导致的家庭财产纠纷，保持家庭和睦，稳固家庭秩序。

如何充分发挥居住权制度的社会功能，在实践中体现社会主义核心价值观，不仅取决于居住权的制度设计和法律条文规定，也需要居住权双方当事人在设定权利时进行充分考量，认识到居住权制度的价值和潜在风险，并采取适当的风险防范策略。同时，人民法院在对居住权制度适用过程中产生的纠纷进行处理时，也应对居住权制度本身存在的风险保持清醒的认识，通过释法说理等方式，有效保障居住权双方当事人的合法权益，并充分考量居住权的家庭伦理稳固功能及社会保障功能，实现居住权制度设计的初衷，保障其社会功能的充分实现。

编写人：江西省吉安市中级人民法院　王东平　魏海飞
江西省井冈山市人民法院　练小燕

（四）离婚后财产纠纷

8

对于离婚后财产纠纷是否属于离婚时未处理的夫妻共同财产，应进行实质性审查

——戴某诉王某离婚后财产案

【案件基本信息】

1. 裁判书字号

山东省济南市中级人民法院（2022）鲁 01 民终 2197 号民事裁定书

2. 案由：离婚后财产纠纷

3. 当事人

原告（被上诉人）：戴某

被告（上诉人）：王某

【基本案情】

戴某、王某原系再婚夫妻关系，双方于 2020 年 11 月 3 日经法院调解离婚并出具调解书，调解书记载："……二、原告戴某自愿放弃其他诉讼请求。"该调解书已发生法律效力，其中戴某诉讼请求的第二项为要求分割夫妻共同财产（暂计 20 万元）。

2020 年 8 月，王某以 85 万元出售其名下房屋（涉案房产）。2021 年 6 月，戴某提交了 2020 年 10 月 13 日调取的《房屋权属状况信息》，载明涉案房产所

有权人变更为案外人闫某，以王某未经其允许，擅自出售夫妻关系存续期间共有房屋为由提起诉讼，请求法院确认涉案房产《房屋买卖合同》无效。经审理，法院作出（2021）鲁 0103 民初 6890 号民事判决书，认定涉案房产买卖行为真实有效。在另案审理过程中，王某认可涉案房产为夫妻共同财产。该判决现已生效。

后戴某以王某擅自出售夫妻共有房产为由诉至法院，请求王某向其支付涉案房产价款的一半，即 42.5 万元。王某认为涉案房产为婚前财产，只有共同还贷及增值部分属于夫妻共同财产，并认为此案违反一事不再理原则。

另查明，涉案房产系王某在与戴某登记结婚前以向银行申请按揭贷款的方式购买。

【案件焦点】

离婚协议所载内容是否涉及涉案房产，该起诉是否违反一事不再理原则。

【法院裁判要旨】

山东省济南市市中区人民法院经审理认为：虽然涉案房产系王某在与戴某登记结婚前购买，但在另案中王某认可该房产系夫妻关系存续期间的共同财产。在该自认属于对自身财产权利的处分，不违反法律禁止性规定，依法予以认可，故该房产应认定为双方夫妻关系存续期间取得的共同财产。双方的离婚诉讼中，虽然戴某放弃了部分分割共同财产的请求，但其并未明确表明放弃所有共有财产，且在离婚案件的民事调解书中，也无双方没有其他纠纷和财产问题处理完毕的记载，因此就涉案房产提起诉讼并不违反一事不再理的原则。综上所述，判决王某向原告支付原属于双方共有的涉案房产房款的一半，即 42.5 万元。

王某不服一审判决，提起上诉。山东省济南市中级人民法院经审理认为：

1. 关于涉案房产是否属于夫妻共同财产。虽然王某在另案中自认涉案房产系夫妻共同财产，但在本案中明确表示此系遗漏笔录及重大误解导致，否认该房产为夫妻共同财产。因此，涉案房产不属于夫妻共同财产，能够认定为夫妻共同财产的只有涉案房产中夫妻共同还贷的款项及其相对应财产增值部分。

2. 关于离婚协议是否涉及涉案房产。如果夫妻关系存续期间贷款确由二人共同偿还，根据计算，对于共同还贷支付的款项及其相对应财产增值部分，平均分割应为241395元。戴某未能提供证据证实其投入涉案房产中的款项有多少，亦未提交证据证明离婚时所放弃的20万元是其所主张的银行存款，且离婚诉讼时，戴某明知涉案房产已卖出。因此，离婚协议中戴某放弃的20万元应当是其根据房产还贷及增值情况自己匡算的数额，与涉案房产是有关联的，并非没有涉及。现就此提起诉讼，实质上是否定离婚调解书中的第二项载明的内容，违反了诚信原则。

综上，依照《中华人民共和国民事诉讼法》第一百七十七条第一款第二项规定，裁定：

一、撤销山东省济南市市中区人民法院（2021）鲁0103民初13149号民事判决；

二、驳回戴某的起诉。

【法官后语】

在离婚调解协议中，“放弃其他诉讼请求”的表述屡见不鲜。由于离婚纠纷属于复合之诉，涉及婚姻、子女、财产等问题，很多当事人往往在签署协议之后，或是因离婚时遗漏，或是因一方隐藏、转移夫妻共同财产，离婚后就财产分割问题再次产生纠纷而诉至法院。面对此类纠纷，法院应着重对所诉财产性质进行实质性审查，厘清所诉财产与离婚协议的关系，查明所诉财产是否属于协议中的“其他诉讼请求”，否则不仅违反“一事不再理”的民事诉讼原则，也极易破坏趋于稳定的离婚后关系。

《最高人民法院关于适用〈中华人民共和国婚姻法〉若干问题的解释（三）》第十八条规定：“离婚后，一方以尚有夫妻共同财产未处理为由向人民法院起诉请求分割的，经审查该财产确属离婚时未涉及的夫妻共同财产，人民法院应当依法予以分割。”民法典实施后，《最高人民法院关于适用〈中华人民共和国民法典〉婚姻家庭编的解释（一）》第八十三条沿用了此条规定，意在维护当事人就未处理的夫妻共同财产进行分割的权利，目的是解决未经真正分割的夫妻共同财产的分割问题。在处理此类纠纷时，关键是要查明所诉财产性质：一是是否属于夫妻共同财产；二是是否在离婚时未涉及。

就所诉财产是否属于夫妻共同财产自无须多言，民法典及相关司法解释均对夫妻共同财产进行了详细的规定和说明。需要注意的是，离婚后财产纠纷往往并非一蹴而就，甚至是“拉锯式”涉及多个案件，如果前期另案对本案所诉财产性质进行了认定，但在本案中存在证据可予以推翻，则应根据事实重新查明所诉财产是否属于夫妻共同财产。如在本案中，王某否认了其代理人在另案中关于夫妻共同财产的自认，并在二审期间提交《购房借款合同》《抵押合同》等新证据，据此可以认定案件事实与另案中的自认相悖，不能以该自认系对自身权利的处分为由将所诉财产直接认定为夫妻共同财产，故以该房产为夫妻关系存续期间取得的共同财产而予以平均分割是错误的。

至于所诉财产是否真正系“离婚时未涉及”，则是法院查明的重点，应综合各类证据进行实质性审查。一方以“尚有夫妻共同财产未处理”为由提起诉讼，意味着其所主张的争议财产在人民法院的离婚判决书或离婚调解书中未作过处理，应当是一个新的诉讼，除非存在离婚时漏分、欺瞒、胁迫等情况，否则基于“一事不再理”及诚实信用原则，法院应依法驳回。“放弃其他诉讼请求”是离婚协议中常见的表述，当事人往往会以所诉财产并非协议中所放弃的“其他诉讼请求”为由要求分割财产，此时法院应仔细查明离婚时共同财产及各自婚前财产状况，厘清“其他诉讼请求”所涵盖的范围、是否包含所诉财产，不能“只见树木，不见森林”。本案中，双方离婚调解协议中“戴某自愿放弃其他诉讼请求”，即要求分割夫妻共同财产（暂计 20 万元）。厘清所诉财产与放弃分割的 20 万元之间的关系是本案判决的关键。戴某与王某结婚十几年，对王某控制的财产，特别是房产，应该是心知肚明的，其要求分割的应当是王某能控制的财产，不会主动分割自己所能控制的财产，应当知道放弃共同财产 20 万元的法律后果，而法院亦不会将一句空话载入调解书中。综合现有证据，可以认定戴某所放弃的 20 万元其实系其根据房产还贷及增值情况自己匡算的数额，与涉案房产是有关联的，并非没有处理。对于其已经放弃的诉讼请求，就已经丧失了相应的实体权利，既然放弃了，就不应反悔。现再次提起诉讼，从实质上是否定离婚调解书第二项载明的内容，违反了“一事不再理”和诚信原则，故应当予以驳回。

编写人：山东省济南市中级人民法院　蔺双祝　盛健博

9

婚前未明确约定的个债共担不应视为夫妻共同债务

——王某诉熊某离婚后财产案

【案件基本信息】

1. 裁判书字号

重庆市第一中级人民法院（2021）渝01民终13850号民事判决书

2. 案由：离婚后财产纠纷

3. 当事人

原告（被上诉人）：王某

被告（上诉人）：熊某

【基本案情】

熊某、王某于2017年通过婚恋网站平台相识、相恋。2018年1月11日，熊某与王某签订协议书并经重庆市江北区公证处公证书予以公证。该协议约定：“男方（熊某）以按揭方式购买了位于重庆市江北区北滨一路某框架结构房屋。现双方拟结婚，经自愿协商一致，对上述房屋达成如下婚前财产约定协议：一、男方（熊某）、女方（王某）在结婚后，上述房屋的产权双方各占百分之五十，上述房屋的按揭款，涉及上述房屋的债权、债务婚后由夫妻共同承担……三、本协议自双方签名并办理结婚登记之日起生效。”2018年1月31日，王某、熊某登记结婚。

2020年4月1日，王某以夫妻感情破裂为由诉至重庆市江北区人民法院要求判决离婚，法院判决驳回王某的诉讼请求。王某不服该判决，向重庆市第一中级人民法院提起上诉。2020年9月15日，重庆市第一中级人民法院主持调解并作出民事调解书，确认王某与熊某自愿离婚。该调解书未对本案中的争议房产做出处理。

2020年4月1日，王某即熊某母亲，因借款纠纷以熊某为被告向重庆市江北区人民法院提起诉讼。法院于2020年5月18日对该案件作出（2020）渝0105民初6597号民事判决书，判决熊某于本判决生效之日起十日内归还王某借款本金688469.01元、利息1532603.90元及逾期还款资金占用利息（从2020年2月11日起，以未还借款本金为基数，按月利率2%计算至付清时止，利随本清）。2020年7月2日，王某作为甲方与乙方熊某签订《以房抵债的房屋过户协议》，7月15日，熊某作为卖方与买方王某签订《重庆市房屋买卖合同》并在不动产登记机构办理了过户登记，将涉案房屋过户至王某名下。

在诉讼过程中，王某申请对案涉房屋过户时的市场价值进行评估，法院委托重庆勤业五联资产评估房地产土地估价有限公司进行评估，根据该公司出具的房地产司法评估报告，案涉房屋在2020年7月15日的市场价值为270.18万元。

【案件焦点】

熊某与王某的婚前财产约定协议中，涉及房屋债务承担范围的理解问题。

【法院裁判要旨】

重庆市江北区人民法院经审理认为：本案的纠纷发生在民法典施行前，应当适用当时的法律、司法解释的规定。

首先，案涉协议书系双方为结婚而签订的，将一方婚前财产约定为夫妻按份共有的共同财产约定。

其次，熊某因涉案房屋购买和装修的需要向王某的借款，发生时间早，借款金额大，利息高，熊某对该债务均予以认可。但其在协议书中，却仅载明该房屋存在按揭贷款债务，并未将熊某欠其母亲王某的债务予以叙明。

再次，熊某于婚后既没有告知作为妻子的王某其欠付王某借款的情况，也没有还款行为；甚至在王某起诉熊某偿还借款后，熊某仍未告知王某；而王某既未在双方婚后告知王某借款的情况，也未在借款纠纷案中向王某主张。且该借款系母子之间的借款关系，但熊某却并未在双方签订的协议书中对该债务予以明确，事后也并未告知王某，该行为不符合双方约定共担债务的特征，有违常理。

最后，根据契约精神和诚实信用原则，结合协议上下文及双方当事人的意思表示内涵，法院认为，协议中载明的“上述房屋的按揭款，涉及上述房屋的债权、债务婚后由夫妻共同承担”指的是涉及该房屋的按揭贷款和婚后以双方意思表示形成的或涉及该房屋的债务，婚后由双方共同承担，并不包含熊某欠王某的上述债务。

熊某未经王某同意将房屋通过以房抵债的形式过户给了其母亲王某的行为，损害了王某对该房屋享有的财产权益，应当承担赔偿损失的责任。具体金额为房屋过户时市场价值的一半扣除王某应承担的按揭贷款数额。

重庆市江北区人民法院依照《中华人民共和国民法通则》第四条，《中华人民共和国婚姻法》第十九条，《最高人民法院关于适用〈中华人民共和国婚姻法〉若干问题的解释（三）》第十一条，《中华人民共和国合同法》第六十一条，《中华人民共和国民事诉讼法》第六十四条，《最高人民法院关于适用〈中华人民共和国民事诉讼法〉的解释》第九十条规定，判决被告熊某于本判决生效之日起十五日内支付原告王某1235996.055元。

重庆市第一中级人民法院作出裁判，赞同一审法院对债务范围的裁判意见。

【法官后语】

男女双方订立婚前财产约定协议的现象在我国越发普遍，而由此引发的财产纠纷也在逐渐增多。考虑到身份关系的伦理特性，婚姻家庭关系中的当事人各方并非如商事交往关系中的当事人一般对协议约定内容审慎，往往因约定内容不明而易引起纠纷，此时对协议内容的意思明晰是判案的关键。在法律适用上，对于婚前财产约定协议的财产关系内容可依其性质适用财产法的相关法律法规。

根据《中华人民共和国民法典》（以下简称《民法典》）第一千零六十五条第一款规定，男女双方可以约定婚前财产归各自所有、共同所有或者部分各自所有、部分共同所有，夫妻财产约定的协议性质上属于身份关系协议，《民法典》第四百六十四条第二款将此类协议表述为“婚姻、收养、监护等有关身份关系的协议”。不同于财产法上的合同，身份法上协议的意思表示在于发生身份变动效果，即使协议中存在的财产关系变更的内容也是以身份关系的变动为前提。由于财产关系和人身关系之间存在本质差异，且人身关系协议兼具财产法和身份法的属性，导致以财产法为抽象原型的民法典总则编中的法律行为、代理等规范内容无法完全适用于婚姻家庭关系领域。《民法典》合同编第四百六十四条第二款为人身关系协议的法律适用提供了指引，其规定“婚姻、收养、监护等有关身份关系的协议，适用有关该身份关系的法律规定；没有规定的，可以根据其性质参照适用本编规定”。对于人身关系协议中涉及财产关系的内容，可以参照适用合同编通则的规定，这也正是所谓“根据其性质参照适用”的含义。

因此，根据《民法典》第四百七十一条之规定，当事人之间可以采取要约与承诺方式实现合意的达成。《民法典》第四百七十二条对要约这一意思表示的要求作出规定：一是要约的内容应当具体确定；二是要约需表明经受要约人承诺，要约人即受该意思表示约束。而如何判断当事人的意思表示是否具体明确则存在疑问。所谓要约内容具体明确，指的是要约包含了合意达成的必要内容，就不同的合意而言，所需的必要内容并不相同。身份关系协议的特点在于其身份性，除进行财产法上的意思确定外，对于婚姻家庭领域内身份性的分析是必要的也是必需的，具体而言，应当考量家庭成员共同生活、情谊关系、道德影响等因素。

同时，还应结合诚信原则和契约精神对当事人各方的行为作出法律评价。

诚信原则要求当事人在行使权利履行义务的过程中，应当尊重对方当事人的利益和社会利益；契约精神的内涵在于当事人尊重彼此的平等地位，以自己的自由意志作出利益权衡，并对各方预期目的加以认同以达成合意。两者不仅是一种法律原则，也是一种文化和精神。婚姻家庭领域案件因贴近民众生活往往成为关注焦点，依照诚信原则和契约精神处理此类案件，更加符合社会公众对家庭生活的道德预期，有助于良好家风的形成，在实现法律效果的同时产生积极的社会效果。

编写人：重庆市江北区人民法院　江英　肖瑶

10

离婚协议书明确约定“无其他共同财产”的认定及适用

——范某诉孙某离婚后财产案

【案件基本信息】

1. 裁判书字号

北京市第三中级人民法院（2022）京 03 民终 14983 号民事判决书

2. 案由：离婚后财产纠纷

3. 当事人

原告（上诉人）：范某

被告（上诉人）：孙某

【基本案情】

范某与孙某原系夫妻关系，双方于 2013 年 11 月 25 日在北京市朝阳区民政局登记结婚。2017 年 6 月 27 日，双方签订离婚协议书，并在北京市朝阳区民政局办理了离婚手续。双方离婚协议书中离婚协议如下：一、男女双方自愿协议离婚。二、男女双方婚后育有两个子女，长女姓名：孙1，出生于2014年6月12日，离婚后归男方抚养，长子姓名：孙2，出生于2015年12月23日，离婚后归女方抚养，双方无须向对方支付抚养费。在不影响孩子学习、生活的情况下，双方可以探望对方抚养的孩子。三、男女双方婚后共同财产分配为：1. 双方名下有一处房产，位于：顺义区1202号房屋，离婚后男女双方各分得该房产的50%。该房产是贷款购买，离婚后由男方偿还。男方名下有一处房产，位于大兴区770号房屋，离婚后归女方所有。男方名下有两个车位，位于：顺义区11号院地下车位413号和320号，离婚后413号归男方所有，320号归女方所有。2. 双方各自名下的存款，离婚后归各自所有。3. 离婚后男方补偿给女方100万元。4. 除上述财产外，无其他共同财产。四、男女双方婚后无共同债权，除上述房屋贷款外，双方无其他共同债务。

上述离婚协议签订后，因孙某没有按照协议书约定履行，范某于2019年向法院起诉孙某，要求孙某履行离婚协议约定的义务，即以下：1. 立即支付范某94万元的补偿款（双方在离婚协议里约定男方补偿给女方100万元，到如今男方只给付了6万元）；2. 将770号房屋过户到范某名下；3. 将1202号房屋以及附带的车库变现，实现女方拥有该房产百分之五十的产权权益。该案经法院审理后作出判决：孙某给付范某补偿款，770号房屋在具备过户条件后的七日内，由孙某协助范某将上述房屋过户至范某名下，驳回范某其他诉讼请求。该判决现已生效。

本案为范某起诉，请求法院判决：1. 孙某履行离婚协议的义务；请求按照房屋评估部门对1202号房屋估价18963780.66元的标准，判决该房屋价值的50%（9481890.33元）归范某所有；2. 请求判令孙某将出售顺义区11号院地下320号车位所得资金265000元与该笔资金产生的利息归范某所有（利息自取得购车位款之日计算至实际给付之日）；3. 请求对范某、孙某共有的宝马车辆进行财产分割，判决该车辆首付款的50%即22.5万元归范某所有；4. 请求依法分割孙某持有北京科技有限公司的股权，将孙某持有出资部分的50%判归范某所有；5. 请求依法分割孙某持有的北京翻译有限公司的股权在范某、孙某婚姻关系存续期间取得利润 451 万元；6. 请求判令孙某按照 1202 号房屋一般租房标准向范某支付孙某占用期间归范某享有 50%份额的房屋产生的租金（租金标准：每月 30000 元，租期自 2020 年 5 月至 2022 年 5 月，50%份额合计 360000 元）；7. 请求判令孙某承担将范某赶出房屋期间使范某的产生的租金损失（63350 元）；8. 自离婚协议生效之日起至车位出售之日止的车位占用费用（参考孙某实际出租收益及其他车位出租价格 2017 年 9 月 25 日—2021 年 8 月 6 日合计 57600 元）；9. 诉讼费用由孙某方承担。

本案中双方争议的问题如下：

1. 关于 1202 号房屋

1202 号房屋自中国银行股份有限公司北京丰台支行（以下简称中行丰台支行）贷款 5680000 元，借款人为孙某、范某，贷款期限为 30 年/360 个月。自 2020 年 5 月 15 日起，孙某、范某开始逾期还款。截至 2020 年 9 月 24 日，孙某、范某尚欠中行丰台支行贷款本金 5129608. 99 元，本金利息 87124. 91 元、罚息 1659. 15 元。中行丰台支行向北京市丰台区人民法院（以下简称丰台法院）起诉，要求孙某、范某偿还上述借款本金、利息、罚息等并要求对抵押物 1202 号房屋拍卖、变卖价款享有优先受偿权。丰台法院对该案判决如下：（1）孙某、范某于判决生效之日起十日内向中行丰台支行偿还截至 2020 年 9 月 24 日的剩余借贷款本金 5129608. 99 元、利息 87124. 91 元及罚息 1659. 15 元，以及自 2020 年 9 月 25 日至实际清偿之日止的利息和罚息（按照《个人一手住房贷款合同》约定的标准计算）；（2）孙某、范某于判决生效之日起十日内向中行丰台支行支付律师费 62620 元；（3）如孙某、范某未按时偿还上述欠款，中行丰台支行有权在判决确定的债权范围内就孙某、范某名下 1202 号房屋拍卖、变卖后所得价款优先受偿。

范某、孙某未履行上述判决，中行丰台支行向丰台法院申请执行。丰台法院对 1202 号房屋公开进行拍卖，最终拍卖价格为 15560000 元。2022 年 3 月 28 日、4 月 2 日，丰台法院分别告知孙某、范某扣除申请人的债权及执行费用 53927 元后剩余 9867030. 88 元。应退还给二人。二人对剩余款的分配数额有争议。

孙某为1202号房屋缴纳房屋契税121858.98元、住房维修专项基金66560元，上述费用范某同意负担二分之一。孙某所述物业费86661.12元、电费14000元、燃气费43135.32元，范某表示同意承担物业费的一半及2020年1月至5月的电费、燃气费的一半。经法院核实，2020年1月至5月1202号房屋产生电费2512.36元，燃气费用无法核实准确金额。

2. 关于320号车位

孙某表示该车位已于2021年8月6日出售，合同价款265000元，现登记在案外人名下。离婚后，孙某自2017年6月29日至2021年3月29日归还贷款240973.04元，孙某仅应支付范某10000元。针对范某要求的车位租金问题，孙某表示车位没有一直对外出租，对外出租时每月1200元，另外还要交车位管理费，每年2000元到3000元左右。范某表示有车位管理费，具体金额不清楚。

3. 诉争宝马车

范某表示上述车辆一直孙某把控，（签离婚协议）自己认为分不到，当时没有夫妻共同财产概念。

4. 北京科技有限公司（以下简称科技公司）股份

科技公司成立日期为2015年3月3日，法定代表人孙某。目前显示股东为孙某、张某。

范某主张科技公司孙某的股权。范某表示，成立公司时，不知道、不了解公司经营情况。孙某表示公司注册时写了范某名字，她是不了解经营情况，并不是不知道公司存在。孙某表示双方在离婚协议中明确无其他共同财产，双方就夫妻共同财产分割完毕，范某的主张没有事实和法律依据。

5. 北京翻译有限公司（以下简称翻译公司）的利润

翻译公司成立日期为2010年2月22日，目前法定代表人为孙某。法院依法调取了翻译公司2013年至2017年的企业所得税申报情况。

范某表示主张上述营业收入的三分之一。孙某表示双方在离婚协议中明确无其他共同财产，双方就夫妻共同财产分割完毕，范某的主张没有事实和法律依据。

6. 范某主张的1202号房屋50%的租金和孙某将范某赶出1202号房屋期间使范某产生的租金损失

范某表示自己2020年1月至5月20日在1202号房屋居住。2020年5月13日，范某报警称孙某踹了其一脚，警察出警。法院调取了范某的报警记录和警察出警的视频，视频中显示因范某换锁引发双方矛盾，视频中没有处理结果。范某表示孙某对其施暴，后断水断电，范某被迫离开1202号房屋，孙某应支付租金及租金损失。孙某表示自己住到2020年5月12日，5月13日自己去1202号房屋搬东西，把家具等能搬走的都搬走了，此后没有在1202号房屋居住，是范某一直在1202号房屋居住。

【案件焦点】

在离婚协议书明确约定"无其他共同财产"的情况下，范某是否有权就宝马车、翻译公司、科技公司等其他共同财产主张分割。

【法院裁判要旨】

北京市顺义区人民法院经审理认为：范某与孙某在婚姻关系存续约三年零七个月左右的时间后，因感情不和，协议离婚，对婚姻、子女抚养、共同财产分割、债权债务进行了约定。由于双方在共同财产及债务上表述不准确，导致理解不同。关于共同财产，双方协议约定，除上述财产外，无其他共同财产，而事实是双方对宝马车、翻译公司、科技公司的存在是知悉的，基于双方已经将房产、存款、补偿进行了明确，上述宝马车、翻译公司、科技公司等涉及共同财产的部分也没有重大隐瞒导致范某利益受损，表明双方无共同财产争议，上述财产即不再属于共同财产，应由孙某享有，范某主张与之相关的诉求没有法律依据。

关于范某围绕1202号房屋产生的请求。离婚协议书明确1202号房产各分得50%，房屋是贷款购买，离婚后由男方偿还，即明确1202号房屋的贷款在双方之间由孙某偿还，产权双方各占50%，双方按份共有。孙某关于贷款由双方负担的意见法院不予采纳。在范某、孙某离婚后，孙某举债对房屋进行了装饰装修，并购置家具家电，使其适于居住状态，同时也使房屋的价值得到了一定程度的提升。但由于该房屋为范某、孙某通过抵押贷款的方式购买，孙某、范某双方均不能按期偿还中行丰台支行贷款，导致该房屋被拍卖。现有证据不能表明孙某、范某恶意拖欠借款，就此产生的损失双方应共同承担。1202号房屋价格的确定问题，在丰台法院执行过程中，进行了网络询价，由于房屋价格的确定有一定的不确定性，该价格又是执行部门关于房屋价格的询价，不宜以询价价格作为本案中房屋价格的确定价格，而应以最终拍卖价格确定的数额为准，即15560000元。由于该拍卖价格中不包含装饰装修及家具家电的价格，因而孙某虽有相关投入，但法院不予相应扣减。中行丰台支行的债权及执行费用，以及房屋契税、住房维修专项基金、物业费、2020年1月至5月合理的电费和燃气费，可以扣减。法院依照证据情况确定范某应承担的2020年1月至5月合理的电费为1256元和燃气费1500元。综上，范某应分得1202号房屋款项=1202号房屋拍卖款（15560000元）-房屋契税（121858.98元）-住房维修专项基金（66560元）-律师费（62620元）-诉讼费（24383元）-执行费（53927元）计15230651.02元的一半为7615325.51元。因范某同意承担物业费（86661.12元）的一半及合理的电费、燃气费，法院一并予以扣减。范某主张的不能居住1202号房屋产生的租金，现有证据不能证明孙某占据1202号房屋且不允许范某居住使用，故范某关于要求孙某支付租金的请求法院不予支持。

关于范某围绕320号车位的诉求。两个车位明确了归属，但双方均知道两个车位各有贷款，该贷款应为共同债务，而双方又写明无其他共同债务，结合双方关于共同财产分配和债权债务的约定，以理解为车位归各自所有、各自车位的贷款由各自承担更符合约定。320号车位归范某所有，购买车位的债务以及与车位有关的费用范某应当承担。范某曾就车位主张相关权利，法院暂未处理，孙某自行将320号车位出售不妥。法院结合双方的意见，参考出售车位价格、还贷款金额、管理费用等因素酌情确定孙某应支付给范某的金额。

北京市顺义区人民法院判决如下：

一、北京市顺义区1202号房屋价款中，范某享有7569238.95元（上述费用已扣减范某应负担物业费、电费、燃气费）；

二、孙某于判决生效后七日内给付范某顺义区 320 号车位补偿款 30000 元；

三、驳回范某其他诉讼请求。

范某、孙某均不服一审判决，提出上诉。北京市第三中级人民法院经审理认为：一、关于 1202 号房屋折价款如何认定的问题。范某、孙某签订的离婚协议书中明确约定，双方名下有一处房产，离婚后男女双方各分得该房产的 50%。该房产是贷款购买，离婚后由男方偿还。按照该约定，离婚后 1202 号房屋双方按份共有，贷款由孙某偿还，孙某要求贷款由双方负担的意见，范某表示不同意，孙某有关 1202 号房屋折价款的主张与双方离婚协议书中的约定不符，二审法院不予支持。1202 号房屋系范某、孙某通过抵押贷款方式购买，由于双方均不能按期偿还银行贷款，导致该房屋被依法拍卖。虽然范某提交了证据证明孙某在欠付银行贷款的情况下有购买宝马车的行为，但该行为尽管可能导致银行提前行使抵押权，但房屋的价格受多种因素影响，特别是市场因素的影响较大。同时，范某亦曾于 2019 年向法院起诉要求将 1202 号房屋变现，故范某要求孙某承担 1202 号房屋贬损损失的责任，理由不成立，二审法院不予采纳。关于 1202 号房屋价格的确定问题，一审法院以最终拍卖价格确定的数额为准，即 15560000 元，该认定合理，范某要求按照房屋估价 18963780. 66 元的标准计算确定其享有的价值，缺乏依据，二审法院不予采纳。在双方离婚后，孙某对房屋进行了装饰装修，并购置家具家电，该行为也使房屋的价值得到了一定程度的提升。但由于该拍卖价格中不包含装饰装修的价格，孙某虽有相关投入，亦不应在房屋总价中予以扣减。房屋契税、住房维修专项基金、物业费、2020 年 1 月至 5 月合理的电费和燃气费，一审中范某同意扣减，一审法院予以扣减并无不妥。二审中范某不同意扣减房屋契税、住房维修专项基金，与其一审中的陈述相悖，二审法院予以驳回。律师费、诉讼费、执行费系执行过程中的合理费用，一审法院予以扣减，亦无不妥，二审法院予以确认。离婚协议书约定 1202 号房屋双方离婚后按份共有，现有证据不能证明孙某占据 1202 号房屋且不允许范某居住使用，故对范某关于 1202 号房屋占用费及不能居住房屋的租金损失的主张，二审法院不予支持。

二、关于320号车位的问题。双方在离婚协议中约定，男方名下有两个车位，位于：顺义区11号院地下车位413号和320号，离婚后413号归男方所有，320号归女方所有。离婚协议同时约定，男女双方婚后无共同债权，除上述房屋贷款外，双方无其他共同债务。从离婚协议整体内容看，并没有明确提及两个车位的贷款问题，而双方在签订离婚协议书时对两个车位各有贷款均是明知的，综合考虑双方关于共同财产分配和债权债务的约定，一审法院认定车位归各自所有、各自车位的贷款由各自承担，该认定较为公平合理。320号车位归范某所有，购买车位的债务以及与车位有关的费用范某应当承担。一审法院结合双方的意见，参考出售车位价格、还贷款金额、管理费用等因素酌情确定孙某应支付范某车位补偿款3万元，该认定合理，二审法院予以确认。

三、关于范某主张的宝马车、翻译公司、科技公司等其他共同财产问题。双方于离婚协议书中约定，除上述财产外，无其他共同财产。而从查明的事实看，双方对宝马车、翻译公司、科技公司的存在均是明确知道的，对宝马车、翻译公司、科技公司等涉及共同财产的部分也不存在重大隐瞒导致范某利益受损的情况，表明双方已通过离婚协议书对双方婚姻关系存续期间的共同财产进行了处理。按照离婚协议书的约定上述财产即不再属于共同财产，应由孙某享有，范某的该项上诉请求，依据不足，二审法院不予采纳。

北京市第三中级人民法院依照《中华人民共和国民事诉讼法》第一百七十条第一款第一项之规定，作出如下判决：

驳回上诉，维持原判。

【法官后语】

本案的一大争议焦点在于对离婚协议书中“除上述财产外，无其他共同财产”的理解和认定。双方夫妻共同财产众多，在婚姻关系存续期间，因感情不和，协议离婚，对婚姻、子女抚养、共同财产分割、债权债务进行了约定。除离婚协议书中列明的房产、存款等夫妻共同财产外，双方约定，除上述财产外，无其他共同财产。诉讼中，范某主张对宝马车、翻译公司、科技公司等进行分割，孙某则主张已在离婚协议书中处理完毕。法院经审理认为，双方在签订离婚协议书时，对于宝马车、翻译公司、科技公司的存在均是明确知悉的，就共同财产的范围不存在重大隐瞒导致范某利益受损的情形。而离婚协议书中仅对房产、存款、补偿等予以明确，同时约定“无其他共同财产”。基于上述事实，可以认定双方已通过离婚协议书对双方婚姻关系存续期间的共同财产进行了处理，不存在关于共同财产的其他争议。因此，宝马车、翻译公司、科技公司等财产即不再属于共同财产，应由孙某享有，范某主张与之相关的诉求没有法律依据。

实践中，夫妻双方在解除婚姻关系时约定财产分割的情形并不鲜见，财产处分的范围限于离婚协议书约定的内容。如果存在离婚协议书约定内容以外的夫妻共同财产，参照《最高人民法院关于适用〈中华人民共和国民法典〉婚姻家庭编的解释（一）》第八十三条“离婚后，一方以尚有夫妻共同财产未处理为由向人民法院起诉请求分割的，经审查该财产确属离婚时未涉及的夫妻共同财产，人民法院应当依法予以分割”的规定，当事人有权提起诉讼请求分割，人民法院应当依法予以分割。如果当事人明知部分夫妻共同财产未予分割，但仍在离婚协议书中约定无其他共同财产，应当视为对其自身财产权益的放弃，相应财产依法不予分割，归登记的所有权人或实际占有人所有。

编写人：北京市第三中级人民法院　张玉娜　吴琳

11

离婚财产分割协议适用条件拟制的司法认定

——吴某诉何某离婚后财产案

【案件基本信息】

1. 裁判书字号

上海市第一中级人民法院（2021）沪01民终14314号民事判决书

2. 案由：离婚后财产纠纷

3. 当事人

原告（被上诉人）：吴某

被告（上诉人）：何某

【基本案情】

原告吴某与被告何某于2008年5月登记结婚，于2019年7月15日登记离婚，签订《自愿离婚协议书》，其中约定：夫妻共同所有的位于本市宝山区抚远路某房屋（以下简称涉案房屋）一处，待出售后，将出售所得一次性补偿70万元给吴某，其余部分归何某所有；出售前吴某承担房屋贷款每月4500元给何某。

2013年10月19日，被告及其母亲与案外人签订《房地产买卖合同》，约定被告及其母亲购买涉案房屋及地下室，价格分别为2626929元、222040元。11月12日，被告及其母亲与某银行签订了《个人购房借款/担保合同》，约定因购买涉案房屋向银行贷款164万元，采用按月等额本息还款法，由被告母亲通过其银行账户还款。12月21日，该房屋被登记至被告及其母亲名下。2019年6月至2020年5月，该房屋每月还贷本息8039.94元。截至2019年7月15日，剩余贷款本金为1497525.30元。

2019年5月22日，吴某向何某转账2万元，何某认可系用于归还6月至8月房贷。2019年6月10日，吴某向何某转账7100元，何某认为系归还其借款非还房贷。吴某认为上述27100元系归还7月至10月共4个月的房贷。

原告认为，双方口头约定被告应于2019年9月底前出售涉案房屋，后其发现被告挂牌价很高，不积极接中介电话，根本不想出售房屋。离婚协议中未明确约定房屋出售时间，其可以随时要求被告支付折价款，故诉至法院，请求判令被告支付其涉案房屋折价款70万元。被告辩称，自2019年7月开始其已挂牌出售涉案房屋，限于整体房产市场及疫情影响，至今未能出售，不存在阻碍交易的行为。因房屋尚未出售，不符合离婚协议书约定的付款条件，故不同意支付折价款。另根据离婚协议书约定，要求原告承担自2019年7月起至判决之日止按每月4500元计算的房贷。

【案件焦点】

1.《自愿离婚协议书》中关于涉案房屋处理的约定，属于附条件还是附期限；2. 被告未能出售涉案房屋，原告能否要求其依约支付房屋折价款；3. 被告要求原告负担相应房屋贷款应如何处理。

【法院裁判要旨】

上海市浦东新区人民法院经审理认为：关于争议焦点一，原告认为上述约定属于附期限的民事法律行为，因时间约定不明，故其可随时主张。法院对此认为，原告提出双方曾约定于2019年9月底前将涉案房屋出售，被告对此予以否认，而原告并未进一步举证，法院难以采信。根据《自愿离婚协议书》约定，双方并未明确出售房屋的具体时间，出售房屋之行为系支付相应折价款的前提条件，故属于附条件而非附期限的条款。

关于争议焦点二，附条件的民事法律行为，当事人为自己的利益不正当地阻止条件成就的，视为条件已成就。被告虽然于离婚后即挂牌售房，但截至最后一次庭审被告仍未将该房屋出售。被告辩称系受到整体房产市场及疫情影响，但事实上双方登记离婚时距疫情发生尚有半年左右，房产市场亦较为平稳。可见，被告对于出售房屋存在敷衍拖延之嫌。截至双方登记离婚时，该房屋尚余149万多元贷款本金未归还，而根据离婚协议书约定，在房屋出售前原告需负担每月4500元房贷。该约定意味着出售时间越长，原告需负担的房贷越多，经抵扣后被告需支付原告的房款就越少。该约定显然存在不公平之处，易致被告产生道德风险，也体现出双方约定时背后的真实意思即为尽快出售房屋。结合房屋现状，法院有理由相信被告存在为自己利益不正当地阻止条件成就的情形，故确认其支付70万元房屋折价款的条件成就。

关于争议焦点三。结合出售房屋通常的合理时间、房地产市场情况等因素，从公平角度出发，确认原告需要负担的是离婚后至立案前（2019年7月至12月）每月4500元的房贷，抵扣已经支付的部分，原告应支付被告贷款15039.94元，被告最终应支付原告房屋折价款684960.06元。

综上，依照《最高人民法院关于适用〈中华人民共和国民法典〉时间效力的若干规定》第一条第二款，《中华人民共和国民法总则》第一百五十八条、第一百五十九条的规定，判决如下：

一、被告何某于本判决生效之日起十日内支付原告吴某101室房屋折价款684960.06元；

二、被告何某名下的银行存款及理财归被告何某所有，被告何某于本判决生效之日起十日内支付原告吴某折价款74万元；

三、双方其余各自名下及各自处的财产归各自所有。

一审宣判后，何某提起上诉，上海市第一中级人民法院判决：驳回上诉，维持原判。

【法官后语】

离婚财产分割协议常常会对财产折价款的支付设定一定的期限或者条件。在双方当事人就此发生争议时，如何识别附条件还是附期限，离婚协议中如何适用条件拟制等，成为案件争议焦点。

一、附条件法律行为的司法认定

条件就是指当事人以客观上在将来不确定是否会发生的事实，作为决定法律行为效力的附款。条件具有意定性、未来性、或然性、合法性四个特征。司法实务中对于条件与期限容易混淆，二者最关键的区别在于：条件成就与否不确定，而期限终将届至或届满。离婚协议通常是夫妻双方关于婚姻关系解除、子女抚养、共同财产分割等内容达成的“一揽子”协议。本案原、被告双方在离婚协议书中约定，房屋出售后被告补偿原告70万元、出售前原告每月承担部分房贷，这是双方关于财产分割的条款，对双方均具有法律约束力。原告在庭审中陈述，之所以确定70万元折价款，是因为其父母当时出资了70万元，可见双方对于该房屋分割的方案是经过各方面考虑后达成了一致。房屋是否出售是未来不确定是否会发生的客观事实，显然属于附条件。且该条件仅附于该条款，不影响整个离婚协议书的效力，房屋出售是被告补偿原告70万元的履行条件，亦为原告承担每月房贷的停止履行条件。

当双方对于附条件还是附期限存在争议时，如果所附事实根据通常理解具有不确定性，而另一方坚持主张属于附期限的，则由另一方承担相应的举证责任。原告提出涉案条款系附期限，双方曾约定于2019年9月底前将涉案房屋出售，被告对此予以否认，而原告并未进一步举证，故法院对其上述意见不予采信。

二、适用条件拟制的司法认定

《中华人民共和国民法典》第一百五十九条规定："附条件的民事法律行为，当事人为自己的利益不正当地阻止条件成就的，视为条件已经成就；不正当地促成条件成就的，视为条件不成就。"条件拟制的目的一方面在于对处于待定状态中的权利人进行保护，另一方面在于纠正违背诚信原则从中获利的行为。判断能否适用条件拟制条款，需要满足如下四个构成要件：一是主观要件，即为自己利益；二是客观要件，即阻止或者促成条件成就的不正当行为；三是因果关系，体现在因不正当行为而导致条件成就或不成就，即不正当行为阻断了原本的因果关系进程；四是可归责性，即当事人对不正当行为促成条件成就或阻止条件成就具有过错。

结合本案，(1) 房屋出售非纯客观自然事实，需要被告的主动作为，该条件形成于离婚财产分割协议，原告对于被告在一定期间内出售房屋具有合理期待。(2) 房产市场亦较为平稳，不存在阻碍房屋出售的客观情况，故被告存在怠于出售房屋的行为。(3) 出售房屋时间越长，对于原告而言，需负担房贷越多；对于被告而言，既能更晚履行付款义务，又能愈加减少经抵扣后支付给原告的房款，可从中获得双重利益。(4) 被告的不作为与房屋未出售之间具有因果关系，房屋产权人登记为被告及其母亲，房屋出售由其主导，而其怠于出售明显具有可归责性。综上，可以认定被告存在为了自己利益不正当阻止条件成就的情形，故法院确认其支付70万元房屋折价款的条件成就。

三、条件拟制的溯及力及时间点确定

根据"法不溯及既往"的基本原则，条件不具有溯及力，即条件成就或不成就带来的法律效果不会溯及法律行为成立之时。至于条件拟制的时间点确定，通常假定当事人没有不当地影响事物发展的，依事物原本正常的发展进程，条件何时成就或者不成就即视为条件成就或者不成就的时间。对此假定的时间点如果不能够确定，则以条件被阻止而不能成就或者条件被促成而成就的时间点作为拟制的时间点。以上皆不能确定的，则可以诚信原则、结合合同的履行内容、衡量双方当事人利益来推定一个合理的时间。本案中，即使不存在怠于出售房屋行为，原本房屋出售的时间点亦无法确定，原告提出售房的约定时间亦无证据证明，且被告的不作为系持续性行为，对于阻止条件成就的时间点亦无法确定。法院结合出售房屋通常的合理时间、房地产市场情况、双方登记离婚时间等因素，从公平角度出发，确认了条件拟制的时间点，并据此合理确定了原告需要负担的房贷金额。

编写人：上海市浦东新区人民法院　俞硒　吴莉

（五）离婚后损害责任纠纷

12

民法典实施后离婚损害赔偿制度的法律适用及认定标准

——郭某诉果某离婚后财产案

【案件基本信息】

1. 裁判书字号

北京市第二中级人民法院（2022）京02民终6453号民事判决书

2. 案由：离婚后财产纠纷

3. 当事人

原告（被上诉人）：郭某

被告（上诉人）：果某

【基本案情】

郭某与果某于2020年12月29日离婚，双方签署了《离婚协议书》，约定：离婚原因：男方出轨导致夫妻感情破裂。双方离婚。车辆归郭某所有，果某于本协议签订之日起5日内配合郭某办理过户手续，如男方未能及时配合过户，自愿向女方一次性支付60万元的经济补偿金。果某多次婚内出轨并与他人同居，背叛婚姻、抛弃妻女的行为有违公序良俗，违反夫妻忠实义务，并导致家庭关系破裂，给女方造成极大的精神伤害。男方自愿补偿女方精神损害费100万元。男方同意于离婚之日起三个月内一次性或分期将上述款项转入女方的银行账户。并在离婚协议的最后约定了违约责任，任何一方不按本协议约定期限履行义务的，应另付违约金90万元给守约方，但该违约补偿行为不影响守约方继续向违约方主张已约定好的权利。因果某将车辆抵押给贷款公司，双方一致同意果某给付郭某车辆折价款7万元，车辆归果某所有，郭某不再主张车辆所有权。

果某认为其在签订《离婚协议书》时缺乏清偿能力，郭某利用其存在刑事案件以及可能涉嫌重婚罪的事实胁迫其离婚、签订协议，该协议内容不是其真实意思表示，对其显失公平。其将车抵押给贷款公司借款用于公司经营、家庭生活，因未及时偿还借款，目前车辆已被贷款公司扣留，客观上不能交付，对此原告也知情，从约定看，在被告不履行情况下，需要支付经济补偿金实际上有违约金的性质，原告要求支付精神损害费过高，明显会导致被告经济状况恶化，原告未举证因违约行为造成损失，请求法院酌减，且该违约金与经济补偿金均为违约金性质，是重复主张。

郭某提交果某2019年12月至2020年10月微信账单记录，证明果某有能力履行《离婚协议书》。

【案件焦点】

1.《离婚协议书》的效力；2. 郭某各项诉讼请求应否得到支持；3. 经济补偿金和违约金是否应当酌减。

【法院裁判要旨】

北京市丰台区人民法院经审理认为：

一、《离婚协议书》的效力

《离婚协议书》是双方对婚姻关系以及财产分割达成的一致意见，双方已经按照《离婚协议书》约定办理离婚，果某提供的证据不足以证明郭某实施了威胁果某的行为迫使其产生恐惧而实施的行为，故《离婚协议书》合法有效。

二、郭某各项诉讼请求应否得到支持

对于车辆，双方达成一致意见，法院不持异议；对于60万元经济补偿金，果某在签订该协议时明知车辆抵押状况，并约定经济补偿金，现果某未履行过户约定，故应当按照约定支付经济补偿金；对于100万元精神损害费，因协议有明确约定，且果某认可其婚内出轨并与他人同居，导致家庭关系破裂，故应当按照约定支付；对于90万元违约金，因果某并未按照协议约定履行义务，符合合同法中另付违约金的约定，故法院予以支持；对于果某所述经济补偿金和违约金重复主张的问题，法院认为经济补偿金是果某对每项财产没有履行相应义务所要给付的经济补偿金，而违约金是针对郭某和果某作为《离婚协议书》中任何一方，并非特指果某，且双方在已经约定经济补偿金的基础上，还明确约定该违约金为另付，不影响守约方继续向违约方主张已约定好的权利，故该约定视为双方对婚姻关系解除后对于孩子和财产问题所达成的意见。

三、经济补偿金和违约金是否应当酌减

对于果某所述经济补偿金和违约金的约定过高，要求酌减的意见，法院认为《离婚协议书》并非单纯的经济协议，该协议具有人身依附性，是双方在同意解除婚姻的人身关系的基础上对孩子和财产所达成的一致意见。本案中，因果某违背夫妻忠实义务，未能树立优良家风，建立文明的家庭关系导致婚姻破裂，故双方并非仅仅是依据经济利益作出的约定，而是依据双方婚姻关系、财产、离婚原因、过错以及双方感情等综合因素进行约定，果某作为一名成年人，在考虑双方婚姻关系以及自身经济状况前提下所签订的协议，应当对自身给付能力有所判断，且果某2019年12月至2020年10月的微信账单记录显示其有相应经济能力，现其以因未履行生效判决而被限制消费证明其无经济能力为由要求酌减，法院不予采信。

北京市丰台区人民法院判决如下：

一、果某名下车牌号为京××的别克牌小型普通客车归果某，果某于本判决生效之日起十五日内给付郭某车辆折价款 70000 元；

二、果某于本判决生效之日起十五日内给付郭某经济补偿金 600000 元；

三、果某于本判决生效之日起十五日内给付郭某精神损害费 1000000 元；

四、果某于本判决生效之日起十五日内给付郭某违约金 900000 元；

五、驳回郭某的其他诉讼请求。

果某不服一审判决，提起上诉。二审法院同意一审法院裁判意见。

北京市第二中级人民法院依照《中华人民共和国民事诉讼法》第一百七十七条第一款第一项之规定，作出如下判决：

驳回上诉，维持原判。

【法官后语】

本案涉及离婚损害赔偿制度的法律适用问题。尤其是《中华人民共和国民法典》（以下简称《民法典》）第四百六十四条第二款在文义和价值取向上明显修改了《中华人民共和国合同法》（以下简称《合同法》）第二条第二款的规定，使身份关系协议在婚姻家庭编没有对其作出规定的情况下可以根据其性质参照适用合同编之规定，这是立法的一大突破。《民法典》第四百六十四条第二款实质上是将婚姻家庭编与合同编连接起来。在《民法典》实施后，如何在审判中准确把握离婚损害赔偿制度的法律适用标准，是本案中值得研究探讨的重点问题。

一、离婚协议性质

根据《民法典》第一千零七十六条的规定，夫妻双方自愿离婚的，必须签订书面离婚协议。离婚协议是夫妻双方自愿就婚姻关系解除、子女抚养、共同财产分割、夫妻债务承担、离婚损害赔偿等达成的“一揽子”协议。

离婚协议的内容具有复合性，是数个法律行为的混合，财产处分行为与解除婚姻关系、子女抚养、离婚损害赔偿等内容构成了一个紧密结合的有机整体，具有人身和财产双重性质的合意。

虽然离婚协议包含人身关系和财产关系两个方面，但是不能当然地认为人身关系的变动适用婚姻法，而财产部分应当直接适用合同法。离婚协议是附随身份关系的协议，离婚协议引发身份关系的变动、财产关系的附随变动等彼此关联，离婚协议中财产分割条款具有附属性。不能简单地以一般财产契约的等价有偿原则来衡量和规范。

二、参照适用法律由来及适用原则

《民法典》第四百六十四条第二款是身份关系协议参照适用合同编的原则性规定。其实，对于身份关系协议能否参照适用合同编的规定是一个变化的过程。《合同法》第二条第二款将身份关系协议排除在外。

《民法典》婚姻家庭编与合同编存在价值理念与体系结构上的差异，两者必然产生碰撞。前者呈现出浓厚的道德伦理属性，包含保护家庭弱者权益、维护家庭稳定的特殊原则，并带有一定程度的社会保障和社会公共利益的色彩。后者调整的是基于平等、自愿等原则而发生的交易关系，具有强烈的工具理性，性质上为交易法。

在《民法典》实施的背景下，如何使婚姻家庭制度既融入法典的外在体系，又贯彻法典的内在价值，对于长期独立发展的婚姻法而言，是全新的挑战。

身份关系协议是意思自治原则在婚姻家庭法领域的具体表达。调整身份关系的法律缺乏对身份关系协议有关财产部分的规定，如果完全排除合同编的适用，则复合型身份协议里附属的财产部分将面临无法可依的情形。现代社会中的身份关系协议形式多样，如夫妻忠诚协议、离婚财产分割协议等，通过"参照适用"条款发挥《民法典》的体系化效益，回应日益变迁的经济和社会发展需要，显得尤为重要。

《民法典》第四百六十四条第二款的体系化阐释，既要充分发挥准用条款为身份关系协议提供规范供给的功能，也要避免以工具理性为核心的合同编危害植根于家庭伦理的身份共同体价值。离婚财产分割协议应当优先适用《民法典》婚姻家庭编的具体规定，以尊重婚姻家庭法的特殊性。但这种优先适用并不意味着完全排斥其他各编的适用，在合理且必要的范围内，如果适用婚姻家庭编不能给予当事人足够的保护，则可以参照适用其他各编的规定，适用的范围和程度需要结合个案的具体问题进行具体的分析和考量。在适用其他各编的具体制度和条款时，应当秉持婚姻家庭领域的基本理念和价值，根据婚姻关系存续时间的长短，双方当事人在婚姻关系存续期间对夫妻共同财产和其他家庭福利作出的贡献，双方当事人可能的情感投入与对婚姻家庭的依赖关系，双方当事人离婚后的身体健康状况、经济状况和谋生能力，离婚财产分割协议对子女、对方当事人的影响等婚姻家庭领域的特别因素，对其他各编具体规则的构成要件和法律效果进行必要的目的性扩张、目的性限缩、类推适用等处理，以使其更好地体现婚姻家庭领域的特殊性质，保护婚姻家庭领域中当事人的合法权益。

三、本案的适用认定分析

离婚协议书是对离婚所涉及人身财产事项协商一致的协议，不应等同于一般意义的合同。此种协议的财产给付内容以身份关系解除为前提，离婚条件成就后其财产给付内容转化为债权债务关系，可以参照适用合同法违约责任的规定。但鉴于此类协议的身份关系性质，无法判断“违约金”是否低于或者过分高于“造成的损失”，不能参照适用违约金调整规则，以免司法审查过度介入家庭自治。如果允许一方反悔，那么男女双方离婚协议的“整体性”将被破坏。同时，离婚协议各个条款的订立都是为了解除婚姻关系，具有目的上的统一性。在婚姻关系已经解除且不可逆的情况下，如果允许当事人对财产部分反悔，将助长先离婚再恶意占有财产的有违诚信的行为，诱发道德风险。

本案中，因果某违背夫妻忠实义务，未能树立优良家风，建立文明的家庭关系导致婚姻破裂，故郭某和果某双方并非仅仅是依据经济利益作出的约定，而是依据双方婚姻关系、财产、离婚原因、过错以及双方感情等综合因素进行约定，果某作为一名成年人，在考虑双方婚姻关系以及自身经济状况前提下所签订的协议，应当对自身给付能力有所判断，故其在不履行离婚协议的情况下应当按照协议约定支付经济补偿金和违约金。

编写人：北京市高级人民法院　罗兆英

13

离婚损害赔偿制度项下其他重大过错的理解与适用

——陈某诉梁某离婚案

【案件基本信息】

1. 裁判书字号

北京市第三中级人民法院（2022）京03民终4994号民事判决书

2. 案由：离婚纠纷

3. 当事人

原告（上诉人）：陈某

被告（上诉人）：梁某

【基本案情】

陈某与梁某于2014年10月10日登记结婚，于2016年7月10日生育一子陈某某。2020年1月，梁某携子陈某某搬离住所，双方自此开始分居。

关于夫妻感情，梁某表示陈某出轨单位同事，多次与女同事发生不正当关系，对感情破裂存在严重过错，应于财产分割时对无过错方予以多分，并主张精神损害抚慰金8万元。梁某就此提交：1. 双方之间的谈话录音，其中，陈某承认与案外女性在车上做爱。对录音证据，陈某表示为了让梁某消气顺着其引导表述，不予认可。2. 车座照片及录音，梁某欲证明在车上做爱的过程及汽车后座留下精液的痕迹。对此，陈某认为录音只听见女人声音，座位污渍不能体现精液痕迹，证据取得不具有合法性，不能作为认定事实的依据。3. 视频，梁某欲证明陈某多次与案外女性共同搭乘车辆并在车内亲吻。对此，陈某认为其与女性乘坐车辆驶离地下停车场的视频不能证明出轨事实。4. 双方微信聊天记录，梁某欲证明陈某承认自己出轨过错，并将其发给第三者的微信转发给梁某，请求原谅。对此，陈某认可微信聊天记录真实性，不认可证明目的。

关于子女抚养，双方分别坚持主张取得陈某某的抚养权。

关于夫妻共同财产及债权债务，双方分列范围请求法院依法处理。

【案件焦点】

陈某应否赔付梁某精神损害抚慰金。

【法院裁判要旨】

北京市朝阳区人民法院经审理认为：陈某与梁某于婚姻生活中发生矛盾，不能沟通与谅解，导致夫妻感情失和并且分居生活。现陈某主张离婚，梁某表示同意，应准予双方离婚。

关于过错，就婚内出轨而言，夫妻忠实义务不能单纯被定性为个人道德标准，而且受法律约束，夫妻双方在共同生活中应当互相忠诚以维护婚姻关系的专一性和排他性。梁某主张陈某婚内出轨，严重伤害夫妻感情，并就此提交谈话录音、音频光盘、照片等为证。实践中，婚内出轨行为既为社会道德所谴责，在离婚纠纷中有此行为者也往往会处于不利的地位，同时，婚外情行为又是极为私密的行为。考虑到道德约束及离婚诉讼中的法律成本，涉事当事人往往会极力掩饰相关痕迹，以致受害方发现确切性接触证据是极其困难的。此种情况下，要求梁某提供确凿无疑的证据，显属过苛。梁某提交之证据可以形成证据链证明其主张，具有明显优势。陈某虽然对此不予认可，但未能对谈话录音中的自认事实予以合理解释，亦未能举证推翻梁某提交证据指向的事实，难以采信。陈某于婚姻关系存续期间违反夫妻忠实义务，碰触婚姻底线，对夫妻感情破裂具有重大过错，法院酌情判处陈某给付梁某精神损害抚慰金 1 万元。

关于子女抚养，结合双方分居后陈某某随梁某共同生活的事实，认定陈某某由梁某抚养为宜，酌情判处陈某每月支付抚养费8000元。

关于夫妻共同财产分割及共同债权、债务负担方面，结合在案证据审查具体财产情况，遵循照顾女方、子女及无过错方权益原则，对于双方主张的共同财产及债权债务分项审查并确认。

综上，北京市朝阳区人民法院依据《中华人民共和国民法典》第一千零四十一条、第一千零四十二条、第一千零七十九条、第一千零八十四条、第一千零八十五条、第一千零八十七条、第一千零九十一条、第一千零九十二条之规定，判决如下：

一、准予原告陈某与被告梁某离婚；

二、婚生子陈某某由被告梁某抚养，原告陈某自本判决生效之月起于每月五日前支付抚养费八千元，直至陈某某年满十八周岁止；

三、原告陈某于本判决生效之日起七日内支付被告梁某精神损害抚慰金一万元；

四、原告陈某于本判决生效之日起七日内支付被告梁某房屋贷款及增值款三十七万元；

五、京ADZ51××车辆归原告陈某所有，车辆剩余贷款由原告陈某负责清偿，原告陈某于本判决生效之日起七日内支付被告梁某车辆折价款五万元；

六、被告梁某于本判决生效之日起七日内支付原告陈某折价款五十五万元；

七、原告陈某于本判决生效之日起七日内支付被告梁某折价款十五万五千元；

八、驳回原告陈某的其他诉讼请求；

九、驳回被告梁某的其他诉求。

陈某、梁某均不服判决，提起上诉。二审法院同意一审法院裁判意见，判决：驳回上诉，维持原判。

【法官后语】

离婚损害赔偿制度系因夫妻一方重大过错致使婚姻关系破裂，过错方应对无过错方的财产损失、人身伤害及精神损害予以物质赔偿的法律制度。婚姻关系既融合身份关系和财产关系，又体现自然属性和社会属性，均非纯粹的技术性问题，价值判断的背后隐含着利益权衡及社会导向。损害赔偿制度作为决断是非的风向标，无疑彰显了法益的价值选择。《中华人民共和国民法典》第一千零九十一条在婚姻法四种法定过错行为的基础上加入了“其他重大过错”的兜底条款，进一步完善了离婚损害赔偿的救济路径，更贴合复杂多样的婚姻实践，亦符合家事案件的审理规则，但同时也对司法审判的自由裁量权提出了新考验。诸多过错行为的审查判断中，婚外情、出轨等违反夫妻忠实义务明显成为主流论点，也为大多数离婚审判实践所采用。

一、违反忠实义务的法律属性

夫妻相互忠实作为婚姻稳定的前提和基础，不仅是善良风俗的道德要求，也是法律约束的规制之一。夫妻忠实义务虽名为义务，但实质上是一种以义务为中心及表现形式的权利。一方面，忠实义务以夫和妻的身份为基石，确立夫妻关系项下需遵循特定的身份规则。相较于身份结合形成的同居生活、财产共有及家事代理等权利侧重于行为层面，忠实义务则更倾向于情感层面，忠实义务应为配偶权理论的核心要义。另一方面，人格权是人之所以为人的权利，尊严是人的本质属性和基本需求，自尊自重亦为社会交往的基本准则。人格尊严是具有伦理性品格的权利，反映到婚姻家庭关系中，必然要求双方相互忠实，违反忠实义务不可避免地会对无过错方人格尊严造成损伤。除兼具身份权和人格权外，忠实义务亦涉及财产权，违反忠实义务行为通常以物质财产为载体，必然涉及财产权的处分问题。故此，忠实义务具备法律定性的客观条件，将其纳入婚姻损害赔偿制度项下的“重大过错”，不仅凸显了法律制度对于伦理道德的引导干预、树立正面导向，而且构建了全面客观的权利保障体系，维护了公平正义。

二、违反忠实义务的审查判断

忠实义务通常被解读为感情忠实和身体忠实。法定过错情节列明的重婚、有配偶者与他人同居两种情形违背了上述两个层面的义务，侵权过错及事实较为明显。但现实生活中交叉着各种各样的社会关系，存在着不同形式的交往模式，违背忠实义务，对一方产生伤害的行为远非列举的法定过错。婚外情、出轨等男女双方自愿发生的暂时性不正当两性关系行为，具有破坏婚姻家庭的主观恶意，损害了夫妻之间的信任基础，造成夫妻感情失和的结果，客观上侵害了合法的婚姻关系，与婚姻关系破裂存在较为密切的因果关系，应当认定为离婚损害赔偿制度项下的“重大过错”，给予无过错方赔偿救济。

离婚损害赔偿适用“谁主张，谁举证”的一般侵权举证责任，无过错方应当对过错方存在违反忠实义务的事实进行举证。事实上，婚外情、出轨等暂时性不正当两性关系具有极强的私密性及隐蔽性，涉事当事人往往会极力掩饰相关痕迹。一方面无过错方发现确切性接触证据极其困难，存在种种现实障碍；另一方面无过错方穷尽办法经获取的直接证据往往涉及非法证据排除规则，证据效力隐含风险。故而，将举证责任单纯苛责于无过错方以达到完整证据链显然过于机械，亦难与婚姻家事行为准则相符。审判实践中，应当充分发挥并利用司法职能协助当事人收集证据，将优势证据标准的法律审查与生活习惯法则的逻辑判断结合运用，最大限度地还原事实，衡平夫妻双方实体及程序权利。

三、违反忠实义务的赔偿责任

如前所述，离婚损害赔偿的侵权客体兼具身份权及人格权，由此所致损害赔偿更多归结于精神损害抚慰金。相对于物质损害客观直接的填平弥补原则，精神损害赔偿赋予了审判实践较大的司法裁量权。婚姻关系包罗万象，家庭生活千差万别，个体对于忠实义务的接受程度不尽相同，婚姻生活中相处方式亦有很大差异，个体精神层面的感知及受损程度确实难以量化评判。但应当肯定的是，违反忠实义务对于个体造成的伤害不仅局限于涉案婚姻，还会影响到未来婚姻观、家庭观，精神损害范围及程度不宜简单参照适用人身损害引发的精神抚慰，应当从婚姻关系特殊性入手，切实根据个案事实及个体感受精准判断，着力体现法律立场和导向，以保护无过错方权益为原则在经济利益方面进行适度平衡。

本案具有一定的代表性和普适性，通过对各类证据剖析审查，习惯法则适当运用，认定一方存在违反忠实义务的出轨行为，将其归入重大过错并对无过错方予以赔偿救济，法律层面立场鲜明地否定不当行为，坚强有力地保护婚姻关系中无过错方的合法权益，弘扬了公平正义的法治主旋律和社会主义核心价值观。

编写人：北京市朝阳区人民法院 孙琪

（六）撤销婚姻纠纷

14

婚前未如实告知的疾病需属重大疾病范畴才是撤销婚姻的法定事由

——黄某某诉胡某某撤销婚姻案

【案件基本信息】

1. 裁判书字号

安徽省淮南市中级人民法院（2022）皖04民终1395号民事判决书

2. 案由：撤销婚姻纠纷

3. 当事人

原告（上诉人）：黄某某

被告（被上诉人）：胡某某

【基本案情】

2020年3月中下旬，原告黄某某与被告胡某某经媒人李某、赵某介绍相识。同年4月30日，黄某某回到淮南准备与胡某某的订婚事宜；5月5日，黄某某与胡某某的母亲一起陪同胡某某前往淮南市第四人民医院拿药，其间黄某某在医生办公室门口的走廊处等候，医生开具了利培酮口服液、富马酸喹硫平片（舒思）；5 月 8 日，黄某某与胡某某按照本地习俗举办订婚仪式；次日，胡某某随同黄某某前往后者在浙江的工作地相处十天左右，其间胡某某按照医嘱正常服药。2020 年 8 月 13 日，淮南市某区残疾人联合会向胡某某颁发了残疾人证，载明胡某某为听力三级、精神三级的残疾人。同年 11 月 1 日，黄某某与胡某某按照当地风俗举办了婚礼；次日，黄某某与胡某某前往淮南市某区民政局办理结婚登记，且双方进行婚前医学检查时，未发现医学上不宜结婚的情形。婚后胡某某便跟同黄某某前往后者在浙江的工作地共同生活，胡某某正常服用医生开具的药品。2021 年 3 月中下旬，黄某某为胡某某购买了谷维素片、安神补脑液，并于同月 24 日让胡某某替代服用。同年 4 月 7 日晚，胡某某出现行为异常，开始自言自语、胡乱说话，经黄某某安抚后平静下来；夜里，黄某某发现胡某某不在家中，出门寻找后发现胡某某衣不掩体在外，经过努力将其带回住处，但仍无法安抚、控制胡某某，遂联系其母亲反馈胡某某的情况；次日，胡某某的父亲和哥哥开车将其接回淮南，送往淮南康宁医院治疗，同年 6 月 28 日出院，经诊断为：妄想性障碍。此后胡某某一直在娘家居住，黄某某便以胡某某隐瞒重大疾病为由向法院提起诉讼，请求判决撤销原、被告的婚姻关系，并判决被告返还原告彩礼及赔偿原告精神损失。

经查，胡某某此前先后于 2019 年 12 月、2020 年 5 月分别在淮南市第四人民医院、淮南康宁医院住院治疗，分别被诊断为：妄想性障碍、持久的妄想性障碍。黄某某与胡某某自订婚到结婚，黄某某方给付胡某某彩礼共计二十余万元。

【案件焦点】

胡某某是否患有法律规定的重大疾病，若确属重大疾病范畴，胡某某在婚前是否如实履行告知义务，黄某某缔结婚姻的意思表示是否真实有效。

【法院裁判要旨】

安徽省淮南市谢家集区人民法院经审理认为：对于撤销婚姻中重大疾病的

具体范围，《中华人民共和国民法典》虽未作明确规定，但可参照《中华人民共和国母婴保健法》第八条及第三十八条规定。被告胡某某在婚前曾被诊断为妄想性障碍、持久的妄想性障碍，确属精神疾病，但原告未提供有效证据证实该疾病属于法律规定的重大疾病。且被告为三级精神残疾，系中度精神病人，婚前医学检查亦未发现其患有医学上不应当结婚的疾病，故原告主张被告患有重大疾病的观点不能成立，本案并不构成撤销婚姻的法定条件。况且，本案中证人赵某、李某均证实被告婚前已将其患病情况告知原告，原告也曾亲自陪同被告前往本地公知的精神病医院——淮南市第四人民医院开具治疗精神疾病的药品。综上所述，原告要求撤销婚姻的诉讼请求无事实与法律依据，法院不予支持；对于原告主张返还彩礼的诉请，因双方的婚姻关系现合法有效，给付彩礼系原告方婚前自愿行为，现主张权利于法无据，本院不予支持。依照《中华人民共和国民法典》第一千零五十三条，《中华人民共和国母婴保健法》第八条、第三十八条，《中华人民共和国民事诉讼法》第六十七条之规定，判决如下：

驳回原告黄某某的诉讼请求。

黄某某不服一审判决，提起上诉。安徽省淮南市中级人民法院经审理认为：本案胡某某所持 2020 年 8 月 13 日由淮南市某区残疾人联合会颁发的残疾人证载明其精神、听力残疾等级均为三级，而胡某某婚前在淮南市第四人民医院及淮南康宁医院住院治疗，被诊断为妄想性障碍、持久的妄想件障碍。因此，不论是胡某某残疾人证载明的精神残疾等级还是其就医诊断的结论，均不符合《中华人民共和国母婴保健法》第三十八条有关精神病的解释。黄某某关于胡某某所患精神疾病属于《中华人民共和国母婴保健法》规定的其他重型精神病的上诉理由不能成立，法院不予采纳。依照《中华人民共和国民事诉讼法》第一百七十七条第一款第一项规定，判决如下：

驳回上诉，维持原判。

【法官后语】

婚姻自由是我国婚姻制度的基本原则，其本质应当是建立在双方彼此相互了解信任的基础上，一方患有重大疾病可能会影响到另一方结婚意思表示的真实自愿性，故《中华人民共和国民法典》中规定了夫妻一方患有重大疾病的婚前告知义务，既保障当事人的知情权及婚姻自由，又可减少骗婚等道德风险的存在。需要注意的是，婚前未如实告知的疾病须属重大疾病范畴才是撤销婚姻的法定事由，因此在司法实践中，如何认定重大疾病构成范围，以及若属重大疾病是否履行了告知义务的问题成为此类案件的审理重点。

考虑到医疗技术的进步以及新型疾病的产生，《中华人民共和国民法典》未对重大疾病的范围作出明确规定。根据《中华人民共和国母婴保健法》的规定，婚前医学检查包括对严重遗传性疾病、指定传染病、有关精神病进行检查。指定传染病，是指《中华人民共和国传染病防治法》中规定的艾滋病、淋病、梅毒、麻风病，以及医学上认为影响结婚和生育的其他传染病。严重遗传性疾病，是指由于遗传因素先天形成，患者全部或者部分丧失自主生活能力，后代再现风险高，医学上认为不宜生育的遗传性疾病。有关精神病，是指精神分裂症、躁狂抑郁型精神病以及其他重型精神病。根据举重以明轻的原则，“重大疾病”范畴必定涵盖了婚前检查中不适宜结婚的情形，一方若知晓自己患有上述疾病，无论该疾病是否严重，均应视为规定的重大疾病范畴。至于其他重大疾病的认定，则应通过该疾病是否严重影响患者的正常工作和生活、是否会危害配偶及家庭成员的身体健康、是否会不利于后代身体健康等几个方面来具体分析而定。若一方婚前患有的疾病确属重大疾病范畴，但其已经在结婚登记前如实告知另一方，另一方已知晓或应当知晓但仍自愿与其结婚的，则不得再以对方未履行婚前告知义务为由行使撤销权。同时，若患病一方告知了患病事实，却隐瞒或未如实告知所患疾病的病情发展程度，则应同样视为未如实履行婚前告知义务。

本案中，一方面被告系三级精神残疾，属中度精神病人，婚前医学检查亦未发现其患有医学上不应当结婚的疾病，且在其正常服药期间并未发病，经法院审查认定其疾病不属于重大疾病的范畴，故本案并不符合隐瞒疾病可撤销婚姻的法定条件，依法应予驳回。另一方面，本案在案证据显示，被告及其家人在婚前已向原告方告知了患病事宜，且原告曾陪同被告去专科医院开具相关药物，故原告以其不知情为由提起撤销婚姻诉讼亦无事实依据。当夫妻一方已明确知晓对方患病情况仍自愿选择与其缔结婚姻后，又因后悔等以不知情为由向人民法院主张撤销婚姻的行为，不仅有悖于诚实信用原则，而且不符合社会主义核心价值观的要求，于法于情均不应得到支持。

编写人：安徽省淮南市谢家集区人民法院　苏煜

15

民法典施行前登记结婚的当事人于施行后以“重大疾病”为由申请撤销婚姻的法律适用规则

——李某某诉张某某撤销婚姻案

【案件基本信息】

1. 裁判书字号

山东省德州市中级人民法院（2023）鲁 14 民终 114 号民事判决书

2. 案由：撤销婚姻纠纷

3. 当事人

原告（被上诉人）：李某某

被告（上诉人）：张某某

【基本案情】

2014 年 5 月 12 日，张某某被认定为精神病一级残疾。李某某与张某某经介绍人相识后于 2020 年 12 月 16 日登记结婚。2021 年 11 月 16 日，李某某以张某某回娘家后不回家无意继续婚姻关系为由起诉离婚并要求返还彩礼，案件审理中，李某某知晓女方婚前患病情况，以“拟采用其他途径解决双方之间的纠纷”申请撤回起诉，一审法院于 2021 年 11 月 24 日作出（2021）鲁 1428 民初 2428 号民事裁定书，准许李某某撤回起诉。2022 年 10 月 9 日李某某起诉主张因张某某婚前隐瞒患有精神病一级残疾，要求撤销婚姻。

【案件焦点】

当事人于民法典实施前登记结婚，民法典实施之后以隐瞒重大疾病为由申请撤销婚姻应如何进行法律适用。

【法院裁判要旨】

山东省平原县人民法院经审理认为：本案属于撤销婚姻纠纷，李某某与张某某结婚登记发生在 2020 年 12 月 16 日，婚姻关系持续至 2022 年 10 月。李某某获知张某某患有精神病一级残疾为 2021 年 11 月。《中华人民共和国民法典》（以下简称《民法典》）第一千零五十三条规定：“一方患有重大疾病的，应当在结婚登记前如实告知另一方；不如实告知的，另一方可以向人民法院请求撤销婚姻。请求撤销婚姻的，应当自知道或者应当知道撤销事由之日起一年内提出。”该条系民法典新增规定。根据《最高人民法院关于适用〈中华人民共和国民法典〉时间效力的若干规定》（以下简称《时间效力规定》）第三条规定：“民法典施行前的法律事实引起的民事纠纷案件，当时的法律、司法解释没有规定而民法典有规定的，可以适用民法典的规定，但是明显减损当事人合法权益、增加当事人法定义务或者背离当事人合理预期的除外”，《民法典》于 2020 年 5 月 28 日通过并公布，李某某与张某某于 2020 年 12 月 16 日登记结婚，距离民法典正式实施不足半个月，未明显背离当事人的合理预期。一审判决：撤销李某某与张某某的婚姻。

张某某不服一审判决，提起上诉。山东省德州市中级人民法院经审理认为：有关一方患有疾病登记婚姻的问题，《民法典》第一千零五十三条从根本上有别于婚姻法第十条第三项的立法目的，后者是从“保护民族的健康、提高人口素质”出发，而前者是为了保护自然人的意思自由。《民法典》第一千零五十三条中一方违背重大疾病婚前告知义务，另一方可以申请撤销婚姻系新的法律规则，之前法律并无规定，该条系《民法典》的新增规定。《时间效力规定》第三条是关于《民法典》新增规定溯及适用的规定。本案双方结婚登记的时间是2020年12月16日，属于民法典施行前的法律事实引起的民事纠纷，现被上诉人以婚前隐瞒重大疾病为由请求撤销婚姻关系，依据以上分析本案属于新增规定可以溯及适用情形。有关本案是否可以溯及适用，是否构成《时间效力规定》第三条中“明显减损当事人合法权益，增加当事人法定义务或者背离当事人合理预期的”除外情形的问题。法院认为，当事人“合理预期”要符合公平正义和人们日常经验法则的认知，这与作为总结以往经验而形成的新法具体规则高度契合。结合本案情形，以及双方登记结婚时《中华人民共和国婚姻法》第十条规定“有下列情形之一的，婚姻无效……（三）婚前患有医学上认为不应当结婚的疾病，婚后尚未治愈的……”内容，有关一方患有相关疾病对婚姻效力的影响问题原婚姻法已有相关规定，即上诉人因患一级精神残疾，其应对结婚登记的法律行为有一定的预期。本案双方登记结婚时，《民法典》虽未正式实施但已经颁布，且双方登记时间距离《民法典》正式实施不足半月，本案适用《民法典》并未明显减损当事人合法权益、增加当事人法定义务或者严重背离当事人合理预期。一审法院适用法律正确，上诉人张某某以一审法院适用法律错误为由上诉，理由不能成立。

二审判决：驳回上诉，维持原判。

【法官后语】

本案系当事人在《民法典》实施前登记结婚，《民法典》实施后以对方隐瞒疾病为由起诉要求撤销婚姻的案件，在审理过程中针对《民法典》和《中华人民共和国婚姻法》（以下简称《婚姻法》）衔接适用以及空白溯及的适用规则形成裁判思路，为同类案件的裁判提供参考。

一、对法律适用的判断

本案中，当事人诉求一方隐瞒重大疾病要求撤销婚姻。

一方隐瞒疾病办理结婚登记的行为发生于《民法典》实施前，关于“疾病婚”的问题，《婚姻法》第十条第三项规定：婚前患有医学上认为不应当结婚的疾病，婚后尚未治愈的，婚姻无效。但对于登记结婚时未告知患有重大疾病是否属于婚姻关系可撤销情形并无规定，因此本案无法通过直接适用《婚姻法》来解决当事人诉求的撤销婚姻主张。《民法典》第一千零五十三条规定："一方患有重大疾病的，应当在结婚登记前如实告知另一方；不如实告知的，另一方可以向人民法院请求撤销婚姻。请求撤销婚姻的，应当自知道或者应当知道撤销事由之日起一年内提出。"虽然《民法典》该规定与《婚姻法》第十条同样涉及"疾病"要素，但前者从根本上有别于后者的立法目的，后者是从"保护民族的健康、提高人口素质"出发的，而前者是为了保护自然人的意思自由。另外，从法条内容上来看，《婚姻法》规定存在不应当结婚的疾病且婚后未治愈情形的，婚姻即为无效，而《民法典》以未履行重大疾病告知义务而使婚姻效力归为可撤销。因此从立法目的和实质内容来看，《民法典》第一千零五十三条系新的法律规则，属于新增规定。故本案可以通过适用《时间效力规定》第三条关于空白溯及的规定来解决本案的法律适用问题。

二、空白溯及适用规则

《时间效力规定》第三条规定："民法典施行前的法律事实引起的民事纠纷案件，当时的法律、司法解释没有规定而民法典有规定的，可以适用民法典的规定，但是明显减损当事人合法权益、增加当事人法定义务或者背离当事人合理预期的除外。"《民法典》第一千零五十三条系关于重大疾病婚前告知义务的新增条款，该条将登记结婚前隐瞒重大疾病的情形作为无过错方可以撤销婚姻的条件，赋予无过错方有效维权的途径。由于《时间效力规定》第二条的有利溯及和第三条的空白溯及二者的适用前提并不同，二者不可交叉，结合本案情形，本案应适用《民法典》第一千零五十三条的新增条款。

关于本案是否存在《时间效力规定》第三条规定"但书"条款。其一，新增规则产生本身就是对过去合理经验做法的立法确认，符合法律发展趋势和方向，符合公平正义的要求。新增条款的适用并不要求对当事人更加有利，故只要未明显减损当事人合法权益并未违背当事人合理预期，即符合溯及适用规定。

结合本案撤销婚姻争议，缔结婚姻的目的是双方形成完整的家庭共同体和稳定的生活状态，这属于人们对日常经验法则的基本认知，而婚姻自由的本质是当事人缔结婚姻关系的意思表示真实无瑕，而该真实意思表示亦必须建立在双方了解信任的基础之上。若婚前一方患有重大疾病不仅会造成婚后生活的不便、经济负担、精神压力甚至存在危害配偶及家庭成员的风险，最终也必将造成婚姻关系走向破裂。《民法典》第一千零五十三条规定的重大疾病的婚前告知义务，是在保证一方当事人对其结婚对象是否患有重大疾病的知情权的条件下，将缔结婚姻的自由权利交由婚姻双方选择决定，其目的就在于保障婚姻双方的知情权从而维护婚姻自由自愿原则。要求缔结婚姻的当事人双方履行婚前重大疾病告知义务，未明显减损当事人合法权益或增加当事人法定义务。其二，合理预期是根据行为时客观存在的生效法律形成的明确、稳定的合法预期。结合本案查明的事实，双方缔结婚姻关系的时间在2020年12月16日，即《民法典》颁布之后且距离正式实施不足半个月，婚前张某某患有精神分裂症，该疾病属于《中华人民共和国母婴保健法》规定的婚前应进行医学检查项目，如患有该疾病不适宜结婚的情况。且双方登记时，当时实施的《婚姻法》第十条对有关疾病对婚姻效力影响亦有明确规定。因此无论是从社会普遍认知层面构建稳定健康的家庭生活角度考虑，还是从彼时已有的相关法律规定对当事人预期产生的影响考虑，本案根据《民法典》第一千零五十三条的规定，认定张某某应当将婚前患有重大疾病的相关病情（包括患病时间长短、严重程度、治疗情况等）如实告知李某某，亦不会存在严重背离当事人合理预期的情形。

三、本案的典型意义

《民法典》实施前后的法律对因“疾病婚”导致的婚姻效力问题存在不同的规定，司法实践中关于当事人于《民法典》实施前登记结婚，实施后以隐瞒重大疾病为由请求撤销婚姻的法律适用问题存在争议。通过本案分析，我们认为适用《民法典》的新增规定是统一裁判尺度、实现公平正义的选择，既可以有效解决无法可依的难题，也有利于促进社会秩序的和谐稳定。另外，本案对《民法典》第一千零五十三条的立法本意及《时间效力规定》中关于新增法条的溯及适用做了充分的阐明，不仅有效保护了案件中主张撤销婚姻一方的合法权益，同时也有利于妥善解决相关纠纷，促进社会秩序的和谐稳定，更符合社会大众对《民法典》实施的良好期待。

编写人：山东省德州市中级人民法院　马丽华　刘冬

16

一方婚前未明确告知精神疾病，另一方享有婚姻撤销权

——王某诉刘某撤销婚姻案

【案件基本信息】

1. 裁判书字号

江苏省南京市中级人民法院（2022）苏01民终2767号民事判决书

2. 案由：撤销婚姻纠纷

3. 当事人

原告（上诉人）：王某

被告（被上诉人）：刘某

【基本案情】

原、被告于2019年11月经媒人介绍相识，后确定恋爱关系并订婚，2021年1月登记结婚，原告系再婚，婚后未生育子女。原告以被告婚前未告知患有精神疾病为由，诉至法院，要求撤销婚姻。

原告提交被告的病案资料载明：被告于2015年10月至脑科医院住院一个月，入院诊断与出院诊断均为精神分裂症，患者表现出孤僻懒散、衣服上常沾着牙膏渍、穿裤子不拉拉链、自语自笑、思维贫乏、情感淡漠、意志减退、缺乏自知力等症状。出院时病情较之前好转，对自身疾病有一定认识。后被告持

续服用精神类药物，2021 年 5 月其被门诊诊断为精神分裂症。被告辩称没有刻意隐瞒相关病史记录，亦不能证明该病史影响到现在的婚姻家庭生活，不同意撤销或者解除婚姻关系。

庭审中，原告陈述：2020 年 3 月双方确定恋爱关系，因为距离，没有怎么见面，交往主要是通过微信聊天，周末见面，基本都有父母在场，很少单独相处。恋爱期间，原、被告双方及亲戚曾在苏杭一带旅游了几天。有时候原、被告两个人吃饭逛街，被告不怎么说话，吃饭比较邋遢，不顾及别人，自理能力很差，不愿意与别人交流，自言自语，上完洗手间都不拉裤子拉链。原告对于被告的异常情况询问被告父母，被告父母说被告是一个老实的人，性格内向，带一带就好了。婚后的交流沟通问题比婚前更严重，被告异常表现更明显，所以原告于 2021 年 5 月带被告到医院就诊，检查后知道被告患有精神疾病。被告监护人认可原告陈述，但是结婚前原告跟被告监护人说被告的异常情况时，被告监护人告诉原告，让其把被告弄得整洁一点。对于被告是否存在婚前告知原告其患病的情况，被告监护人认为被告没有精神疾病。

【案件焦点】

1. 被告的疾病是否属于民法典规定的可撤销情形；2. 被告及其监护人是否履行了重大疾病告知义务。

【法院裁判要旨】

江苏省南京市浦口区人民法院经审理认为：《中华人民共和国民法典》第一千零五十三条规定：一方患有重大疾病的，应当在结婚登记前如实告知另一方；不如实告知的，另一方可以向人民法院请求撤销婚姻。请求撤销婚姻的，应当自知道或者应当知道撤销事由之日起一年内提出。《中华人民共和国母婴保健法》第八条第一款规定：“婚前医学检查包括对下列疾病的检查：（一）严重遗传性疾病；（二）指定传染病；（三）有关精神病。”《中华人民共和国母婴保健法》进一步规定：“经婚前医学检查，对患指定传染病在传染期内或者有关精神病在发病期内的，医师应当提出医学意见；准备结婚的男女双方应当暂缓结婚。有关精神病，是指精神分裂症、躁狂抑郁型精神病以及其他重型精神病。”当事人对自己提出的诉讼请求或者反驳对方诉讼请求所依据的事实有责任提供证据加以证明。当事人未能提供证据或者证据不足以证明其事实主张的，由负有举证证明责任的当事人承担不利的后果。刘某于 2015 年经南京医科大学脑科医院确诊为精神分裂症，并长期服用精神类药物治疗，其所患疾病属于法律规定应当在结婚登记前如实告知另一方的重大疾病。本案中，被告及其监护人未提交充分证据证明在婚前已将被告患病情况如实告知原告，故原告得知上述情况后，在法律规定的时间内依照《中华人民共和国民法典》的相关规定要求撤销其与刘某的婚姻，法院依法予以支持。被撤销的婚姻自始没有法律约束力，当事人不具有夫妻的权利和义务，共同生活期间所得的财产，由当事人协议处理；协议不成的，由人民法院根据照顾无过错方的原则判决。

江苏省南京市浦口区人民法院依照《中华人民共和国民法典》第一千零五十三条、第一千零五十四条，《中华人民共和国母婴保健法》第八条、第九条、第三十八条，《中华人民共和国民事诉讼法》第六十四条第一款，《最高人民法院关于适用〈中华人民共和国民事诉讼法〉的解释》第九十条的规定，判决如下：

一、撤销原告王某与被告刘某的婚姻；

二、原告王某于本判决生效后十日内返还被告刘某彩礼 15 万元。

王某不服，上诉于江苏省南京市中级人民法院。江苏省南京市中级人民法院经审理认为：一方患有重大疾病的，应当在结婚登记前如实告知另一方；不如实告知的，另一方可以向人民法院请求撤销婚姻。婚姻无效或者被撤销的，无过错方有权请求损害赔偿。双方已办理结婚登记手续，当事人请求返还按照习俗给付的彩礼的，可以根据双方的过错、共同生活的时间、彩礼的数额、有无生育子女、财产使用情况、双方经济状况等酌定是否返还以及返还的数额。本案中，上诉人王某知道被上诉人刘某患有精神疾病后，即诉请法院撤销两人婚姻，一审法院依法判决撤销两人婚姻。被上诉人在结婚登记前未如实告知上诉人自己患有重大疾病，对于婚姻被撤销存在过错。双方一致认可，被上诉人给付上诉人彩礼现金 18.8 万元，价值约 6 万元的黄金首饰。上述黄金首饰在上诉人处，被上诉人主张原物返还，于法有据，予以支持。关于返还彩礼现金的数额，根据双方的过错、共同生活的时间、彩礼现金的数额、财产使用情况、双方经济状况等因素，酌定上诉人返还被上诉人 5 万元。一审法院确定返还的彩礼数额不当，予以调整。江苏省南京市中级人民法院作出判决：

一、维持南京市浦口区人民法院（2021）苏 0111 民初 2391 号民事判决第一项；

二、王某于本判决生效后十日内返还刘某 5 万元及黄金首饰。

【法官后语】

本案双方争议点是被告婚前所患疾病是否属于应当告知对方的“重大疾病”，被告是否对原告履行了如实告知义务，如何判断履行了如实告知义务。

一、民法典关于“重大疾病”婚姻效力的立法变化

婚姻自由是婚姻制度的基本原则，在不违背社会公共道德和国家利益的前提下，应当充分保障公民的婚姻自主权。2001 年婚姻法规定禁止结婚的疾病主要是出于保护另一方当事人及其家庭成员的健康和实现优生优育。随着科学技术进步，尤其是进入 21 世纪后，生物医学发展突飞猛进，许多疾病可以通过医疗技术手段预防或得到有效治疗，不宜结婚的疾病范围逐渐缩小。另外，婚姻生活方式多元化，婚姻并不必然生育，生育是男女双方合意的共同性行为产生的结果，双方互有生育与不生育的权利和自由，这是法律无法强制的，双方组建家庭并同意不生育的现象已属平常。以当事人患有医学上不宜结婚的疾病来限制公民婚姻自由权已不具备充足合理理由。对于《中华人民共和国婚姻法》第十条规定婚前患有医学上认为不应当结婚的疾病，婚后尚未治愈的为无效婚姻，《中华人民共和国民法典》第一千零五十三条将患有重大疾病规定为可撤销婚姻，这是民法典关于“重大疾病”对婚姻效力的立法变化，不再规定为无效，是否撤销婚姻由受欺诈一方作出决定，如果其不愿意撤销，应尊重当事人婚姻自主权。这一变化适应了社会与法律的发展进步，不再对患有“重大疾病”的当事人自愿缔结的婚姻予以否定性评价，充分尊重婚姻双方当事人缔结婚姻的合意，不受其他人干涉，充分尊重婚姻选择权和自主权。

二、哪些疾病属于婚前应当告知对方的“重大疾病”

对于哪些疾病属于“重大疾病”，民法典未作具体规定。根据《中华人民共和国母婴保健法》第八条第一款规定：“婚前医学检查包括对下列疾病的检查：（一）严重遗传性疾病；（二）指定传染病；（三）有关精神病。”其第九条进一步规定：“经婚前医学检查，对患指定传染病在传染期内或者有关精神病在发病期内的，医师应当提出医学意见；准备结婚的男女双方应当暂缓结婚。”指定传染病，是指《中华人民共和国传染病防治法》中规定的艾滋病、淋病、梅毒、麻风病以及医学上认为影响结婚和生育的其他传染病；严重遗传性疾病，是指由于遗传因素先天形成，患者全部或者部分丧失自主生活能力，后代再现风险高，医学上认为不宜生育的遗传性疾病；有关精神病，是指精神分裂症、躁狂抑郁型精神病以及其他重型精神病。根据以上规定可知，婚前已患有上述疾病的公民暂时不宜结婚，婚前已经发现自身患病的，应将患病情况如实告知另一方。当然，随着科学技术的进步和新型疾病的出现，“重大疾病”的范围可能发生变化，需要根据医疗技术条件和疾病的影响等实际情况确定。

三、“重大疾病”的告知义务

随着民法典的实施，婚姻相关规定进一步完善，为充分贯彻婚姻自由原则，不再将“患有医学上认为不应当结婚的疾病”作为禁止结婚的情形，并相应增加规定一方隐瞒重大疾病的，另一方可以向人民法院请求撤销婚姻。夫妻之间具有高度亲密性，经济上相互扶持、生活上相互照顾、精神上相互抚慰，虽然患有医学上认为不应当结婚的疾病不再是婚姻无效的事由，但是如果一方婚前已患有重大疾病对于另一方当事人是否愿意结婚有重大影响，缔结婚姻的意思表示应是真实无瑕的，双方的坦诚是信任的前提，一方患有重大疾病可能影响到作出结婚的意思表示的真实和完整，故患病一方婚前有如实告知义务，未如实告知的，另一方当事人有权以此事由请求撤销婚姻。

四、如何判断履行了“重大疾病”如实告知义务

对于重大疾病的告知，应当在婚姻登记之前，患病一方如实告知另一方患病事实，包括所患疾病的发展程度，告知应当是明确具体的，没有歧义和掩饰。

疾病的类别和发展程度，均影响到另一方作出缔结婚姻意思表示的真实和完整，如果患病方未明确告知疾病发展程度，半遮半掩或是轻描淡写均应视为未履行婚前如实告知义务。

五、如何确定撤销权人知道或应当知道之日

婚姻缔结与否体现当事人的自由意志。一方当事人隐瞒患有“重大疾病”的事实侵害的是另一方当事人的知情权。对于撤销权的主体，只能是未被如实告知的另一方当事人本人。撤销权属于形成权，行使撤销权会引起民事法律关系的变动。对于可撤销婚姻关系，撤销权人单方行使撤销权将使已经成立的婚姻关系被撤销，涉及婚姻另一方当事人利益。对于撤销权行使期限，为了尽早结束法律关系不稳定的状态，应在撤销权人知道或应当知道之日起一年内行使。撤销权人与患有“重大疾病”一方登记结婚后在生活上、精神上、经济上具有高度亲密性，对于患病方在此期间进行相关疾病的就医诊断、住院治疗、办理精神残疾证、发生纠纷公安出警记录明确记载患有“重大疾病”、为患病方办理相关医保报销等或其他明确的相关疾病证明，作为其第一监护人的配偶应视为知道或应当知道，开始计算撤销权行使的一年除斥期间。

综上，婚前患病一方当事人未如实告知患有严重遗传性疾病、指定传染病、有关精神病等“重大疾病”或病情发展程度的，另一方当事人在撤销权行使期限内依法享有婚姻撤销权。未被如实告知的一方当事人享有主张撤销或不撤销的权利，尊重当事人的真实和完整意思，通过保障婚姻知情权而达到维护婚姻自由的目的。

编写人：江苏省南京市浦口区人民法院　汪会中

（七）同居关系纠纷

17

男女朋友解除同居关系后就婚房签订的租赁合同性质之认定

——王某诉焦某同居关系析产案

【案件基本信息】

1. 裁判书字号

北京市第三中级人民法院（2022）京03民终3481号民事判决书

2. 案由：同居关系析产纠纷

3. 当事人

原告（反诉被告、上诉人）：王某

被告（反诉原告、被上诉人）：焦某

【基本案情】

王某与焦某原系男女朋友关系，于2010年左右建立恋爱关系，2020年7月彻底分手。涉诉602号房屋登记在王某名下，系双方为结婚而购置并装修，在装修完毕后，双方共同在此居住生活。

2020年10月5日，双方签订《个人租房合同》《车辆物品及房屋合同书》，约定：王某将自己名下602号房屋无偿租赁给焦某。租赁期限为无固定期限，直至焦某搬走屋内个人物品。租赁期间，如果王某不得不出售该房屋，则其需为焦某单独租赁周边或其他房屋供焦某居住并使用满意后，其才可自行出售。王某在每年中外情人节向焦某赠送千元以上礼物。

2021 年 3 月 9 日，王某带人到涉诉房屋撬锁。2021 年 5 月 10 日，焦某通过监控系统发现王某再次撬门。王某当日自行收回房屋，同时将焦某的个人物品打包存放于他处。2021 年 7 月 13 日，王某将涉诉房屋出售并过户至他人名下。

王某主张协议中关于房屋租赁部分属无固定期限租赁合同，其在履行通知义务后可以随时解除，故以房屋租赁合同纠纷起诉至法院，要求确认双方合同的解除时间为 2021 年 2 月 23 日发送合同解除通知短信的时间，焦某未按期清除屋内物品视为放弃。焦某不予认可。

焦某认为 602 号房屋是其父母陪同王某购买，焦某独自装修的婚房。由于王某多次情感背叛，双方最终分手并自愿签订《个人租房合同》。2021 年 2 月 28 日，王某突然违约，通知其搬出。后王某私自撬锁入室，破坏监控设备并将焦某购买的家具、家电及财物搬离，造成焦某损失。故焦某提出反诉请求：1. 判令王某赔偿焦某个人物品损失 8 万元、家具家电损失 15 万元、装修损失 30 万元，共计 53 万元；2. 王某向焦某支付违约金 10 万元。王某对焦某上述主张均不同意。

【案件焦点】

双方之间的法律关系以及违约方、违约责任的确认。

【法院裁判要旨】

北京市顺义区人民法院经审理认为：本案的争议焦点一为双方之间的法律关系。双方原系男女朋友关系，涉诉房屋系双方为结婚而购置并装修，装修完毕后双方共同在此居住生活，双方因感情等问题分手并签署了涉诉的两份协议，合同约定：租金为 0 元、租期直至焦某搬走屋内个人物品、王某在情人节向焦某赠送礼品等，虽协议名为租赁，但其并不符合租赁合同法律关系的特征，从实质内容看应为同居关系析产纠纷。双方自愿签署上述协议，不违反法律规定，故均为合法有效。王某主张受胁迫签署，缺乏依据，不予采信。

争议焦点二为违约方及违约责任的确认。王某于 2021 年 5 月 10 日已自行收回涉诉房屋并将其出售，双方关于合同中房屋租赁的内容已不具备实质履行条件，法院确认2021年5月10日王某收回房屋之日为合同解除之日。王某通过强行撬锁收回房屋已经构成违约，应按约向焦某给付违约金10万元。根据庭审查明情况，涉诉房屋主要是焦某出资出力进行装修并购置家具家电，王某虽归还了焦某的部分个人物品，但王某的行为确给焦某造成财产损失，王某应给予赔偿，法院结合双方提交的视频、照片、网购订单、物品交接情况、涉诉房屋装修后的使用情况、物品折旧情况等酌情确定了王某赔偿的数额，对于焦某主张的合理部分予以支持，过高部分，不予支持。

北京市顺义区人民法院判决如下：

一、王某与焦某于2020年10月5日达成的《个人租房合同》及《车辆物品及房屋合同书》及合同附件中关于房屋租赁的条款于2021年5月10日解除；

二、王某于本判决生效之日起七日内给付焦某违约金十万元；

三、王某于本判决生效之日起七日内给付焦某装修及物品等的赔偿款共计二十五万元；

四、驳回王某的其他诉讼请求；

五、驳回焦某的其他诉讼请求。

王某不服一审判决，提起上诉。北京市第三中级人民法院同意一审法院裁判意见，判决如下：

驳回上诉，维持原判。

【法官后语】

对于男女朋友同居分手后就婚房签订租房合同的，双方的真实法律关系不受制于所签合同的外观和名称，应综合考虑当事人的缔约背景、缔约目的、合同权利义务的安排、系列合同内容以及实际履约过程等因素确定。

一、认定当事人签署合同真意的考量因素

第一，缔约背景。家事纠纷中，探究当事人缔约的内心真意，需全面考量亲属关系、感情亲疏等背景，争议时的矛盾在交易时是否存在等情况。不管是夫妻关系，还是同居关系，在和睦亲近与疏离冷淡等不同关系下，各方缔约的背景、目的以及对缔约的理解往往会存在差异。本案中，双方系在同居关系解除后签署了涉诉协议，该协议具有人身属性，协议中财产处理和身份关系的约定不能分割来看，结合二人对涉诉房屋均有贡献，房屋部分约定应视为双方解除同居关系后对房屋的处理及经济补偿，不应认定为房屋租赁合同。

第二，合同的内容。合同设定的权利义务是直接体现当事人内心真实意思的客观载体。合同主体可能因特殊关系而简化合同内容，但交易的必要条款是否约定详细，是否与常理、交易习惯相悖等，均会对当事人交易真意的判断产生影响。房屋租赁合同中，关系当事人权益的租赁物的名称、租金及支付期限和方式、租赁期限、租赁物维修等主要内容，当事人通常会在合同中明确。除主要条款外，实践中，也需结合上下文其他条款来判断当事人订立合同时的真实情况。本案中，双方合同约定房屋租金为零元，租赁期限直至承租人搬走屋内个人物品，且出租人卖房时，需要给承租人在周边租赁相应住房且由出租人负担租赁费；再结合合同约定的出租人在情人节向承租人赠送礼品、动产分割等其他条款，可知与当事人并非单纯的房屋租赁合同关系，而是对解除同居关系后财产事项的约定。

第三，合同的履行情况。履行行为本身最能体现出缔约或者交易的真实意思。实践中，可从以下几点判断：首先，具体交易类型的主合同义务是否履行。例如，租赁协议中约定的租金是否给付、房屋是否交付等。其次，附随义务、诚信义务是否已经履行。本案中，双方同居期间即在涉诉房屋居住，分手后签订涉诉协议，王某主张二人系房屋租赁关系，但焦某从未向王某支付过租金，王某也未主张过租金，履行过程中，双方的邮件往来等亦均未涉及任何租赁事宜，因此，从双方的履约行为看不出任何房屋租赁合同关系的基本特征。

二、案涉合同不因名不副实而无效

合同的效力也是法院需要主动审查的问题。对合同效力的判断应以法定要件作为标准，不应因当事人主张的法律关系与真实法律关系不同而当然无效。

《中华人民共和国民法典》第一百四十三条、第一百五十三条等规定了民事法律行为有效要件及民事法律行为无效的情形。涉案合同中房屋租赁内容及违约金条款系双方同居关系解除后自愿达成，不违反法律、行政法规的强制性规定，也不违背公序良俗，亦不存在其他无效情形，应为有效。王某以强行撬锁的方式收回涉诉房屋，已经违约，应承担违约责任。

编写人：北京市顺义区人民法院　王雅菲

（八）抚养纠纷

18

夫妻一方取得抚养权但未实际进行抚养，另一方可在履行实际抚养义务后要求变更抚养关系

——邵某诉边某变更抚养关系案

【案件基本信息】

1. 裁判书字号

北京市第三中级人民法院（2022）京03民终12521号民事判决书

2. 案由：变更抚养关系纠纷

3. 当事人

原告（被上诉人）：邵某

被告（上诉人）：边某

【基本案情】

邵某与边某于2015年6月6日登记结婚，于2017年1月24日育有一子边某某。2020年3月12日，双方协议离婚，约定边某某归边某抚养，无须邵某

支付抚养费。离婚后，边某某一直随同邵某的父母共同生活于山东威海，现在山东威海入读幼儿园，此期间边某按月支付边某某的抚育费用。另查，边某系互联网公司的工程师，年收入约30万元；离婚后未再婚，亦未育有子女，父母已相继去世。邵某系北京教育科技公司的法定代表人，离婚后育有一子，自述月收入约3万~4万元。

经询，邵某称其为了与边某离婚，在协议离婚时方同意将边某某的抚养权归由边某；现由其父母和雇用的育儿嫂共同照看两个孩子，其亦时常往返山东威海陪同孩子。边某则表示边某某于2020年3月至今一直随同邵某的父母在山东威海生活，因疫情等原因，除2021年5月间将边某某接往北京与其共同生活1个月外，其余时间偶尔通过视频等方式与边某某进行联系。

关于对边某某后续的抚养方式。邵某表示若获得边某某的抚养权，后续会保持现有的抚育状态，且待边某某到入学年纪，其考虑将父母和边某某接往北京，继续陪同照看边某某。边某则表示若维持现有抚养关系，其考虑全职在家照看边某某或让其他亲属帮忙照看边某某。

诉讼中，本院视频连线了边某某的姥姥。边某某的姥姥表示边某某一直随同邵某及姥姥、姥爷共同生活，已经适应现有生活环境，认为抚养权应变更为邵某为宜。在视频中的边某某表示自己与母亲邵某的关系最为亲密，其次是其姥姥，不同意在没有邵某陪同情况下，与边某一起在北京生活，但同意寒暑假前往北京陪同边某。在视频中，边某某亦多次表达想念母亲邵某。

【案件焦点】

夫妻一方取得抚养权但未实际进行抚养，另一方可否在履行实际抚养义务后要求变更抚养关系。

【法院裁判要旨】

北京市朝阳区人民法院经审理认为：父母抚养子女的条件基本相同，双方均要求直接抚养子女，但子女单独随祖父母或者外祖父母共同生活多年，且祖父母或者外祖父母要求并且有能力帮助子女照顾孙子女或者外孙子女的，可以作为父或者母直接抚养子女的优先条件予以考虑。综合法律规定，对于子女抚养权的确定，应从最有利于子女身心健康，保障子女的合法权益出发，结合父母双方的抚养能力和抚养条件进行确定。邵某与边某离婚时协议由边某获得边某某的抚养权，但在实际履行中，边某某一直单独随同外祖父母在山东威海共同生活，虽边某能按月给付边某某抚育费用，满足边某某物质需求，但因未能与边某某共同生活，未能慰藉边某某的情感呵护、生活照料、时间陪伴等精神需求。综合边某某与外祖父母共同生活的时间、边某某现有生活状态和适应情况、邵某与边某的抚养能力和抚养条件、外祖父母对边某某后续抚养的意见等因素，本院认为维持边某某现有的生活状态对边某某更为有利，由邵某抚养边某某更为适宜。据此，本院对邵某关于变更边某某抚养关系的主张予以支持。

北京市朝阳区人民法院判决如下：

一、原告邵某与被告边某之子边某某变更由原告邵某抚养；

二、驳回原告邵某的其他诉讼请求。

边某不服一审判决，提出上诉。北京市第三中级人民法院经审理认为，边某与邵某于 2020 年 3 月离婚时，约定双方之子边某某由边某抚养，但边某考虑到其当时条件不具备对孩子更好的抚养环境，希望将边某某送至山东威海由邵某父母帮忙照顾抚养至孩子幼儿园毕业，在征得邵某及边某某外祖父母同意后，边某某于 2020 年 3 月即被送至山东威海其外祖父母处生活至今。一审法院考虑到边某在离婚时取得边某某抚养权后并未实际进行抚养，同时从最有利于未成年子女成长的角度出发，依照相关司法解释变更由邵某直接抚养边某某，符合双方现实情况，所作判决并无明显不妥。如仍由边某直接抚养，今后在执行时将难以避免对孩子产生一定的伤害。一审判决认定事实清楚，适用法律正确，予以维持。

北京市第三中级人民法院依照《中华人民共和国民事诉讼法》第一百七十七条第一款第一项规定，判决如下：

驳回上诉，维持原判。

【法官后语】

《中华人民共和国民法典》第一千零八十四条规定离婚后，夫妻双方对于子女均仍有抚养、教育、保护的权利和义务，《最高人民法院关于适用〈中华人民共和国民法典〉婚姻家庭编的解释（一）》第五十六条也规定了可以变更抚养关系的具体情形。但实践中，基于父母生活与工作模式的复杂情况、客观条件限制等原因，离婚后未成年子女的抚养权亦会随着客观情况的变化而发生变更。因此，在民法典实施后，“有其他正当理由需要变更”“有子女随其生活时间较长，改变生活环境对子女健康成长明显不利”等相应情形如何认定，如何在审判中准确把握有利于未成年人成长这一原则，是本案中值得研究探讨的重点问题。

本案的特殊之处在于，虽夫妻离婚时协议将婚生子由孩子父亲抚养，但实际孩子父亲却未能行使抚养权之实，且夫妻离婚后，双方均未与孩子共同生活，孩子系由外祖父母长期照顾，并形成了相对稳定的感情基础和亲情联系。此时，对是否变更抚养关系的认定，不应简单地从夫妻双方的抚养能力、抚养条件来判断，而是应当综合未成年子女现有生活状态和适应情况、外祖父母和子女本人对后续抚养的意见等因素，从最有利于子女身心健康和保障未成年子女的合法权益出发进行综合判定。一审法院综合上述情况，认为维持子女现有的生活状态对孩子成长更为有利，并据此对变更抚养关系的主张予以支持，符合民法典和司法解释的立法目的与初衷，有利于子女在充满关爱、平稳安定的环境中成长。综上，夫妻双方离婚后，一方取得抚养权但未实际进行抚养，子女长期单独随另一方的父母（祖父母或者外祖父母）共同生活，另一方要求变更抚养关系的，法院综合子女现有生活状态和适应情况，认为维持现有的生活状态对未成年子女成长更为有利的，应当对另一方变更抚养关系的主张予以支持。

值得一提的是，一审法院在判决书中对孩子父母进行了规劝和教育，要求母亲在获得抚养权后给予孩子更多感情上的呵护和时间上的陪伴，同时提供更多机会让孩子和父亲相处，引导父母发挥各自角色，安排好各自后续的生活和工作，积极维系家庭关系和睦，为孩子创造更好的未来，有力地弘扬了社会主义核心价值观。

编写人：北京市朝阳区人民法院 陈锦洪 赵昕

19

对已满八周岁未成年人抚养权的变更应当充分尊重未成年人真实意愿

——许某诉周某变更抚养关系案

【案件基本信息】

1. 裁判书字号

重庆市第一中级人民法院（2022）渝 01 民终 6983 号民事判决书

2. 案由：变更抚养关系纠纷

3. 当事人

原告（被上诉人）：许某

被告（上诉人）：周某

【基本案情】

许某与周某婚后于 2010 年 8 月 28 日生育一子周小某。2012 年 6 月 19 日，许某与周某协议离婚，约定周小某由许某抚养，后周小某随许某到广西生活。2013 年 11 月 19 日，周某与许某在法院对周小某的抚养问题达成调解协议，约定将周小某的抚养权变更为由周某直接抚养。2013 年 12 月 4 日，周某与许某另行签订《协议书》，约定将周小某的抚养权变更给周某。周某自愿补偿许某 13 万元，之后周某将周小某从广西带回璧山养育。2019 年 7 月 16 日，周某将周小某送至广西许某处，并于 2019 年 7 月 17 日与许某再次签订《协议书》，约定周小某暂由许某抚养，抚养期间周小某产生的一切必要费用均由双方承担。周某定期每个月给付周小某生活费1000元。

2021年5月20日，许某因周某未履行2013年12月4日签订的《协议书》中13万元补偿的约定及欠付周小某的抚养费将其诉至法院，后两案经法院调解，但周某未按调解协议履行义务，许某申请法院执行，2022年1月17日，许某与周某在法院达成执行和解协议，两案由周某共支付许某12万元，现案件已执行完毕。

2022年3月9日，许某因周小某抚养问题诉至璧山法院，要求法院判令周小某由许某抚养。璧山法院经网络开庭联系到已经年满11周岁的周小某，周小某表示愿意跟随许某在广西继续学习、生活。同时许某举证了自己系个体工商户的相关证据，陈述每月有2万至3万元收入。

【案件焦点】

周小某的抚养权是否应当变更为由许某直接抚养。

【法院裁判要旨】

重庆市璧山区人民法院经审理认为：未成年子女父母离异后，父母双方可以协议由一方抚养子女，如双方均愿意抚养子女，应考虑子女跟随父母哪一方生活更有利于保护子女利益及健康成长。本案周某辩称曾为周小某的抚养权向许某支付补偿，但该行为不应约束子女的意愿与利益。本案婚生子周小某自2019年7月17日起即跟随许某在广西生活、学习，现周小某已11周岁，也表示愿意继续跟随许某在广西生活、学习，故法院对许某请求将婚生子周小某变更由其抚养予以支持。另许某、周某系周小某的父母，均有抚养、教育、保护子女的权利和义务，双方就周小某跟随许某生活时其生活费、教育费、医疗费等承担进行了约定，法院依法进行认定。

重庆市璧山区人民法院依照《中华人民共和国民法典》第一千零八十四条、第一千零八十五条，《最高人民法院关于适用〈中华人民共和国民法典〉婚姻家庭编的解释（一）》第五十三条、第五十六条第三项规定，判决如下：

一、原告许某与被告周某的婚生子周小某于本判决生效之日起由原告许某负责抚养;

二、被告周某自本判决生效之日的当月起每月支付周小某生活费1000元至周小某十八周岁止(每月30日前支付),周小某的教育费、医疗费凭有效票据由原告许某和被告周某各承担一半。

周某不服一审判决,提起上诉,重庆市第一中级人民法院经审理认为,婚生子周小某长时间跟随许某在广西生活、学习,形成了较为稳定的生活、学习和居住环境,不宜贸然改变。且周小某已满八周岁,其在一审中亦明确表示愿意跟随许某继续在广西生活、学习,许某亦有抚养周小某的能力。故一审法院判决周小某变更为由许某直接抚养,符合上述法律规定及本案实际,法院对此予以确认。依照《中华人民共和国民事诉讼法》第一百七十七条第一款第一项之规定,判决如下:

驳回上诉,维持原判。

【法官后语】

近年来,我国社会经济与婚姻家庭观念等变迁甚巨,离婚纠纷以及随之而来的未成年人的抚养权纠纷高发。未成年子女抚养权归属的酌定具有法律上与事实上的复杂性与争议性。根据《中华人民共和国民法典》第一千零八十四条第三款和《最高人民法院关于适用〈中华人民共和国民法典〉婚姻家庭编的解释(一)》第五十六条第三项的规定,父母离婚后未成年子女抚养权归属的纠纷解决应当遵循最有利于未成年子女原则,同时强调对已满八周岁未成年人抚养权的归属,应当充分尊重该未成年人真实意愿。在具体审判中,应当注意以下三点:

一是尊重未成年人意愿不应受"抚养协议"约束。虽然八周岁以上未成年人仍然为限制民事行为能力人,但一方面对未成年人最大利益的判断,需要以未成年人的需求、安全或福祉为依据,而未成年人自身的意见和观点最能体现和反映其需求或利益。另一方面,未成年人作为独立个体,应当尊重其人权主体地位并优先考虑其权益,而达到一定年龄和成熟程度的未成年人具备了一定的行为能力，可以从事与其年龄、智力相适应的民事法律行为，在关乎个人成长的重要问题上有表达个人想法甚至做出选择的权利。因此父母双方之间就抚养权达成的协议或父母一方为获得抚养权支付另一方经济补偿的行为均不应对法院充分尊重未成年人意愿构成约束。

二是未成年人意愿“真实性”的认定。法院应当从两个方面判断未成年人意思表示是否真实，一方面，明确未成年子女是否已达到能够表示并知悉其意思表示的阶段，具体来说要求法官与未成年人直接进行沟通，在交流过程中，结合未成年人的年龄、理解能力和表达能力等方面进行判定。另一方面，应当判断未成年子女意思表示是否被引诱、被欺骗或被强迫，实践中法官应当把未成年人作为独立的权利主体，从未成年人的立场考虑其心理、情感需求，以及现阶段生活环境、抚养人性格对其的影响综合加以判断，达到“排除合理怀疑”的程度，从而固定未成年人意愿的“真实性”。

三是尊重未成年人意愿的限制。未成年人最大利益的判断需要以未成年人为中心，在抚养权归属案件中尊重未成年人的意愿至关重要。但“尊重”并不等同于“遵从”或“听从”，未成年人识别和辨别能力有限，法官在裁判的同时应在“最有利于未成年子女”原则指导下综合考量抚养人抚养能力、生活环境稳定性、与未成年人的亲密程度、未成年人的情感需求等其他相关因素。同时抚养人是否有影响未成年人品行的不良行为等不利因素也应该作为减分项一并考量，以达到为未成年人提供一个良好、稳定、适宜的成长环境的目的，真正在抚养归属中实现未成年子女利益最大化。

编写人：重庆市璧山区人民法院　罗皓骏　田庆花

20

他国出生的未成年子女的国籍认定

——徐甲诉杨某抚养费案

【案件基本信息】

1. 裁判书字号

北京市第三中级人民法院(2022)京03民终10045号民事判决书

2. 案由:抚养费纠纷

3. 当事人

原告(被上诉人):徐甲

被告(上诉人):杨某

【基本案情】

徐甲于2014年4月11日出生于美国,持有美国护照(名称XUx,护照号648x),另持有中华人民共和国驻洛杉矶总领事馆发放的中华人民共和国旅行证。徐甲之母徐乙系中国国籍。

徐乙没有婚史和其他子女,2009年徐乙与杨某相识,二人确曾建立恋爱关系。杨某表示其2008年结婚,育有两个子女,分别为13岁、10岁,均需要抚养。

杨某否认徐甲系其子女。案件审理过程中,徐甲申请进行亲子关系鉴定,法院委托北京华夏物证鉴定中心进行鉴定,因杨某拒绝鉴定,故该鉴定于2022年3月3日终止。法院向杨某释明拒绝鉴定的不利后果,杨某明确表示拒绝鉴定。

徐甲以美国国籍身份,诉至法院主张杨某系其生父,要求:1. 杨某支付

2014 年 4 月 11 日至 2020 年 12 月 10 日抚养费 160 万元（80 个月×2 万元/月）；2. 杨某自 2020 年 12 月 11 日起至徐甲年满十八周岁止按每月 2 万元标准支付抚养费。

【案件焦点】

1. 徐甲国籍认定；2. 徐甲与杨某是否存在亲子关系；3. 如给付抚养费，抚养费标准。

【法院裁判要旨】

北京市朝阳区人民法院经审理认为：《中华人民共和国国籍法》第三条规定："中华人民共和国不承认中国公民具有双重国籍。"第五条规定："父母双方或一方为中国公民，本人出生在外国，具有中国国籍；但父母双方或一方为中国公民并定居在外国，本人出生时即具有外国国籍的，不具有中国国籍。"本案中，徐甲虽于美国出生，并持有美国护照，但其父母为中国公民且并未定居在外国，且中华人民共和国驻洛杉矶总领事馆向其发放了中国旅行证，故在中国只承认其具有中国国籍。

本案争议焦点如下：一、徐甲是否系杨某之子。结合庭审双方陈述及证据，具体分析如下：第一，杨某与徐甲母亲徐乙确曾存在恋爱关系；第二，杨某虽不认可徐甲提交的微信聊天记录和短信记录，但是微信支付转账凭证可以证明使用微信号××76x 的人员即为杨某，微信聊天记录中杨某曾提及徐甲，也在聊天中表示 2016 年 4 月 11 日系儿子生日；第三，徐甲提交的短信记录中所涉手机号 136××××，杨某认可系其本人所有，短信发送在 2013 年 10 月，其中明确记录了杨某知晓徐乙怀孕、规劝徐乙去美国生孩子的内容；第四，徐甲提交的照片显示杨某知晓徐甲存在并与徐甲共同游玩情况；第五，案件审理过程中，徐甲申请亲子关系鉴定但经法院释明杨某拒绝配合。综上，在杨某拒绝配合鉴定情况下，法院在保护未成年子女合法利益原则基础上推定杨某系徐甲之生父，杨某应对徐甲承担抚养责任。二、抚养费标准。非婚生子女享有与婚生子女同等的权利。不直接抚养非婚生子女的生父或者生母，应当负担未成年子女或者不能独立生活的成年子女的抚养费。抚养费的数额可以根据子女的实际需要、父母双方的负担能力和当地的实际生活水平确定。虽然杨某表示其月工资仅 5000 元，但是经查杨某并非某公司普通员工，其系某公司法定代表人和股东且有多处房产，杨某应具有较好的经济能力；另外，结合徐乙收入状况、徐甲必要花费、杨某所述其他子女情况以及双方证据，徐甲主张每月 2 万元抚养费，金额过高。法院综合上述情况酌情确定自 2014 年 4 月 11 日至 2022 年 5 月 10 日杨某每月支付徐甲抚养费 5000 元，杨某已付的 29500 元从中予以扣除，上述金额合计 455500 元。自 2022 年 5 月 11 日起至徐甲年满十八周岁止，杨某按每月 5000 元支付抚养费。

北京市朝阳区人民法院依照《中华人民共和国民法典》第一千零七十一条，《最高人民法院关于适用〈中华人民共和国民法典〉婚姻家庭编的解释（一）》第四十二条、第四十九条、第五十三条规定，判决如下：

一、杨某于判决生效之日起七日内给付徐甲 2014 年 4 月 11 日至 2022 年 5 月 10 日的抚养费 455500 元；

二、杨某自 2022 年 6 月起每月十日前支付徐甲抚养费 5000 元，至徐甲年满 18 周岁止；

三、驳回徐甲的其他诉讼请求。

杨某仅就抚养费问题认为一审法院确定的数额过高，自己无能力负担，提起上诉。北京市第三中级人民法院经审理认为，一审法院根据杨某在某公司入股、任职以及其名下房产等情况，认定杨某有较好的经济能力并不为过，所确定的每月 5000 元抚养费标准并无明显不当，法院不予调整。

北京市第三中级人民法院依照《中华人民共和国民事诉讼法》第一百七十七条第一款第一项规定，判决如下：

驳回上诉，维持原判。

【法官后语】

徐甲诉杨某抚养费纠纷案中，杨某系中国国籍且居住在中国，徐甲随母亲徐乙长期居住在中国，案件中唯一的涉外因素即徐甲持有美国护照，以美国国籍身份起诉。但是，徐甲同时又持有中国旅行证，中国旅行证是否可以证明徐甲中国公民身份？其国籍如何认定呢？徐甲国籍的认定属于在程序方面应首先考虑的问题，这决定了该案件是涉外民事案件还是普通的民事案件。

在国际上，很多人可能不知道，一个中国公民除使用中国护照外，还可以使用中国旅行证证明其中国公民身份。中国旅行证是护照的替代证件，发给不便或者不必持有护照的中国公民。《中华人民共和国护照法》第二十三条规定："短期出国的公民在国外发生护照遗失、被盗或者损毁不能使用等情形，应当向中华人民共和国驻外使馆、领馆或者外交部委托的其他驻外机构申请中华人民共和国旅行证。"除上述特殊情况外，在国外出生的部分儿童也满足可以申请旅行证的情况。

儿童因出生而取得国籍。对此，各国要么采取血统主义原则，即以一个人出生时父母的国籍为依据确定其国籍；要么采用出生地主义原则，即以一个人的出生地所属的国家为依据确定其国籍。中国采取的是以血统主义为主，以出生地主义为辅的原则。具体为：父母双方或一方为中国公民，本人出生在中国的，具有中国国籍。父母双方或一方为中国公民，本人出生在外国的，具有中国国籍；但父母双方或一方为中国公民并定居在美国，本人出生时即具有外国国籍的，不具有中国国籍。本案中，按照洛杉矶中国总领事馆的规定，在美国满足以下条件的儿童可以申请中国旅行证：(1) 在美国出生、父母一方为中国公民，且在儿童出生时父母中的中国公民未取得美国或其他国家永久居留资格；(2) 在美国出生、父母双方为中国公民，且儿童出生时父母双方均未取得美国或其他国家永久居留资格；(3) 在中国出生、父母一方为中国公民，另一方为美国公民。不符合上述条件的中国公民所生儿童前往中国应申请签证。徐甲之所以持有中国旅行证，即因为徐甲母亲系中国公民，其虽然出生在美国但是母亲并未定居在美国。另外，美国是为数不多依然执行出生即公民的国家。无论父母国籍，只要孩子在美国出生，就是美国公民。徐甲之所以持有美国护照即是基于其在美国出生。

《中华人民共和国国籍法》第三条规定："中华人民共和国不承认中国公民具有双重国籍。"鉴于中国不支持双重国籍，故徐甲虽然既持有美国护照又持有中国旅行证，但是我国只认可其中国国籍。徐甲在中国境内和其他中国孩子没有任何不同。本案就属于一般的民事案件，在送达、期间等方面无须适用涉外民事诉讼程序的特别规定，同时也无须根据《中华人民共和国涉外民事法律关系适用法》中的冲突规则确定法律适用，直接依据中华人民共和国法律进行实体处理。

还需说明的是，对于像徐甲这类儿童在中美两国之间旅行，由于中美两国都不承认双重国籍，根据两国签订的《中华人民共和国美利坚合众国领事条约》，在中国出入境时用中国政府颁发的证件（如旅行证），在美国出入境时用美国政府颁发的证件（如美国护照）。这种状态会一直持续到孩子十八周岁，他们可以按照自己的个人意愿宣誓放弃一边国籍，回到正常的单国籍状态。在成人之前，即使父母代表孩子作出了放弃某一国籍的决定，日后也可以被否定。

编写人：北京市朝阳区人民法院　杨静

21

离异父母就子女抚养费标准产生纠纷，法院可以判决减少抚养费

——胡某1、张某2诉胡某抚养费案

【案件基本信息】

1. 裁判书字号

江苏省南通市中级人民法院（2022）苏06民终3291号民事判决书

2. 案由：抚养费纠纷

3. 当事人

原告（上诉人）：胡某1、张某2

被告（被上诉人）：胡某

【基本案情】

2019年11月，胡某与张某（系两原告母亲）签订离婚协议书，约定：婚生子胡某1和张某2由张某抚养。自离婚登记次月起，胡某于每月的15日前按照上月全部收入的三分之二向张某支付两个孩子的生活费，如胡某的收入低于1万元，则应支付生活费6600元。婚生子和婚生女所有的学习费用、医疗费用、旅游费用以及可能发生的侵权损害赔偿费用等由张某与胡某各自承担一半。胡某对孩子享有探视权。协议签订后，双方于2019年11月20日办理了离婚登记。

离婚后，胡某与张某在东莞居住一段时间，后一同返回南通居住生活，自此至2021年3月16日，除2020年6月、7月，胡某曾前往上海打工，其余时间胡某与张某共同居住并帮助照料婚生子女。

2021年8月27日，胡某与张某发生争执。同日，双方签订协议约定：胡某当前月收入22500元，每月张某给胡某6500元，剩余16000元全部给张某作为子女的抚养费。后续如果工资发生变化，再重新约定。胡某同意支付两原告的抚养费，但因自己的收入需要租赁房屋、缴纳社保以及偿还贷款，故要求降低给付标准。张某拒绝协商并以婚生子女名义诉至法院。

【案件焦点】

离异父母就子女抚养费标准产生纠纷，法院能否判决减少抚养费。

【法院裁判要旨】

《最高人民法院关于适用〈中华人民共和国民法典〉婚姻家庭编的解释（一）》第四十九条对抚育费的给付原则、有固定收入、无固定收入以及特殊情况等进行了规定。“有固定收入的，抚养费一般可以按其月总收入的百分之二十至百分之三十的比例给付。负担两个以上子女抚养费的，比例可以适当提高，但一般不得超过月总收入的百分之五十。”目前胡某每月收入是22500元，其共有三个子女，对照该条文，三个子女的抚育费累计一般不得超过月总收入的50%。法律对于月总收入50%是否是净收入规定不明确，结合张某与胡某的协议约定，剔除社保部分，故法院认为将胡某收入剔除五险的费用后作为月总收入的基数标准较为适宜，即20558元。考虑到被告胡某有赡养父母、房租支付等合理需求，以及需承担非婚生子小王的抚养义务，法院酌定被告胡某按照月总收入18%的标准向原告胡某1、张某2承担抚育费给付义务，即每月给付原告胡某1、张某2抚育费各3700元。实践中应当从子女的实际需要出发，充分考察父母的负担能力和当地实际生活水平，来确定子女抚养费的数额。若离异父母未协商一致，一方当事人擅自选择高额的支出，应当由作出选择的行为人自行承担。若未来当事人情况发生新的重大变化，可按程序另行处理。

综上所述，依照《中华人民共和国民法典》第二十六条、第一千零六十七条、第一千零八十五条，《最高人民法院关于适用〈中华人民共和国民法典〉婚姻家庭编的解释（一）》，《中华人民共和国民事诉讼法》第六十七条，《最高人民法院关于适用〈中华人民共和国民事诉讼法〉的解释》第九十条规定，判决如下：

一、自2022年3月起，被告胡某于每月月底前给付原告胡某1抚育费3700元，给付原告张某2抚育费3700元（首次给付时间应为本判决发生法律效力十日内履行，之后于每月月底前给付，直至原告胡某1、张某2独立生活时止）；

二、驳回原告胡某1、张某2的其他诉讼请求。

二审法院同意一审法院的裁判结果。

【法官后语】

父母可以在离婚协议中约定子女抚养费负担问题，且各方当事人均应当遵从协议约定。《中华人民共和国民法典》第一千零八十五条第一款规定：离婚后，子女由一方直接抚养的，另一方应当负担部分或者全部抚养费。负担费用的多少和期限的长短，由双方协议；协议不成的，由人民法院判决。该条是关于离婚后父母对子女抚养费用负担问题的规定，即父母可以在离婚中约定子女抚养费由谁负担，且根据意思自治原则，各方当事人均应遵从离婚协议对双方权利义务的约定。一审、二审后均认为在没有正当事由的情况下，若轻易变更当事人的约定内容，将违背我国法律规定的诚实信用原则，背离社会主义核心价值观的诚信要求，故从尊重当事人意思自治角度出发，对于离婚后已经支付的抚育费不予调整。

支付抚养费一方因工资或收入情况变化，继续按照约定支付无法保障其基本生活的，应当适用情势变更原则考虑诉请降低原定抚养费。本案中胡某与张某离婚后协议约定胡某将全部收入22600元扣除缴纳社保费用后的70%即16000元用于支付两个婚生子女的抚养费。对照《最高人民法院关于适用〈中华人民共和国民法典〉婚姻家庭编的解释（一）》第四十九条第二款规定："有固定收入的，抚养费一般可以按其月总收入的百分之二十至百分之三十的比例给付。负担两个以上子女抚养费的，比例可以适当提高，但一般不得超过月总收入的百分之五十。"每月16000元的约定已经明显超过上述规定。胡某除胡某1、张某2两个婚生子女外，还与案外人生有非婚生子小王。非婚生子女与婚生子女享有相同的权利，即胡某因不直接抚养非婚生子小王，应当向小王支付抚养费。履行义务的同时也应保障义务人胡某正常合理的衣食住行需求，亦应当留有一部分款项用于履行赡养义务。

离婚后子女抚养费的负担应当基于当时的社会经济、父母的负担能力、子女的需求等因素而作出。具体而言，抚养费的分担需考量以下因素：(1) 满足子女的生活、教育、医疗等方面的需要；(2) 符合当地的实际生活水平；(3) 父母双方根据各自实际负担能力合理分担。本案中，胡某1、张某2提供自制的消费清单，载明有不少大额课外辅导费用、高昂的饮食费用、服装花销，其请求的数额已经明显超出了必要、合理的范围，人民法院依法不予支持。若离异父母未协商一致，一方当事人擅自选择高额的支出，应当由作出选择的行为人自行承担。故一审、二审法院尽可能使抚养费既能满足子女的实际需要，又不致给父母双方造成过重负担或使抚养费成为变相的财产分割手段，使父母双方得以适当、均衡地负担责任。

未成年人的健康成长关乎亿万家庭的幸福安宁，人民法院应充分发挥司法能动性，依法对未成年子女的抚养义务、抚养费数额进行调整，为维护未成年人合法权益、温暖离异家庭提供司法保障。

编写人：江苏省海安市人民法院　刘东杭　刘晶晶

22

未成年子女真实意愿与抚养关系变更的司法裁量

——潘某诉徐某变更抚养关系案

【案件基本信息】

1. 裁判书字号

上海市第一中级人民法院（2023）沪01民终1562号民事判决书

2. 案由：变更抚养关系纠纷

3. 当事人

原告（上诉人）：潘某

被告（被上诉人）：徐某

【基本案情】

潘某和徐某原系夫妻关系，于2006年9月21日生育女儿潘徐某。2009年11月3日，潘某、徐某经上海市浦东新区人民法院调解离婚，之后，潘徐某随潘某及潘某父母共同生活了半年，后改由潘某和徐某共同抚养。2016年10月8日，徐某向上海市松江区人民法院提起变更抚养关系诉讼，该案在一审判决后，经二审审理，最终判决潘徐某随徐某共同生活。现原告潘某要求判令婚生女潘徐某变更为原告抚养，理由在于：2017年潘徐某随被告生活后，被告拒绝原告探视孩子，孩子随被告生活期间，被告提供给孩子的家庭生活环境不能满足孩子的需求，此后孩子因不愿意与被告一起生活，于2019年8月27日至2019年11月6日、2020年5月3日至2020年8月7日在潘某处生活。自2021年10月2日起，潘徐某经提前与徐某协商，搬至潘某处生活至今。原告具备抚养孩子的能力，孩子明确表示愿随原告生活，故请求变更孩子由原告抚养。而被告徐某不同意变更抚养关系，希望由其继续行使抚养权，理由在于：一是原告无固定工作和收入，基本生活缺乏保障，孩子在原告处没有独立的房间和安静的学习环境；二是原告不具备独立照顾孩子的能力，原告自身生活不能自理，一直与父母同住，而原告父母均已近八十岁高龄，且原告父亲曾身患疾病尚未完全恢复，原告及其父亲还需依赖原告母亲的照顾；三是原告为了达到不付抚养费的目的，没有原则地纵容孩子，对孩子的错误视而不见，也不进行正确的引导。潘徐某高一入学时精神面貌较好，学习态度端正，积极参加班级活动，但自2021年10月起，其学习态度发生较大转变，上课睡觉的现象比较普遍，有不交或迟交作业情况，学习成绩一落千丈，学校活动方面也有退出社团活动等情况，学校就潘徐某的相关情况与其父亲多次沟通还进行家访了解情况，但潘徐某的情况也基本未得到改善，另外，学校老师在与潘某沟通不畅的情况下会另行与徐某进行沟通。以上事实，有（2009）浦民一（民）初字第13668号民事调解书、（2012）松民一（民）初字第9310号民事调解书、（2014）松少民初字第3号民事调解书、（2016）沪0117民初17609号民事判决书、（2017）沪01民终2869号民事判决书、（2018）沪0117民初3358号民事判决书、执行通知书、缴纳代管款通知、聊天记录打印件、获奖证书、个人简历、劳动合同、银行明细、订单截图打印件及当事人在庭审中的陈述等证据证实。

【案件焦点】

潘某主张变更潘徐某的抚养关系，依据是否充分。

【法院裁判要旨】

离婚后未成年子女抚养关系的变更，孩子的意愿是重要的考量因素，但同时也要考量现抚养孩子一方是否存在不适宜抚养的情况，并从最有利于未成年子女的原则出发，结合案情，综合作出评判。具体到本案，潘徐某明确表示希望随潘某共同生活，但结合潘某和徐某的抚养能力和条件，法院经审理认为：首先，徐某自离婚后为潘徐某的成长创造了优越的物质条件，潘徐某也通过自身努力在各方面表现优秀，但自潘徐某随潘某共同生活后，在学习方面的表现与之前相比反差较大；其次，徐某在与学校沟通方面更为顺畅，对潘徐某的事情较为上心，潘某虽保持和学校的沟通，但经学校多次沟通甚至家访后潘徐某状况仍未得到有效改善，潘某作为父亲甚至连潘徐某的小学和初中学校校名都记不清，着实令人费解；最后，潘某处虽有其父母共同照顾潘徐某，但潘徐某在潘某处居住和学习条件有限，反之，徐某工作及收入稳定，潘徐某在徐某处有独立的生活和学习空间。综合上述情形，法院认为从潘徐某的成长经历和最有利于未成年子女角度考虑，徐某并不存在不适宜继续抚养潘徐某的情形，故对于潘某要求变更抚养关系的诉讼请求难以支持。

综上所述，依照《中华人民共和国民法典》第一千零八十四条、第一千零八十五条第一款规定，判决如下：

一、被告徐某于本判决生效之日起十日内支付原告潘某自2021年10月3日起至2022年8月31日潘徐某的抚养费14933元；

二、驳回原告潘某的其余诉讼请求。

二审法院同意一审法院的裁判结果。

【法官后语】

在对离婚后子女的抚养问题上，民法典规定应当尊重已满八周岁子女的真实意愿，因为八周岁以上的未成年子女具有一定的自主意识和认知能力，抚养权的确定与其权益密切相关，尊重他们的真实意愿有利于未成年人健康成长，但需要说明的是，“尊重”并不代表“遵从”或“听从”，未成年子女的意愿并非抚养权归属裁判的唯一依据，主要有以下三个方面的原因：一是由于未成年子女受到其年龄所造成的认知局限性，可能仅仅因为父母一方教育方式的严苛，或是一时的忽视或责骂而选择另一方，作出较为情绪化的判断；二是父母产生离婚纠纷时，可能会为了争夺孩子的抚养权而对未成年子女进行诱导，从而导致孩子产生片面的认知；三是无意间的情感“绑架”，八周岁以上的未成年人已经有了一定程度上的同情心，甚至有些孩子心理较为成熟，更加懂事体贴，愿意为了照顾家人的感受而放弃自己的真实想法，在此情况下，未成年子女或许会基于情感的牵绊而表达出不符合自己真实想法的意愿。综上所述，在处理离婚纠纷中关于抚养权归属或变更的问题上，除了充分尊重未成年人的真实意愿以外，更应当以“最有利于未成年子女利益”为原则，综合考虑父母各方的经济能力、收入水平及稳定性，所能提供给孩子的生活、学习及成长环境，对孩子的付出和陪伴程度等具体情况，兼顾实际妥善处理，真正实现未成年人利益最大化，作出更有利于未成年子女成长的司法裁决。

编写人：上海市松江区人民法院　杨秋月　杨莺歌

（九）赡养纠纷

23

继子女对在未成年时共同生活过的继父母是否应承担赡养义务

——宋某某诉赵某赡养费案

【案件基本信息】

1. 裁判书字号

北京市第一中级人民法院（2022）京01民终5819号民事判决书

2. 案由：赡养费纠纷

3. 当事人

原告（被上诉人）：宋某某

被告（上诉人）：赵某

【基本案情】

宋某某与赵某某（赵某之母）于1990年经人介绍相识，1995年2月8日登记结婚，双方均系再婚，婚后未生育子女。赵某某在前次婚姻中于1983年育有一子赵某，与宋某某、赵某某共同生活；宋某某在前次婚姻中于1981年育有一女席某，由其前妻抚育。

2019年6月25日，宋某某与赵某某经北京市第三中级人民法院判决离婚。离婚后，宋某某因患有脑梗死、糖尿病等多种疾病，生活不能自理，一直由其女儿席某一人照顾，赵某对宋某某不闻不问，未尽到任何赡养义务。宋某某认为赵某应当对其履行赡养义务，遂依据相关法律规定，向法院提起诉讼，请求赵某向宋某某每月支付赡养费2500元。

【案件焦点】

宋某某与赵某之间是否形成继父与受其抚养教育的继子关系。

【法院裁判要旨】

北京市昌平区人民法院经审理认为：成年子女对父母有赡养的义务，成年子女不履行赡养义务时，缺乏劳动能力或者生活困难的父母，有要求成年子女给付赡养费的权利。继父或者继母和受其抚养教育的继子女间的权利义务关系，适用《中华人民共和国民法典》关于父母子女关系的规定。

抚养教育包括生活上的照顾、思想行为上的教育和经济上的供养等多个方面。考虑宋某某与赵某某在1995年结婚时赵某尚未成年，随双方共同生活至少3年的时间，可以认定双方形成法律上的继父子关系，宋某某对赵某进行了抚养教育。关于赵某辩称的宋某某与其未形成抚养关系，缺乏依据，法院不予采纳。

本案中，宋某某已67周岁，缺乏劳动能力，赵某系宋某某的成年继子女，应当依法履行赡养义务。现宋某某要求赵某支付赡养费的请求，于法有据，予以支持。关于赡养费的数额，法院考虑宋某某的财产和收入情况、一般生活水平及赵某的经济情况和负担等因素，酌情确定赵某按照每月300元的标准向宋某某支付赡养费。宋某某主张的超出部分，法院不予支持。

北京市昌平区人民法院依照《中华人民共和国民法典》第一千零六十七条、第一千零七十二条和《中华人民共和国民事诉讼法》第六十七条之规定，判决如下：

一、赵某自2022年5月起每月支付宋某某赡养费300元，于每月15日前支付；

二、驳回宋某某的其他诉讼请求。

赵某不服一审判决，提起上诉。二审法院同意一审法院裁判意见，判决如下：

驳回上诉，维持原判。

【法官后语】

本案是继子女对继父母是否应承担赡养义务的典型案例。继父母与继子女间的权利义务关系不是简单地通过继父或继母与生母或生父结婚这一法律事实就可产生的，而是只有继父母与受其抚养教育的继子女间才适用《中华人民共和国民法典》关于父母子女关系的规定。受继父母抚养教育的成年继子女不履行赡养义务的，缺乏劳动能力或者生活困难的继父母，有要求成年继子女给付赡养费的权利。本案中，赵某是否应对宋某某承担赡养义务的焦点在于宋某某是否抚养教育过赵某。“受其抚养教育”，司法实践中要结合具体案情进行认定：

1. 关于受抚养教育的主体。应当仅限于未成年继子女或者虽成年但不能独立生活的继子女。依照《中华人民共和国民法典》第一千零六十七条规定，受父母抚养的对象除未成年人外，还包括“不能独立生活的成年子女”。如果是已经成年且能独立生活的继子女，则不享有要求父母进行抚养的权利，自然也谈不上抚养教育。

2. 关于受抚养教育的方式。通常情况下，只要双方存在共同居住生活的事实，就可以判定双方形成了抚养教育关系。因为，只要双方在一起共同居住，继父母通常就会对继子女进行经济上的供养和精神上的关怀，从而形成抚养教育关系。但这种情形并非绝对，如当继子女的生父母再婚时，其已成年或虽未成年，其生活费、教育费等还是由生父母提供，没有受继父母的抚养教育，即便与继父母在一起居住，继子女与继父母以后也不会形成抚养关系；或者继子女虽然不与继父母共同生活，但是对其进行了经济上的供养等的，亦可以认定形成抚养教育关系。抚养教育方式主要有以下三种：

第一种：支付抚养费并进行生活照料和教育；第二种：支付抚养费；第三种：进行生活照料和教育。

这三种形式都可以作为形成抚养教育关系的认定因素。至于支付抚养费的数额，并没有固定的标准。

3. 受抚养教育应经过一定的期间。由于抚养教育是一种事实状态，因此要求继父母的抚养教育行为应至少有数年的时间，以便实现权利义务基本对等。

4. 继子女对继父母的赡养义务并不因继父母离婚而消灭。生父与继母或生母与继父离婚后，婚姻关系消失，但继父母与继子女之间已经形成的抚养关系不能消失，继子女对曾经抚养教育过他们的年老继父母，应尽赡养扶助的义务。

由此继父母子女间形成了权利义务关系。这里要注意的是，虽然继父母子女间形成了权利义务关系，但子女与生父母之间的权利义务关系仍然存在，并不因此而消除。

编写人：北京市昌平区人民法院　郭晓利　张希

24

形成抚养关系的继父母离婚后有权要求继子女履行赡养义务

——王甲诉王乙赡养案

【案件基本信息】

1. 裁判书字号

北京市第三中级人民法院（2022）京 03 民终 9078 号民事判决书

2. 案由：赡养纠纷

3. 当事人

原告（被上诉人）：王甲

被告（上诉人）：王乙

【基本案情】

王甲与王丙于 1988 年 12 月 27 日登记结婚，二人均系再婚，婚后未育子女。王甲与其前妻育有一女王丁，另育有一子王戊，其于 2000 年死亡。王乙系王丙与其前夫所生之女。王甲与王丙结婚之后，王乙跟随二人生活。

2021 年 11 月 29 日，法院就王甲起诉王丙离婚纠纷一案作出（2021）京 0105 民初 75859 号民事判决书，判决：准予王甲与王丙离婚，王丙名下在北京银行购置的 120 万元大额定期存单到期后本金和利息收益由王甲、王丙均等享有。后王丙向王甲支付了 67 万余元。

王甲称对王乙视如己出，赚钱供其上学至大学毕业，其老房拆迁之后钱款也都由王丙、王乙把控，现其身患多种疾病，不能自理，其月工资 3500 元不够开销。经查，王甲患有脑梗死、脑动脉供血不足、高血压、急性脑血管病等。王乙称其尽到了赡养义务，为王甲送医买药、购买物品、时常探望，王甲亦书写书信及赞美诗承认；王甲在生活、教育上未对王乙尽到抚养义务，没有理由要求王乙赡养，王甲与王丙离婚后王乙没有赡养王甲的义务，王甲有亲生女儿，且每月有退休养老金收入。

王乙在社区医院工作，月收入税前 9000 多元。王甲称王乙还有两套房屋对外出租，并拿走 220 万元拆迁款，王乙对此不予认可。

关于 2012 年 9 月 5 日至 2021 年 11 月 4 日的赡养情况，王甲称王乙在此期间未给付过赡养费，大队每月给王甲和王丙工资，靠该部分工资生活，但是王丙掌握钱款，只给王甲很少的钱，因与王丙在一起，不敢要赡养费；王丁在此期间偶尔给过钱，现在王甲一人居住，由王丁照顾，每天去看王甲，也给王甲带东西，王丁尽到了赡养义务。王乙称王丁从未来看过王甲和王丙。

2021 年 11 月，王甲与王丙分开居住，后王乙未再探视王甲，亦未支付过赡养费用。

经查，王甲、王乙在王甲与王丙婚姻关系存续期间，并无大的矛盾。王甲称现虽对王乙有怨言，但仍愿意让王乙来探望。

现王甲起诉要求王乙支付自 2012 年 9 月 5 日至 2021 年 11 月 4 日的赡养费 33 万元，自 2021 年 11 月 5 日起按每月 3000 元的标准支付赡养费，同时要求王乙每月探视四次。

【案件焦点】

1. 王甲与王乙之间是否形成抚养关系；2. 王甲在与王乙母亲王丙离婚后能否要求王乙履行赡养义务。

【法院裁判要旨】

北京市朝阳区人民法院经审理认为：成年子女对父母负有赡养、扶助和保护的义务。成年子女不履行赡养义务的，缺乏劳动能力或者生活困难的父母，有要求成年子女给付赡养费的权利。继父或者继母和受其抚养教育的继子女间的权利义务关系，适用法律关于父母子女关系的规定。本案中，王甲与王乙母亲王丙结婚时，王乙年纪尚幼，随母亲同王甲一起生活，王甲对王乙履行了相应的抚养教育义务，双方之间既存在继父与继子女间的姻亲关系，又存在因共同生活而形成的抚养关系。孝敬父母是中华民族的传统美德，也是子女应尽的义务，不论父母有无收入、存款，作为子女都应在经济上履行赡养义务，在生活和精神上关心、照顾抚养自己成人的父母，尽心让老人颐养天年。现王甲年事已高，丧失劳动能力，且身患多种疾病，其日常生活及就医等均需开支，需要子女赡养。王甲与王乙母亲王丙虽已离婚，但王甲、王乙之间的继父女关系并不因此解除，王甲要求王乙支付赡养费的主张，理由正当，法院应予支持。关于赡养费的支付期间，王甲主张王乙支付其2012年9月5日至2021年11月4日的赡养费，根据法院查明的事实，王甲与王乙母亲王丙在该期间共同生活，现有证据亦可证明王乙在此期间尽到了赡养王甲的义务，故王甲主张该期间赡养费无据，法院不予支持。考虑到王乙自王甲与王丙离婚之后未再对王甲尽到赡养义务，法院确定王乙应自2021年12月起向王甲支付赡养费用。关于赡养费给付标准，应根据被赡养人的经济状况、实际需要、当地的实际生活水平、赡养义务人的负担能力等因素综合确定，具体数额法院酌定。同时，王甲有权要求王乙探视，以此获得精神慰藉，关于探视的具体方式，法院根据本案实际情况酌情判处。需要指出的是，从在案通信内容及当事人陈述可知，王甲、王乙多年以来关系较为融洽，相处和平，希望双方合理看待分歧，妥善化解矛盾，重塑破裂的家庭关系，弘扬中华民族敬老、养老、助老的美德。

北京市朝阳区人民法院判决如下：

一、自2021年12月起，王乙于每月十五日前给付王甲赡养费八百元（其中2021年12月至2022年5月的赡养费于本判决生效后七日内给付）；

二、王乙于本判决生效之月起每月到王甲的居住地探望一次；

三、驳回王甲的其他诉讼请求。

王乙不服一审判决，提起上诉。北京市第三中级人民法院依照《中华人民共和国民事诉讼法》第一百七十条第一款第一项之规定，作出如下判决：

驳回上诉，维持原判。

【法官后语】

本案系继父母与继子女之间因赡养问题引发的纠纷。本案问题的提出实际因王甲与王乙的生母王丙离婚，作为继女的王乙认为其与王甲没有任何血缘关系，没有赡养王甲的义务，且王甲未对其尽到抚养义务，故不同意支付赡养费。

关于继父母与继子女之间的权利义务关系，现有的法律规范较少。我国民法典第一千零七十二条第二款规定：继父或者继母和受其抚养教育的继子女间的权利义务关系，适用本法关于父母子女关系的规定。该规定适用的情形是生父母再婚时子女尚未成年、未独立生活或不具备独立生活能力，继父母对继子女履行了抚养教育之责，则继父母与继子女之间形成了拟制的血亲关系，应当按照法律关于父母子女关系的规定确定抚养、赡养、继承、监护等各项权利义务。当生父母再婚时子女已成年独立生活，或子女虽未成年及独立生活，但此后未形成抚养教育事实，则继父母与继子女之间不能形成拟制的血亲关系，双方之间仅为单纯的姻亲关系。

虽然如此，但上述解释也仅为框架性表述，判断是否形成拟制的血亲关系，需要更加细致的审查。就审查的标准，一般来说有继父母与继子女是否共同生活及共同生活时间长短、是否履行了抚养教育之责及其程度、家庭关系的融合度、认同度等。就上述标准的具体认定问题，实践中也存在不同认识，如共同生活问题，是否要求达到一定的期限，该期限确定的依据为何，生父母再婚时已近成年的子女之后与继父母长期共同生活并受继父母扶养能否认定为拟制血亲关系；抚养教育问题，仅在经济上提供支持，是否是履行了抚养教育之责，与继子女长期共同生活但对其负担很少的费用，可否认定形成抚养关系，该费用负担的比例如何衡量；家庭关系的融合度、认同度，应以何种因素作为具体的衡量标准，又需要达到何种融合程度，涉及的主观标准要如何进行有效甄别。在实践中，因社会的纷繁复杂及家庭关系的多元化，该类案件呈现的情况千差万别，如何有效区分并准确判断是该类案件的审理难点。我们要根据子女年龄、共同生活的时长，尊重生活方式的多样性及抚养教育的合理差异，结合家庭成员关系、当事人意愿等因素灵活把握。就本案来说，王甲与王丙再婚时王乙年仅六岁，此后随生母一直与王甲共同生活；王乙长期求学一直由家庭供养，二人之间以父女相称，形成了比较稳固的家庭关系；王乙参加工作之后也对王甲、王丙照料有加；王乙的户口登记在王甲所在院落，在王甲院落拆迁之后，各方就拆迁利益也进行了分配。综合以上情况，可以认定王甲与王乙之间形成了拟制的血亲关系，王甲对王乙履行了抚养教育之责，双方成立继父母与继子女之间的抚养关系，因此带来的法律后果是王乙在其成年之后有赡养王甲的义务及双方之间存在继承关系等。王乙主张其生母与王甲已离婚，则王甲与其之间的继父女关系应予解除，对此，关于继父母与生父母离婚之后继父母与继子女之间的关系是否解除问题，实践中存在多种情况，需要考察双方之间是否形成拟制的血亲关系、子女是否成年、各方就解除的意愿等。在本案中，王甲与王乙之间已形成拟制的血亲关系，原则上该种关系不能自行解除，王甲亦不同意解除，现王乙已成年，具备工作能力，拥有收入来源，也有良好的身体条件，而王甲年事已高，身患多种疾病，需要他人照料，如径行解除双方关系，则不利于保护老年人合法权益，不利于维护和谐稳定的家庭关系，不利于弘扬中华民族扶幼敬老的传统美德。综合以上情况，王乙应当向王甲履行赡养义务。

编写人：北京市朝阳区人民法院　韩龙

25

居住权合同与租赁合同的履行顺位

——顾某甲诉顾某乙赡养案

【案件基本信息】

1. 裁判书字号

江苏省无锡市中级人民法院（2022）苏02民终3414号民事判决书

2. 案由：赡养纠纷

3. 当事人

原告（被上诉人）：顾某甲

被告（上诉人）：顾某乙

【基本案情】

顾某甲与薛某某系夫妻关系，双方育有一子二女，分别为儿子顾某乙、长女顾某丙、次女顾某丁。顾某甲于××巷××号房屋（以下简称案涉房屋）居住数十载，该房屋登记在顾某乙名下。

2019年6月10日，顾某甲与其三子女经人民调解委员会调解签订《人民调解协议书》，约定协议：顾某甲现居住于案涉房屋，协议生效三年后吃住由顾某乙负责（同吃同住）；顾某乙负责父母吃住，顾某丙、顾某丁负责经常看望父母和生活的洗漱，当父母有护理要求时，由顾某乙、顾某丙、顾某丁轮流护理。对上述条款，调解员表示：签订协议时，顾某甲与租客共同居住于案涉房屋内，当时约定房屋由顾某甲继续居住，房屋租金一年几万元，这样三年内的居住问题就不需要子女费心了，三年后吃住由顾某乙负责。顾某甲、顾某乙对调解员陈述内容无异议。

上述协议对另一套房屋遇征收时的拆迁利益分配进行了约定，后该房屋被征收，双方因房屋征收事宜产生矛盾。2021年7月14日，顾某乙将案涉房屋门锁锁住致顾某甲无法继续居住于案涉房屋内，顾某丙遂将顾某甲接回其家照料，后顾某乙将案涉房屋整租给案外人，此后亦未探望、照料顾某甲。顾某甲诉至法院，请求判令恢复其在案涉房屋的居住权益并要求顾某乙承担每月1000元的赡养费。

【案件焦点】

1. 顾某甲能否要求继续居住于案涉房屋内；2. 顾某乙应否支付赡养费及赡养费金额。

【法院裁判要旨】

江苏省无锡市惠山区人民法院经审理认为：赡养父母是子女的法定义务。顾某甲与顾某乙、顾某丙、顾某丁签署的《人民调解协议书》具有法律约束力。结合协议约定、顾某甲居住情况，调解员陈述各方约定三年内由顾某甲继续居住于案涉房屋内具备合理性，顾某甲、顾某乙对此亦无异议。则顾某甲、顾某乙已约定协议生效后三年内案涉房屋由顾某甲占有、使用，而后顾某乙单方将房屋出租缺乏相应处分权利，现距离协议生效不足三年，顾某乙应与承租人妥善处理租赁事宜并将案涉房屋交付给顾某甲。对于协议生效三年后顾某甲的居住问题，根据协议约定可由双方协商居住场所。顾某乙未尽赡养义务，现顾某甲年事已高，曾因交通事故致残，缺乏相应劳动能力，依法有权要求顾某乙支付赡养费。结合顾某甲实际需要、身体情况、收入情况、当地物价水平、人民调解协议书的约定及履行情况，由顾某乙每月支付顾某甲赡养费 800 元。

江苏省无锡市惠山区人民法院判决如下：

一、顾某乙于判决生效后十五日内将案涉房屋交付给顾某甲，由顾某甲居住至 2022 年 6 月 10 日；

二、顾某乙自 2022 年 3 月起至顾某甲寿终为止，按月支付顾某甲赡养费 800 元，当月的赡养费于每月 20 日前支付；

三、驳回顾某甲的其他诉讼请求。

顾某乙不服一审判决，提出上诉，认为顾某甲收入远超居民人均消费性支出标准、其以让顾某甲收取租金的方式支付赡养费、三子女都有赡养义务。江苏省无锡市中级人民法院经审理认为：赡养父母不仅是中华民族的传统美德，也是子女的法定义务。即便如顾某乙所称，顾某甲有一定收入和存款，其作为子女，也应当对于顾某甲履行赡养义务。赡养义务不仅包含经济上，更需要精神上慰藉的义务。一审法院根据三子女履行情况以及顾某甲本人的意见结合本案案情，酌定顾某乙一人向顾某甲每月支付赡养费 800 元，属于一审法院裁量权范围内，二审予以尊重。综上，顾某乙的上诉请求不能成立，应予以驳回；一审判决认定事实清楚，适用法律正确，应予维持。

江苏省无锡市中级人民法院依照《中华人民共和国民事诉讼法》第一百七十条第一款第一项之规定，作出如下判决：

驳回上诉，维持原判。

【法官后语】

本案中顾某甲虽系向顾某乙起诉要求恢复居住权益，但案涉房屋已出租给案外人，顾某甲的诉请不单单是要求顾某乙按约履行，也包含了要求顾某乙在租赁合同、居住权合同二者间，优先选择履行与顾某甲的居住权合同。如何认定履行顺位，优先保护何者的权利，是本案的审理要点。

纵观现有法律规定，居住权可以基于居住权合同设立，也可以以遗嘱方式设立或通过裁判文书设立。当事人仅订立居住权合同，未进行居住权登记的，仅产生债权法上的效力。在物债两分原则下，除法律另有规定，债权并不具有对抗第三人的效力。同为债权的居住权益、租赁权发生冲突时应如何确定履行顺位，现有法律未有明确规定。

笔者认为，居住权合同先于租赁合同成立并生效的，房屋所有权人应优先履行居住权合同。具体分述如下：

首先，居住权合同权益人虽不享有物权法意义上的占有、使用权能，但根据合同双方约定，房屋所有权人已将对房屋的占有、使用权利让渡给权利人，无权再出租房屋，且房屋所有权人此后的出租行为与不得滥用民事主体权利的原则亦不相符。赡养是子女的法定义务，本案中，顾某甲与三子女在《人民调解协议书》中对赡养的履行方式进行了约定，由女儿负责日常照料，儿子负责居住，且明确三年内可继续居住于案涉房屋内，则顾某乙无权单方面将顾某甲赶出房屋并出租房屋。此外，敬老、养老、助老是中华民族的传统美德，更是社会主义核心价值观的必然要求，老年人应老有所居、老有安居。顾某甲年事已高、身体有恙，其在案涉房屋已居住数十载，现无独立住所，亦不愿意就此长期跟随女儿生活。在双方已有约定在先、顾某甲的居住问题未得到妥善解决的情形下，应优先履行居住权合同，保障顾某甲的居住权益，否则有悖公序良俗。

其次，设立居住权的，应当向登记机构申请居住权登记，居住权合同生效后，双方当事人负有申请办理居住权登记的义务。居住权合同主体享有合同法上的救济权利，包括要求合同相对方继续履行合同义务，则其有权起诉要求协助办理居住权登记。在民法典实施前订立的居住权合同，如经审核符合居住权的要件，居住权益人也可起诉要求对方协助办理居住权登记。根据物权优先于债权的原则，经登记设立的居住权应优先于租赁权。故居住权益人可通过上述救济途径对抗后设立的租赁权，则当其仅要求合同相对方按约履行让其居住于标的住宅内的合同义务时，更应予以支持。

最后，对于在民法典实施前订立的居住权合同，因当时法律未有居住权的规定，居住权益人无法进行登记，根据物权法定原则，亦无法取得物权意义上的保护。我国不动产权物权采登记生效主义，但上述情形下如居住权益人已长期占有、使用房屋，其行为亦具备一定的公示性，应认可其对后设立的租赁权的对抗性。

编写人：江苏省无锡市惠山区人民法院　苏艳恋

（十）收养关系纠纷

26

公告瑕疵对收养行为效力的影响

——王某诉彭某等收养关系案

【案件基本信息】

1. 裁判书字号

江西省景德镇市中级人民法院（2021）赣02民终686号民事判决书

2. 案由：收养关系纠纷

3. 当事人

原告（上诉人）：王某

被告（被上诉人）：彭某、詹某、宁某

第三人：某县民政局

【基本案情】

王某与彭某于2006年登记结婚，因王某不具备生育能力，双方婚后一直未生育子女。2017年8月初，彭某父亲彭某甲在家门口发现一名出生不久的女婴，遂询问二人收养意愿。王某、彭某经考虑后表示愿意收养，遂于8月13日先行将女婴接至上海的住处共同照顾抚养，并为其取名王某乙。彭某甲因此前往某县民政局咨询如何办理收养登记，并向公安机关报案，取得捡拾弃婴报案证明。12月25日，王某、彭某共同向某县民政局书面申请收养王某乙，并提交各自身份证件、生育情况证明、体检报告等办理收养登记所需证明材料。该民政局经实地调查，并对王某、彭某收养意愿和收养条件进行核查后，于同年12月29日为收养人王某、彭某与被收养人王某乙办理了收养登记。王某、彭某凭收养登记证为王某乙办理了户籍登记。

2019年4月，王某、彭某发生离婚诉讼。王某因此认为其已不适合继续收养王某乙，遂开始寻找王某乙生父母。经走访调查，王某获知王某乙生父母可能为被告詹某、宁某，且经查阅王某乙收养登记档案，发现公告时间为2018年1月17日，发生于办理收养登记之后，故认为彭某甲虚构了王某乙为弃婴的事实，且民政局在办理收养登记前未依照法律规定履行收养前公告程序，王某乙不能被认定为“查找不到生父母的弃婴、儿童”，不属于法定被收养人范围，故收养行为应无效。2021年4月，王某提起本案诉讼，请求确认王某、彭某与王某乙间的收养关系无效，并判令詹某、宁某对王某乙履行抚养义务和监护责任。诉讼中，詹某、宁某经法院传票传唤，未到庭参加诉讼。

另查明，王某乙自2017年8月一直与王某、彭某共同生活，并建立了稳定依赖的父母子女关系，王某乙与彭某父母也建立起了深厚的祖孙感情。本案诉讼发生时，王某乙已与王某、彭某夫妇共同生活了近四年，并在上海一幼儿园就读。

【案件焦点】

公告瑕疵是否导致收养行为无效。

【法院裁判要旨】

江西省景德镇市珠山区人民法院经审理认为：民事诉讼当事人对自己提出的主张，有责任提供证据；当事人对自己提出的诉讼请求所依据的事实未能提供证据或者证据不足以证明其事实主张的，应当承担不利的法律后果。王某主张彭某甲虚构了王某乙为社会弃婴的事实，导致王某乙被收养，但并未提供相关证据予以证明。王某主张詹某、宁某为王某乙生父母，但二人均未到庭参加诉讼，亦不能证明王某所述事实。涉案公告是否符合收养登记管理相关规定及其效力问题，为相关行政机关办理收养登记时的审查职权范围，故不作评述。且即便如王某所述，詹某、宁某为被收养人王某乙的亲生父母，也不能据此认定王某乙2017年被收养时不是弃婴的事实。王某作为完全民事行为能力人，自愿与妻子彭某申请收养被收养人，并提供收养登记相关证明材料，某县民政局经审查后办理了收养登记，王某、彭某与王某乙间的收养关系即依法成立，原告诉请确认该收养关系无效无事实和法律依据。据此，景德镇市珠山区人民法院判决如下：

驳回王某的诉讼请求。

王某不服一审判决，提起上诉。江西省景德镇市中级人民法院经审理认为：法律规定在收养登记之前进行公告，其目的是最大可能寻找被收养人的生父母或其他监护人，维护未成年人及其生父母的权益。王某陈述詹某、宁某是王某乙的生父母，因公告程序倒置而影响其权益，但在本案审理过程中，詹某与宁某并未到庭参与诉讼；且另据王某陈述，詹某与宁某已生育两个子女。王某并无证据证明王某乙并非弃婴，相对于被遗弃或在儿童福利机构生活，王某乙能够被王某和彭某收养，得到养父母的关爱，对其成长更为有利，也更有利于促进社会和谐稳定。王某作为完全民事行为能力人，自愿与彭某共同收养王某乙，并办理了收养登记，体现了其对尚处于襁褓之中的王某乙的疼惜。现王某乙与养父母已生活多年，建立起了深厚的感情。如果贸然解除收养关系，王某乙该何去何从，这必然会对其身心健康带来不利影响。故为维护未成年人合法权益，应维持王某乙生活现状为宜。江西省景德镇市中级人民法院依照《中华人民共和国民事诉讼法》第一百七十条第一款第一项之规定，作出如下判决：

驳回上诉，维持原判。

【法官后语】

原《中华人民共和国收养法》（以下简称收养法）和现行《中华人民共和国民法典》（以下简称民法典）均规定，收养查找不到生父母的未成年人的，办理登记的民政部门应当在登记前予以公告。公告是认定"查找不到生父母的未成年人"的必要程序。实践中，民政部门在办理收养查找不到生父母的未成年人的登记过程中，时有发生未按收养登记相关法规进行公告查找其生父母的情形，如未在规定级别媒体上刊登公告，公告未附查找不到生父母的弃婴、弃儿的照片，以及公告程序倒置、公告期不足等。诸如此类公告瑕疵是否影响已登记收养行为的效力，是本案的争议焦点，也是类似案件审理需要明晰的问题。

一、公告瑕疵应为收养关系民事诉讼的审查范围

我国实行行政机关审查收养条件并决定是否准许收养的规定，由民政部门作为收养登记机关对收养进行登记，确认收养关系的成立，从而将收养行为纳入国家监管范围。因此，由收养所产生纠纷的司法救济途径包括提起收养关系民事诉讼和撤销收养登记行政诉讼两种，分别适用民事和行政诉讼两种不同的审查思路，其审查内容也有所区别。收养民事诉讼主要审查收养当事人收养行为的合法性，而收养行政诉讼则主要审查收养登记行政行为的合法性。但公告是认定被收养人确为查找不到生父母的未成年人的最终程序，并影响被收养人是否符合法律规定的被收养人范围。对收养查找不到生父母的未成年人规定登记之前应当公告，是为了最大可能寻找未成年人的生父母或其他监护人，维护未成年人及其生父母的权益。民法典将收养"查找不到生父母的弃婴、儿童"修改为收养"查找不到生父母的未成年人"之后，被收养人的范围扩大，不仅

包括被生父母遗弃的未成年人，还包括非因生父母意愿脱离监护的未成年人，如被拐获救的未成年人。公告寻亲对于非因生父母意愿脱离监护的未成年人及其父母显然具有更为重要的法律意义。且收养为身份法律行为，其成立与否对被收养人、收养人及送养人的权利义务和身份关系都将产生重大影响，故应将收养登记前的公告瑕疵纳入收养关系民事诉讼的审查范围，通过审查该瑕疵是否影响被收养人确为查找不到生父母的未成年人这一事实认定，进而判断其对涉案收养行为的效力影响。

二、公告瑕疵对收养行为效力影响的判断核心：被收养人是否可以被推定为“查找不到生父母的未成年人”

《中国公民收养子女登记办法》第七条第二款规定，收养查找不到生父母的弃婴、儿童的，收养登记机关应当在登记前公告查找其生父母；自公告之日起满60日，弃婴、儿童的生父母或者其他监护人未认领的，视为查找不到生父母的弃婴、儿童。可见，公告结果是对被收养弃婴、儿童确为查找不到生父母的未成年人的法律推定，该推定并不意味着被收养的未成年人客观上无生父母或生父母已不存在，而仅指被收养的未成年人在被收养前处于无人认领的状态。若上述公告存在瑕疵，如未在规定级别媒体上刊登公告，公告未附查找不到生父母的弃婴、弃儿的照片，公告程序倒置、公告期不足等，是否影响上述推定？此为判断收养登记公告瑕疵是否导致收养行为无效的关键。民法典扩大被收养人范围至“查找不到生父母的未成年人”，取消了对生父母遗弃未成年人的主观意愿的限定，将被拐获救未成年人及其他非因生父母意愿脱离监护的未成年人纳入被收养人的范围。相应地，对“查找不到生父母的未成年人”的认定标准也视未成年人是否因生父母意愿脱离监护而应有所不同。具体而言：

（一）公告瑕疵不影响被遗弃未成年人事实上处于无人认领的状态

对于被生父母遗弃的未成年人，因生父母主动放弃监护权，公安机关已出具捡拾报案证明的，仅需以公告形式查找其生父母即可；公告期满，该弃婴、儿童的生父母或者其他监护人未认领的，视为查找不到生父母的未成年人。登记机关在办理被生父母遗弃的未成年人的收养登记时，即使公告存在一定瑕疵，如未在规定级别媒体上刊登公告，公告未附查找不到生父母的弃婴、弃儿的照片，公告程序倒置等，因该被遗弃未成年人的生父母主动放弃监护权在先，其后主张因公告瑕疵导致其未能认领该未成年人显然与其自身行为矛盾，支持其该主张也与道德和法律精神相悖，故此种情形应认定公告瑕疵不影响被收养人事实上处于无人认领的状态。

对收养人而言，上述办理收养登记中的公告瑕疵本质上并不实际影响其收养权的实现，反而在一定程度上帮助或加速实现了其收养被收养人的愿望，如本案中，民政局在办理王某与彭某收养王某乙的登记时先登记后公告，使得王某、彭某收养王某乙的行为提前“合法化”；收养人嗣后主张该程序瑕疵导致被收养人不属于查找不到生父母的未成年人，显然与其收养目的相悖。事实上，本案王某在诉状中也承认其因面临将与妻子彭某离婚而认为不适合继续抚养被收养人王某乙，并非有其他证据证明王某乙非弃婴。可见，从收养人立场分析，公告瑕疵也不应影响被收养人在收养前处于无人认领的状态。

对被收养的未成年人而言，相较于被生父母或其他监护人遗弃或在儿童福利机构生活，能被推定为确实查找不到生父母的未成年人，从而被收养，得到养父母及其家庭的关爱，显然更有利于其成长发展。也正因如此，即使该未成年人成年后出于各种原因（如不想履行对养父母的赡养义务等）主张办理其收养登记时的公告程序存在瑕疵，其不应被认定为被收养人范围，收养应无效，该主张亦不应得到支持。

事实上，被收养的未成年人是否会因为公告不存在瑕疵，而在公告寻亲过程中被生父母或其他监护人找到且认领我们无法证实，因而只能通过上述分析该瑕疵是否实际影响收养各方的权利，来判断公告的推定效力是否应予采信。

（二）公告瑕疵对非因生父母意愿脱离监护的未成年人是否处于无人认定状态的推定应严格把握

非因生父母意愿脱离监护的未成年人主要是被拐获救的未成年人，理论上也不排除被生父母以外的监护人遗弃的未成年人。对于该类未成年人，是因拐卖或遗弃未成年人等违法犯罪行为导致脱离生父母的监护，办理收养登记之前进行公告是为了最大可能寻找未成年人的生父母或其他监护人，维护未成年人及其生父母权益。此种情形，收养登记前公告查找其生父母应严格按照相关法规进行。否则公告一旦存在瑕疵，如未在规定级别媒体上刊登公告，公告未附查找不到生父母的弃婴、弃儿的照片，公告程序倒置、公告期不足等，均可能直接影响未成年人生父母认领该未成年人，从而导致未成年人及其生父母人身权益遭受重大损害。因此，除非为未成年人利益最大化原则考虑，公告瑕疵对非因生父母意愿脱离监护的未成年人事实处于无人认领状态的推定应严格把握。

三、未成年人利益最大化原则下的收养行为效力判定

综上可知，收养登记公告瑕疵不直接影响收养行为的效力，其通过影响被收养人是否可以被推定为“查找不到生父母的未成年人”，进而对收养行为的效力产生影响。在审理因公告瑕疵提起的收养无效之诉中，不能仅凭收养登记公告瑕疵认定被收养人不符合“查找不到生父母的未成年人”要求，也不能对被收养人来源不加区分，一律认定公告瑕疵不影响其事实处于无人认领的状态，进而直接判定涉案收养行为的效力。如此机械适法必然导致个案裁判中收养各方利益的失衡，并导致被收养未成年人的利益陷入无以保障的困境。本案中，民政机关在向当事人签发收养登记证书之后再行公告查找被收养人生父母的程序，如因此认定被收养人不符合被收养条件，收养行为无效，将导致年幼的被收养人王某乙再次回到“被遗弃”状态，其身心必将受到重大伤害。

瑕疵公告的效力审查及其对收养行为的效力影响应全面贯彻未成年人利益最大化原则，如此才能在个案裁判中实现特定情境下特定儿童的最大利益，并在发生被收养人与收养人或送养人间利益冲突时，最大限度优先保护被收养未成年人的利益。具体而言，在审查收养符合民事法律行为一般生效要件的前提下，不拘泥于收养外观指标的限制，而更重于有助于实现儿童利益最大化的实质标准的审查，如民法典规定的收养人应当具有抚养、教育和保护被收养人的能力，未患有在医学上认为不应当收养子女的疾病，无不利于被收养人健康成长的违法犯罪记录等；同时结合具体案件情况，综合考虑收养

关系是否已在事实上建立，并形成了稳定依赖难以割舍的感情，被收养时间，被收养儿童年龄状况、身心发展需要，以及纠纷产生的原因等各方面因素予以审查判断。

编写人：江西省景德镇市珠山区人民法院　胡海清

（十一）监护权纠纷

27

未成年人近亲属范围内无适格监护人的可以由居民委员会担任监护人

——上海市居民委员会申请确定监护人案

【案件基本信息】

1. 裁判书字号

上海市徐汇区人民法院（2022）沪0104民特164号民事判决书

2. 案由：申请确定监护人

3. 当事人

申请人：上海市居民委员会

支持起诉机关：上海市徐汇区人民检察院

【基本案情】

王某某，女，2010年11月出生，系未成年人，户籍地上海市徐汇区。王某某的父亲已于2021年7月26日死亡；母亲有二级精神残疾，现在辽宁省营口市医院住院治疗，无法担任监护人。祖父已经死亡；祖母在上海宝山区养老院住院。外祖父已经死亡；外祖母失联。母亲与前夫生育的一子失联。两名姑姑均书面表示不愿意担任王某某的监护人。王某某目前由康健新村街道委托第三方 24 小时托管，费用均由街道负担。

上海市居民委员会提出申请：指定申请人为王某某的监护人。理由是：根据法律规定，没有依法具有监护资格的人的，监护人也可以由被监护人住所地的居委会担任。

上海市徐汇区人民检察院当庭发表支持起诉意见：未成年人王某某处于事实无人照顾的状态，居委会不仅担负了对未成年人的监护职责，并组织专人轮流对未成年人的生活、学业进行照顾，为保护未成年人的利益，避免未成年人的合法权益处于无人保护的状态，从最有利于未成年人健康成长的角度出发为未成年人确定监护人，居委会担任王某某的监护人符合未成年人的利益。为维护未成年人的合法权益，体现检察机关对未成年人的司法保护，故决定支持起诉。

【案件焦点】

没有具备法定监护资格的人时，如何确定未成年人的监护人。

【法院裁判要旨】

上海市徐汇区人民法院经审理认为：监护人应当履行监护职责，保护被监护人的人身、财产及其他合法权益。王某某现为未成年人，其父亲已经死亡，母亲患有精神疾病，祖父及外祖父均死亡，祖母现住养老院，外祖母、同母异父的哥哥均失联，两位姑姑亦表示不愿意担任其监护人，故王某某近亲属范围内没有既有监护能力又有监护意愿的合适人选。现王某某由康健新村街道委托第三方进行 24 小时托管，日常费用均由街道负担，申请人表示愿意担任王某某的监护人。为保护未成年人利益，避免未成年人的合法权益处于无人保护的状态，对于申请人的申请，法院予以准许。申请人作为王某某的监护人，应当按照最有利于被监护人的原则履行监护职责，除为维护被监护人利益外，不得处分被监护人的财产。

上海市徐汇区人民法院依照《中华人民共和国民法典》第二十七条、第三十二条、第三十四条、第三十五条，《中华人民共和国民事诉讼法》第一百八十四条、第一百八十五条规定，判决如下：

指定上海市居民委员会为王某某的监护人。

本判决为终审判决。

【法官后语】

本案是《中华人民共和国民法典》实施后，为困境未成年人指定公职监护人的相关案件。困境未成年人家庭关系往往较为复杂，父母死亡或者没有监护能力，未成年人监护人职位的长期缺失，会导致“照管难”现象，不利于未成年人的教育和成长，也会增加学校和社会负担。通过法律程序确定公职监护人，明确监护人的职责，有利于保护未成年人的利益，避免未成年人的合法权益处于无人保护的状态。

一、为困境未成年人指定监护人，应当在近亲属范围内穷尽寻找适格人选

《中华人民共和国民法典》第二十七条第二款规定：“未成年人的父母已经死亡或者没有监护能力的，由下列有监护能力的人按顺序担任监护人：（一）祖父母、外祖父母；（二）兄、姐；（三）其他愿意担任监护人的个人或者组织，但是须经未成年人住所地的居民委员会、村民委员会或者民政部门同意。”本案中，王某某的父亲已去世，母亲精神残疾且长期在外省市住院治疗，属于《中华人民共和国民法典》第二十七条第二款规定的需要父母以外的有监护能力的人担任监护人的情形。由于王某某的祖父和外祖父均已死亡，祖母在养老院养老，外祖母及同母异父的哥哥失联，血缘关系较近的两位姑姑不愿意担任其监护人，穷尽所有手段在近亲属范围内寻找监护人后，仍然没有适格人选，此时应考虑由公职部门担任监护人。

二、公职部门担任监护人，应当遵循最有利于未成年人的原则，履行监护职责

《中华人民共和国民法典》第三十二条规定：“没有依法具有监护资格的人的，监护人由民政部门担任，也可以由具备履行监护职责条件的被监护人住所

地的居民委员会、村民委员会担任。”由居委会、村委会担任监护人的责任，这是立足于我国国情而设立的具有中国特色的监护制度。居委会、村委会对居住地区的未成年人的智力健康状况、家庭情况等比较了解，故由有承担监护职责意愿的居委会、村委会担任公职监护人更有利于对未成年人利益的保护。本案中，王某某所在地街道出资委托第三方对王某某进行24小时托管，居委会主任作为王某某的家长与学校保持联系并参加家长会等活动，故为避免未成年人合法权益处于无人保护状态，由熟悉情况的居委会担任监护人更有利于维护王某某利益。

三、《中华人民共和国民法典》第三十二条的法治意义

未成年人不仅是家庭的，也是国家的，政府是未成年人最终的保护主体，这种理念已得到世界各国公认。国家监护责任一方面体现在政府是父母或者其他监护人履行监护责任的坚强后盾；另一方面在父母或其他监护人的监护出现问题时，政府可以通过一系列措施对家庭监护进行干预，不能使未成年人处于无人监护或其他危险环境中，且在必要时应直接承担监护责任。因此，由民政部门、居委会、村委会在没有具有法定监护资格的人时承担起监护责任，也与其职能相符。

编写人：上海市徐汇区人民法院　何倩　胡心婷

28

父母尽到监护职责情况下的祖父母不能取得孙子女的监护权、抚养权

——李某、刘某1诉刘某2监护权案

【案件基本信息】

1. 裁判书字号

北京市石景山区人民法院（2022）京0107民初7406号民事判决书

2. 案由：监护权纠纷

3. 当事人

原告：李某、刘某1

被告：刘某2

【基本案情】

原告李某、刘某1之子李某强与被告刘某2于2007年7月17日登记结婚，2009年10月30日生育双胞胎女儿李某1、李某2。2012年10月18日，李某强与被告刘某2经法院调解离婚，约定：李某1由李某强自行抚养，李某2由刘某2自行抚养。2013年年初被告刘某2曾起诉李某强探望权纠纷，经法院调解双方约定了刘某2对李某1享有的具体探望时间。因李某1年幼，故被告就探望事宜一直与李某强进行沟通。后因疫情，被告未再履行探望权。2022年1月24日，李某强因病去世，李某1遂告知被告，被告由此和李某1自行沟通，经过十余天微信或电话沟通后，两原告向法院提起诉讼。李某1现确实跟随两原告一起生活，由两原告抚养、照顾。李某强去世后，被告刘某2因特殊情况无法进京，其通过微信、电话的方式与李某1进行沟通、交流，李某1因个人原因将被告的联系方式拉入黑名单。

【案件焦点】

1. 父母离婚后与未成年子女共同生活的一方死亡，祖父母是否可以获得未成年人的监护权；2. 父母离婚后与未成年子女共同生活的一方死亡，祖父母是否可以获得未成年人的抚养权。

【法院裁判要旨】

北京市石景山区人民法院经审理认为：父母是未成年子女的自然监护人，父母责任（亲权）不可抛弃且不得转让，当自然监护人实施严重损害被监护人身心健康的行为，或者怠于履行监护职责，无法履行监护职责又拒绝将监护职责部分或者全部委托给他人，导致被监护人处于危困状态，或侵害了被监护人的合法权益的，可撤销自然监护人资格，并按照顺位指定有监护能力的个人或组织担任监护人。本案中，刘某2是李某1的母亲、法定监护人，其与李某强离婚时，约定婚生女李某1由李某强抚养，后因探视问题，其于2013年向法院起诉探望权纠纷，经法院调解得以维护其探望权。2022年1月24日李某强去世后至本案起诉时，被告刘某2限于一些原因，无法来京探望女儿李某1，其以电话、微信等方式与李某1进行沟通，履行监护人职责，现两原告并未提供证据证明被告有怠于履行监护职责及有损被监护人身心健康之行为，其要求撤销被告监护人资格的证据不足，故对原告的诉讼请求不予支持。

【法官后语】

本案争议焦点有两个：一是父母离婚后与未成年子女共同生活的一方死亡，祖父母是否可以申请获得未成年人的监护权；二是父母离婚后与未成年子女共同生活的一方死亡，祖父母是否可以申请获得未成年人的抚养权。

一、父母离婚后与未成年子女共同生活的一方死亡，祖父母是否可以申请获得未成年人的监护权

监护是为了保障无民事行为能力人和限制民事行为能力人的合法权益，弥补其民事行为能力不足的法律制度，其不仅仅是法律赋予父母监护人的权利，更是法律附加给未成年人父母的义务，也是保护未成年人茁壮健康成长的重要法律保障。《中华人民共和国民法典》第二十七条第一款规定："父母是未成年子女的监护人。"这是父母对未成年子女的法定监护权。该条第二款同时规定："未成年人的父母已经死亡或者没有监护能力的，由下列有监护能力的人按顺序担任监护人：（一）祖父母、外祖父母；（二）兄、姐；（三）其他愿意担任监护人的个人或者组织，但是须经未成年人住所地的居民委员会、村民委员会或者民政部门同意。"这是法律对补充监护权的规定，以上是有权申请撤销父母监护权的主体，也就是说，在符合一定条件的前提下，祖父母可以获得未成年人的监护权。

本案中，刘某2与李某强离婚后，其依然是李某1的监护人，现李某强

因病去世，刘某2作为李某1母亲成为第一顺位的唯一的法定监护人，享有法定监护权。原告李某、刘某1作为失去孩子的老人，李某1的祖父母，从情理上可以接受监护人委托照顾孙女，但不能因此剥夺母亲对孩子的监护权利。因为祖父母的监护权是一种补充的监护权，当基于委托而行使的补充监护权与另一方法定的监护权产生冲突时，监护权应优先受到保护。实践中，撤销监护权的条件主要基于以下三方面考虑：一是父母有无故意实施的行为侵害到未成年人合法权益，如性侵、猥亵被监护人，暴力、虐待被监护人等；二是父母是否消极履行监护义务，如父母遗弃被监护人，离家出走与被监护人断绝关系导致被监护人处于无人照管的状态等；三是父母是否因客观原因导致监护权履行不能，如父母在监狱服刑、身患重大疾病生活不能自理等客观原因导致父母不能行使监护权，使被监护人处于无人照管的状态。结合本案，原告认为被告提供的微信聊天记录截图中有侮辱李某强的语言，是对孩子心灵的伤害，但该证据系被告对李某强的个人主观评价，无法证明被告这一行为有侵害到未成年人合法权益；原告认为被告怠于履行监护职责，根据审理查明的事实，被告与原告之子李某强离婚时约定李某1由李某强抚养，后被告因探望受阻起诉到法院，通过法院调解获得探望权；李某强去世后，被告无法来京探望女儿李某1，其以电话、微信等方式与李某1进行沟通，履行监护人职责，在案证据无法证明被告存在怠于履行监护职责之行为，故原告要求撤销被告监护人资格，指定原告为监护人的证据不足，法院对原告的该项诉讼请求不予支持。

二、父母离婚后与未成年子女共同生活的一方死亡，祖父母是否可以申请获得未成年人的抚养权

父母与子女的关系是基于子女出生形成的自然血亲关系，不会因父母婚姻关系的解除而消灭，因此离婚后子女抚养权无论在谁手中，另一方对子女仍负有抚养、教育和保护的义务。因此，父母对未成年子女的抚养义务是法定的。祖父母与孙子女是隔代直系血亲关系，虽不同于亲子关系，但基于对传统文化、民间习俗、现实情况的尊重以及未成年人利益最大化原则等诸多因素的考虑，

《中华人民共和国民法典》第一千零七十四条规定了祖孙之间的抚养、赡养义务，明确了祖父母抚养孙子女的条件：(1) 孙子女为未成年人；(2) 祖父母有负担能力；(3) 孙子女的父母已经死亡或者父母无力抚养。由此可见，祖父母的抚养义务是附条件的。本案中，刘某2与李某强离婚，约定李某1由李某强抚养，后李某强因病去世，在这种情况下原告作为祖父母，对孙子女进行照顾是出于道义和亲情，并不符合法律规定的祖父母抚养孙子女的条件，刘某2仍应依照法律规定，对女儿李某1行使抚养权，故法院对原告的该项诉讼请求不予支持。

编写人：北京市石景山区人民法院　马云骢

29

学校保障父母监护权行使的义务内容及界限范围

——张某1诉北京某某中学监护权案

【案件基本信息】

1. 裁判书字号

北京市第一中级人民法院（2022）京01民终8571号民事判决书

2. 案由：监护权纠纷

3. 当事人

原告（上诉人）：张某1

被告（被上诉人）：北京某某中学

【基本案情】

张某1与范某原系夫妻，于2006年7月27日生育女儿张某2。2017年6月8日，经法院调解，张某1与范某协议离婚，婚生女张某2由范某抚养。

2018年9月至2021年7月，张某2就读于北京某某中学。其间，张某1曾于2018年到校向北京某某中学教师乔某某（系张某2在北京某某中学就读期间的班主任，以下称班主任）了解情况；班主任如实告知了孩子在校情况。此后，张某1微信联系班主任，要求了解张某2在校学习的相关情况，并要求加入班级微信群。班主任就张某2的相关情况进行了答复，同时表示张某2及其母亲不同意告知相关情况，学校需尊重二人意见；就加入班级微信群问题，其表示需尊重孩子意见并请示学校。此后，张某1多次要求加入班级微信群，并明确提出“请求”，要求学校为其提供与其他家长同等便利的条件，以便其了解孩子的学业成绩等情况，班主任代表学校均予以拒绝。

张某1诉至法院，要求：1. 北京某某中学以书面形式向张某1赔礼道歉，并在充分保护未成年人信息不泄露的前提下，将道歉内容以显著形式在北京某某中学官网首页及微信公众号连续公布30天；2. 北京某某中学向张某1支付精神损害抚慰金50000元；3. 北京某某中学承担本案诉讼费。

北京某某中学认为：1. 张某2在校期间，学校为张某1了解孩子的学习状况提供了便利，不存在侵犯其监护权的情形。2. 张某2是我校2018级学生，与张某1是父女关系。为了更好地保护未成年人利益，充分尊重孩子意愿，我校经征求张某2意见后没有让张某1进入班级微信群，此举并没有侵犯张某1的监护权。3. 我校没有义务同意张某1进入班级微信群；即使张某1不进入班级微信群，其也可以联系学校和班主任得知孩子的在校情况。

【案件焦点】

北京某某中学是否损害了张某1的监护权。

【法院裁判要旨】

北京市海淀区人民法院经审理认为：父母是未成年子女的监护人。父母与子女间的关系，不因父母离婚而消除。离婚后，子女无论由父或母直接抚养，仍是父母双方的子女。离婚后，父母对于子女仍有抚养和教育的权利和义务。具体至本案，尽管张某1与张某2之母范某离婚，且离婚后张某2由范某抚养，但张某1作为张某2之父，依然系张某2的监护人，对其仍有抚养和教育的权利和义务。监护人的职责是代理被监护人实施民事法律行为，保护被监护人的人身权利、财产权利以及其他合法权益等。监护人依法履行监护职责产生的权利，受法律保护。但是，本案中，北京某某中学未准许张某1加入家长微信群不构成对其监护权的侵害，理由有三：

首先，根据教育法的相关规定，学校行使按照章程自主管理、组织实施教育教学活动等权利，履行以适当方式为受教育者及其监护人了解受教育者的学业成绩及其他有关情况提供便利等义务。除微信等即时沟通方式外，上述提供便利的适当方式还包括电话、短信、电子邮件、到校面谈等。2019年1月底，张某1向班主任询问张某2期末成绩，班主任已明确答复“孩子考得不错”“孩子成绩在班里名列前茅，取得了优干称号”。此后，张某1仅于2019年2月28日申请加入家长群，于2020年6月12日核实参加中考需提交户口本原件时再次提出入群需求，并未向班主任、其他任课老师或北京某某中学提出要求了解张某2的有关情况。

其次，在收到张某1加入班级微信群的申请后，北京某某中学征求张某2意见不属于过错。详言之，1. 由于班级微信群的交流内容涉及受教育者，因此，张某1应否加入班级微信群属于与张某2权益有关的事项；而根据相关法律规定，在作出与未成年人权益有关的决定前，应当根据未成年人的年龄和智力发展状况，听取未成年人的意见，充分考虑其真实意愿；2. 尽管张某2系未成年人，但在张某1于2019年2月28日申请加入班级微信群时，张某2已年满12周岁，有能力就与其日常生活、学习关系密切的问题发表意见；3. 经北京某某中学征求意见，张某2已知悉张某1希望通过此方式了解其有关情况的意愿。相应地，北京某某中学尊重张某2的意见，不会导致张某2产生张某1对其不管不问的误解。

最后，根据法律规定可知，上述便利的权利主体应为“受教育者”及“受教育者的监护人”，但并未规定学校向受教育者的各监护人所提供便利必须在及时性、准确性、全面性等方面具有同等性，故张某1对此的理解缺乏法律依据。事实上，本案争议的根源在于张某1认为其对张某2的探望权因范某阻挠而无法实现，但其并未就此提出相应主张，而学校系教育机构，不宜解决家庭纠纷。

北京市海淀区人民法院判决如下：

驳回张某1的全部诉讼请求。

张某1不服一审判决，提起上诉。北京市第一中级人民法院判决驳回上诉，维持原判。

【法官后语】

一般而言，监护权纠纷多为监护人或具有监护资格的人申请法院变更或撤销监护权。本案较为特殊，即原告作为家长，认为学校未能配合自己了解子女在校情况，从而侵犯了自己的监护权，故将学校诉至法院。由此引发出下述思考：学校保障父母监护权行使的义务内容及界限范围。

一、不直接抚养未成年子女一方享有监护权

《中华人民共和国民法典》第一千零五十八条规定了夫妻双方在抚养、教育和保护子女方面平等的权利和义务。第一千零八十四条规定了父母与子女的关系不因父母离婚而消除。离婚后，父母对子女的抚养、教育和保护方面的权利义务不变。结合《中华人民共和国民法典》第二十七条关于子女监护权主体之规定，父母对未成年子女的监护权不因其婚姻状况的改变而改变，离婚后，不直接抚养子女一方仍是该子女的监护人，负有抚养、教育和保护子女的义务。

二、学校保障父母行使监护权的义务内容

父母作为监护人有教育子女的义务，这一义务的履行方式除家庭教育外，也需要诉诸学校教育。知悉子女在校受教育情况是父母履行监护权的题中之义。根据《中华人民共和国教育法》（以下简称《教育法》）第三十条第四项的规定，学校及其他教育机构有义务以适当方式为受教育者及其监护人了解受教育者的学业成绩及其他有关情况提供便利。父母通过学校了解子女受教育的相关情况是其行使监护权的具体表现。上述规定也是父母监护权行使的制度保障。

根据该条款的规定，学校履行上述义务的对象是“受教育者及其监护人”，方式是“提供便利”，内容是“学业成绩”等在校情况。其中，“提供便利”强调获取信息渠道的通畅性，“在校相关情况”则包括子女在德、智、体、美、劳等方面的信息。学校对于受教育者的在校相关情况，负有向其监护人进行告知的义务。监护人要求获取子女在校情况的，学校需要予以配合、协助。

三、学校的义务内容应以“适当性”标准为限

《教育法》第三十条规定的“适当方式”既是学校履行上述义务的标准，也是父母行使监护权的边界。适当方式包括两方面内容：一是通知手段的适当性；二是通知内容的适当性。

就通知手段的适当性而言，学校的告知应具有及时性、妥当性。学校需视情况紧急程度采取电话、微信、短信、电子邮件、家访、到校面谈等方式向受教育者的监护人履行相应的告知义务。如学校的通知手段不会因为消息迟滞而致风险或损失扩大，亦不会致相关监护人付出较多时间或金钱成本获取相关信息，可认定通知具有及时性，从而符合“适当方式”的要求。本案中，张某1虽未加入班级微信群，但其仍可与班主任等学校相关人员进行沟通，事实上班主任也通过微信对其问询进行了答复。就通知内容的适当性而言，学校告知信息应能全面、真实反映受教育者的学业、身体、心理等情况。具体至本案，班主任已就张某1女儿的学习情况如实进行了答复。综上，学校在履行上述义务过程中已满足“适当性”的标准。本案中，张某1要求学校保障其监护权时应体现同等性，正如法院所论述的，相关规定并未要求学校在提供便利时必须在及时性、准确性、全面性等方面具有同等性，换言之，同等性的要求超越了适当性所建立的权利界限，学校有权拒绝其要求。

四、学校应遵循“最有利于未成年人原则”

父母监护权的行使受最有利于未成年人原则的限制，举重以明轻，学校在履行上述义务过程中也需遵循该原则。《中华人民共和国民法典》第三十五条规定了最有利于未成年人原则和尊重未成年人真实意愿原则，《中华人民共和国未成年人保护法》第四条和第十九条也与上述法律精神相呼应。则学校在履行配合、协助、告知义务时，因告知主体、告知内容等涉及未成年人切身权益，

学校需尊重未成年人真实意愿，这也与有利于未成年人身心健康发展的教育理念相吻合。具体至本案，学校基于张某1之女的意愿拒绝其加入班级微信群的行为并未违反其配合与协助义务，就此不存在过错，也并未侵害张某1的监护权。张某1仍可通过短信、微信沟通等其他方式向包括学校在内的其他主体获取其女的在校相关信息。

编写人：北京市海淀区人民法院　蒙向东　张帅

（十二）探望权纠纷

30

可对恢复曾伤害子女一方探望权益进行适度限制

——刘甲诉谢某某探望权案

【案件基本信息】

1. 裁判书字号

重庆市第一中级人民法院（2023）渝01民终1006号民事判决书

2. 案由：探望权纠纷

3. 当事人

原告（被上诉人）：刘甲

被告（上诉人）：谢某某

【基本案情】

刘甲（男）与谢某某（女）原系夫妻关系，双方于2014年7月15日登记结婚，2017年6月8日共同生育一女刘乙。2018年10月15日，双方协议离婚，刘乙跟随谢某某共同生活，同时，双方对刘甲探望刘乙事宜进行了约定。2019 年 3 月，刘甲将刘乙接到其住处行使探望权时，曾因照顾不周将刘乙胸部烫伤。2021 年 2 月，刘甲在探望刘乙时，因教育子女与其家人发生争执，未能控制自己的情绪及行为，将刘乙的脸部严重咬伤。2021 年 2 月 12 日之后，谢某某以刘甲探望女儿时伤害了女儿为由，拒绝刘甲探望。刘甲遂向法院起诉要求每月探望刘乙，法院以刘甲暂不宜继续探望刘乙为由，判决驳回刘甲的诉讼请求。该判决作出后，刘甲未再探望婚生女刘乙。

2022 年 3 月 5 日，刘甲到重庆医科大学附属第三医院门诊进行心理测评，测评结果显示正常。2023 年 1 月 17 日，刘甲到重庆市精神卫生中心进行门诊检查，在明尼苏达多相个性测验中，有部分项目分值较高，辅助诊断意见为：正常 5. 53%，抑郁或焦虑性障碍 0. 87%，精神病性障碍 93. 59%。2023 年 2 月 9 日，刘甲再次到重庆市精神卫生中心复诊。辅助诊断意见为：正常 80. 29%，抑郁或焦虑性障碍 13. 34%，精神病性障碍 6. 37%。心理检查总体印象显示，非社会化倾向明显，容易与父母或权威发生矛盾，常常不服从社会传统和习惯规范，容易激动，独来独往，比较任性，不受环境制约。检查结果为心理状态轻度异常。

刘甲现再次起诉到法院请求恢复其对婚生女刘乙的正常探望权益，并明确其探望时间。

【案件焦点】

1. 是否应恢复刘甲对女儿刘乙的探望权；2. 如应恢复则探望时间和方式应如何确定。

【法院裁判要旨】

重庆市沙坪坝区人民法院经审理认为：在法院第一次判决驳回刘甲要求探望刘乙的诉讼请求后，刘甲已经充分认识到其以前不利于子女身心健康的行为系错误，现其不宜行使探望权的情形已经消失。庭审中，谢某某亦未举示证据证明刘甲存在其他不宜行使对未成年子女探望权的情形。因此，应当依法恢复刘甲的探望权。如刘甲确有其他应当中止探望的情形，谢某某可以另行依法处理。

重庆市沙坪坝区人民法院依据《中华人民共和国民法典》第一千零八十六条，《中华人民共和国民事诉讼法》第六十七条第一款之规定判决如下：

一、刘甲从2023年1月起，每周六10时至当日21时探望婚生女刘乙，每月共4次；如遇法定节假日或寒暑假，可以连续探望婚生女，春节探望时间为3天，其他法定节假日探望时间为该节假日时间的一半；寒假探望时间为10天，暑假探望时间为30天；刘甲的上述探望时间，谢某某应予以协助配合执行；

二、驳回刘甲的其他诉讼请求。

谢某某不服二审判决，提起上诉。重庆市第一中级人民法院经审理认为：现并无直接证据证明刘甲恢复探望刘乙，会不利于刘乙的身心健康，一审判决恢复刘甲的探望权，并无不当，但在保障父或者母的探望权的同时，也必须坚持未成年子女利益最大化原则，结合刘甲的心理测评、个性测验等检查结果，以及刘甲曾因教育子女与其家人发生争执，未能控制自己的情绪及行为，将刘乙的脸部严重咬伤等情况，刘甲在现阶段探望刘乙时，应有刘乙的法定代理人谢某某在场陪同为宜。

重庆市第一中级人民法院依照《中华人民共和国民法典》第一千零八十六条，《中华人民共和国民事诉讼法》第一百七十条第一款第二项规定判决如下：

一、撤销重庆市沙坪坝区人民法院（2022）渝0106民初23353号民事判决；

二、从本判决生效之日起，刘甲每月探望刘乙两次，在周末（周六或周日）或国家法定节假日的9时至18时进行探望，每次探望时长为4小时；刘甲探望刘乙时，谢某某均应在场陪同；同时，谢某某对刘甲前述探望权的行使负有协助义务；

三、驳回刘甲的其他诉讼请求。

【法官后语】

《中华人民共和国民法典》第一千零八十六条规定：离婚后，不直接抚养子女的父或者母，有探望子女的权利，另一方有协助的义务。行使探望权利的方式、时间由当事人协议；协议不成的，由人民法院判决。父或者母探望子女，不利于子女身心健康的，由人民法院依法中止探望；中止的事由消失后，应当恢复探望。

本案争议的焦点在于是否应恢复刘甲对女儿刘乙的探望权，如应恢复则探望时间和方式应如何确定。首先，夫妻离婚后，不直接抚养子女的父或者母，有探望子女的权利，另一方有协助的义务。其次，探望权是为了保护未成年子女的利益而设立的一项权利，旨在满足非直接抚养方对子女关心、抚养、教育的情感需要，增进子女与非直接抚养方之间的情感沟通和交流，更好地履行父母对子女的抚养教育义务。夫妻离婚后，直接抚养子女一方的抚养权和不直接抚养子女一方的探望权，共同构成了离婚后父母对子女亲权的主要内容。赋予不直接抚养子女一方探望权，不仅是父或母关怀子女的重要方式，也是子女健康成长所需。如无充分证据证明父或者母探望子女，不利于子女身心健康的，原则上应对父或者母的探望权予以保障。当然在保障父或者母的探望权的同时，也必须坚持未成年子女利益最大化原则，注重保护未成年子女的合法权益和身心健康。

就本案而言，刘甲第一次起诉主张探望权时，法院根据其在探望女儿刘乙时，曾造成刘乙受伤的事实，认为刘甲暂不宜继续探望刘乙，遂判决驳回了刘甲的诉讼请求。该判决作出至刘甲第二次起诉已有一年多时间，其间并未再次发生刘甲给刘乙造成伤害的情况（当然这也有该期间刘甲未能与刘乙相处的客观因素）。同时，经多次医疗检查和测评，目前均无刘甲患有心理或精神疾病的明确诊断结论。因此，现并无直接证据证明刘甲恢复探望刘乙，会不利于刘乙的身心健康。故，一审判决恢复刘甲的探望权，并无不当。当然，刘甲在探望、照顾刘乙时，应注意尊重刘乙意愿，对女儿保持足够的细心和耐心，注意控制自身的情绪，自觉保护未成年子女的合法权益和身心健康，不得有不利于刘乙身心健康的言行。如刘甲恢复探望刘乙后，确有不利于刘乙身心健康的情形，谢某某可以另行依法向人民法院提出中止探望的请求。

另外，如前所述，在保障父或者母的探望权的同时，也必须坚持未成年子女利益最大化原则。虽然重庆医科大学附属第三医院对刘甲的心理测评结果显示正常，刘甲在重庆市精神卫生中心复诊记录也显示无异常。但刘甲在重庆市精神卫生中心的初诊记录显示，其在明尼苏达多相个性测验中，有部分项目分值较高，辅助诊断意见也载明“精神病性障碍93.59%”。刘甲在重庆市精神卫生中心复诊时，其“心理检查总体印象”也显示其非社会化倾向明显，容易与父母或权威发生矛盾，常常不服从社会传统和习惯规范，容易激动等，检查结果为心理状态轻度异常。而2021年2月，刘甲即是因教育子女与其家人发生争执，未能控制自己的情绪及行为，将刘乙的脸部严重咬伤。并且刘乙现在年龄尚幼，缺乏自我保护能力。因此，从未成年子女利益最大化原则出发，为充分保护未成年子女的合法权益和身心健康，刘甲在现阶段探望刘乙时，应有刘乙的法定代理人谢某某在场陪同为宜。因刘乙年龄尚幼，处于身心发展的重要阶段，需要稳定、平和的生活和学习环境，加之谢某某需在场陪同，故探望频次不宜频繁，探望时间不宜过长。结合本案实际情况，法院酌情确定刘甲每月探望刘乙两次，在周末（周六或周日）或国家法定节假日的9时至18时进行探望，每次探望时长4小时。

另需指出的是，探望方式仅是实现探望目的的手段，并不妨碍双方在必要时作出调整。双方应在探望过程中友好协商，相互体谅，积极配合，努力为孩子的健康成长创造温馨、宽松的生活和学习环境。在每月具体的探望时间及地点方面，可充分征求和尊重刘乙意愿，使其能够充分感受到探望带来的与父亲相处的快乐和喜悦。而谢某某作为刘乙的直接抚养人，应当在日常生活中积极教育和引导刘乙正确看待父亲刘甲的探望与关爱，对刘甲的关爱行为给予积极回应和反馈，这有利于促进和融洽父母子女间的亲情，对刘乙的健康成长也会产生积极影响。

编写人：重庆市第一中级人民法院　李俊冰

31

老人的隔代探望权应当予以保护

——苏某某、王某甲诉张某探望权案

【案件基本信息】

1. 裁判书字号

江苏省无锡市锡山区人民法院（2022）苏 0205 民初 3109 号民事判决书

2. 案由：探望权纠纷

3. 当事人

原告：苏某某、王某甲

被告：张某

【基本案情】

张某与苏某某、王某甲的儿子王某乙婚后育有一女王某丁，王某丁出生后一直由苏某某、王某甲在邳州市照顾，张某与王某乙在上海市工作，后王某乙因交通事故去世，张某将王某丁带走并拒绝苏某某、王某甲探望。经苏某某、王某甲起诉，江苏省丰县人民法院作出（2020）苏 0321 民初 0321 号民事判决书，确认苏某某、王某甲享有王某丁的探望权，但该判决书未确定具体的探望方式，现张某以此为由仍拒绝苏某某、王某甲探望王某丁，故再诉至法院。

【案件焦点】

1. 苏某某、王某甲本次起诉是否系重复起诉；2. 在本案中如何认定苏某某、王某甲对王某丁的探望方式。

【法院裁判要旨】

江苏省无锡市锡山区人民法院经审理认为：关于争议点1，（2020）苏0321民初3356号民事判决确认了苏某某、王某甲对王某丁享有探望权，但因该案中张某未到庭发表意见，无法查明王某丁生活的具体情况，判决时未确定具体的探望方式，而是判决具体探望方式由双方协商解决，从行政处罚决定书载明的内容及庭审中双方的陈述可知，现双方就苏某某、王某甲对王某丁探望权的行使矛盾较大且无法协商一致，苏某某、王某甲诉至法院要求张某协助其行使探望权并确定具体的探望方式，于法不悖，与其在江苏省丰县人民法院的起诉不属于重复起诉，法院受理并无不当。

关于争议点2，现有法律未就祖父母对孙子女的隔代探望权的具体行使方式进行明文规定，但法律规定了离婚后不直接抚养子女的父或者母有探望子女的权利，另一方有协助的义务，行使探望权利的方式、时间由当事人协商；协商不成的，由人民法院判决。可见，探望权的性质是亲权的内容，行使探望权，涉及直接抚养一方和子女的利益，其具体的行使应保障直接抚养一方和子女的利益，尤其应该考虑被探望人王某丁的意愿，不应对王某丁现有的正常学习与生活造成妨碍。根据法院向王某丁的调查询问情况，王某丁向法院表达了不愿意跟爷爷奶奶回家过夜，但在母亲陪伴下可以与爷爷奶奶见面吃饭的意愿。法院认为，国家保障老年人依法享有的权益。王某丁与苏某某、王某甲之间的祖孙亲情不能也不应因王某乙的去世而割断，张某与苏某某、王某甲之间可能存在的其他如财产等方面的纠纷亦不应成为阻碍苏某某、王某甲探望王某丁的理由，苏某某、王某甲对王某丁的探望权应予保证。根据王某丁目前的学习、生活情况及王某丁自身的意愿，法院确认苏某某、王某甲对王某丁的探望方式为每月最后一周的周日9时将王某丁接走，至当日15时前将王某丁送回张某处，张某予以协助。探望时张某是否陪同应征询王某丁的意愿决定，且如果王某丁对于法院判决的探望时间不同意，苏某某、王某甲不得强行探望。

综上，依照《中华人民共和国民法典》第八条、《中华人民共和国老年人权益保障法》第三条、《中华人民共和国民事诉讼法》第一百四十五条之规定，判决如下：

一、原告苏某某、王某甲可自本判决生效之日起，于每月最后一周的周日9时将王某丁接走探望，至当日15时前将王某丁送回被告张某处，被告张某应予协助；

二、驳回原告苏某某、王某甲的其他诉讼请求。

判决后，双方当事人均未上诉，本判决现已生效。

【法官后语】

本案为隔代探望权的处理，一是确定是否享有隔代探望权的考虑要素，首先从法律层面来看，国家保障老年人依法享有的权益，苏某某、王某甲夫妇作为老人，因其儿子已经去世，能经常探望孙女是其获得精神慰藉的重要途径，符合尊老敬老的社会主义核心价值观要求；其次从人情层面来看，基于血缘关系的伦理亲情可以判决祖父母在一定条件下隔代探望孙子女，不让祖父母探望孙女有违社会公序良俗。故于情于理均应在本案中保障苏某某、王某甲夫妇探望孙女王某丁的权利。

二是隔代探望权的行使方式，现有法律未就祖父母对孙子女的隔代探望权的具体行使方式进行明文规定。由于探望权的行使需要孙子女的父母和孩子三方配合，受各方关系亲疏、性格相投程度、孙子女本人的意愿等诸多因素的影响，法官作为当事人家庭关系以外的人，无法在案件审判和执行的短时间内了解清楚各种因素。在探望权纠纷的司法实践中，关于探望方式主要有三种裁判类型：一是看望式探望，探望权人前往孙子女的居住场所进行短期看望；二是留宿式探望，探望权人将孙子女领走，和孙子女短期共同生活后将孙子女送回；三是陪伴式探望，双方确定时间、地点，共同陪伴孙子女进行交流、娱乐等活动，然后探望权人离开。三种裁判类型的选用因家庭情况、抚养情况、孙子女情况的不同而存在差异。其具体的行使应保障直接抚养一方和子女的利益，尤其应该考虑被探望人自身意愿，不应对被探望人现有的正常学习与生活造成妨碍。

本案中，苏某某、王某甲夫妇思孙心切，为了实现对孙女的探望权，甘受舟车劳顿之辛苦，向法院承诺愿意每次探望时均自外地来锡，王某丁亦向法院表达了可以在母亲的陪伴下与祖父母见面的意愿。法院根据被探望人王某丁的实际学习、生活情况及意愿，对苏某某、王某甲夫妇行使探望权的具体方式进行确认，并要求张某予以协助，有利于维系并增进祖孙亲情，系在司法裁判中践行社会主义核心价值观的体现。

编写人：江苏省无锡市锡山区人民法院　王亦华　于潇慧

（十三）分家析产纠纷

32

继承人因过错间接导致被继承人死亡的应按虐待被继承人情节严重认定其丧失继承权

——王某诉王小某等分家析产、法定继承案

【案件基本信息】

1. 裁判书字号

北京市第三中级人民法院（2022）京03民终5578号民事判决书

2. 案由：分家析产、法定继承纠纷

3. 当事人

原告（上诉人）：王某

被告（被上诉人）：王小某、杨某、杨某2

【基本案情】

杨某与徐某系夫妻关系，二人共有两名子女，分别为杨某1、杨某2。杨某1与王某系夫妻关系，王小某系二人之独生女。杨某1于2017年8月27日去世，生前未留有遗嘱。

杨某1与王某夫妻感情不佳，王某多次对杨某1实施家庭暴力。双方婚姻关系存续期间，王某长期与婚外异性同居，并生育一女。

2017年8月27日晚，王某酒后回家，因琐事与杨某1发生纠纷，杨某1躲进卧室并将房门反锁，王某持刀砍破卧室房门，但未能将门打开，其间杨某1爬上卧室空调外机并坠楼身亡。因检察机关认为现有证据不能证实杨某1的死亡与王某的行为具有刑法上的因果关系，故未批准公安机关要求逮捕王某的申请。后杨某、徐某、王小某提起民事诉讼，要求王某就杨某1的死亡承担50%的赔偿责任。法院依法支持了上述请求。该案二审期间，徐某去世，生前未留有遗嘱。

位于豆各庄乡某村××号宅基地（以下简称被拆迁院落）的使用权人登记为杨某1。2017年11月6日，王小某（被腾退人、乙方）与豆各庄乡政府（腾退人、甲方）签订安置协议书，就上述院落拆迁安置补偿事宜约定：甲方支付乙方各项补偿合计223614元，拟安置两套房屋，每套75平方米。

王某提交《买卖旧房协议书》《建房许可证》等，拟证明被拆迁院落宅基地系以杨某1为买方在其与杨某1婚姻关系存续期间从同村村民处购买，院内房屋系其与杨某1婚姻关系存续期间所建，属双方的共同财产，故王某要求对该院拆迁所得利益进行分割。杨某对王某的主张不予认可，称被拆迁院落的实际权利人为杨某。

经法院向豆各庄乡政府调查走访及核实证据，显示被拆迁院落及院内房屋系杨某出全款购买，因杨某名下已有宅基地，故将被拆迁院落登记至杨某1名下，该院一直由杨某占有、使用、维护。

【案件焦点】

1. 夫妻关系存续期间，一方父母出全款购买的农村房屋，宅基地使用权登记在该子女名下，能否视为对自己子女一方的赠与；2. 继承人因过错间接导致被继承人死亡，是否丧失继承权。

【法院裁判要旨】

北京市朝阳区人民法院经审理认为：根据当事人提交的证据及法院调查了解的情况，可以认定购买涉案院落系由杨某、徐某出资。王某对此虽不予认可，但其未提交证据证明其与杨某1对购买涉案院落进行出资的事实，法院对其意见不予采纳。购买涉案院落的时间虽处于王某与杨某1婚姻关系存续期间，但因购买上述不动产系由杨某1的父母全额出资，根据相关司法解释的规定，应视为杨某1的父母对杨某1一人的赠与，涉案院落宅基地使用权及房屋所有权属于杨某1的个人财产，与王某无关。对于王某主张其享有涉案院落及房屋50%产权的主张，法院不予支持。

另因杨某1的死亡与王某的家庭暴力存在民法上的因果关系，王某虐待杨某1情节严重，王某丧失对杨某1遗产的继承权，王某亦不能依据继承法律关系主张被拆迁院落的相关权益。

北京市朝阳区人民法院判决：驳回王某的全部诉讼请求。

王某不服一审判决，提起上诉。二审法院认为：综合在案证据及一审法院调查了解的情况，结合王某并无充分证据证明购买涉案院落系杨某1、王某出资的事实，可以确信系杨某、徐某全额出资购买涉案院落。涉案宅基地使用权及地上的房屋系以杨某1名义购买，且购买时间处于王某与杨某1婚姻关系存续期间，但因系杨某1父母全额出资，故应视为杨某1父母对杨某1一人的赠与，应属杨某1的个人财产，而并非夫妻共同财产，一审法院对此认定正确，法院予以支持，并对王某的相关上诉意见不予采纳。

根据生效判决查明的事实，王某持刀砍坏杨某1所在卧室的房门等威胁、恐吓杨某1的行为与杨某1死亡的后果之间具备民法上的因果关系。王某实施上述行为，主观上存在故意，客观上实施了持刀威胁恐吓的行为，结果上与杨某1的死亡具有因果关系，并由此造成了无法挽回的后果，故一审法院认为其行为构成虐待杨某1情节严重，并据此认为王某丧失对杨某1遗产的继承权并无不当，法院予以支持，并对王某的相关上诉意见不予采纳。

北京市第三中级人民法院判决：驳回上诉，维持原判。

【法官后语】

依照《最高人民法院关于适用〈中华人民共和国民法典〉时间效力的若干规定》第一条第二款之规定：“民法典施行前的法律事实引起的民事纠纷案件，

适用当时的法律、司法解释的规定，但是法律、司法解释另有规定的除外。”本案法律事实发生于《中华人民共和国民法典》施行前，故本案应当适用当时施行的法律、司法解释的规定。

《最高人民法院关于适用〈中华人民共和国婚姻法〉若干问题的解释（三）》第七条第一款规定：婚后由一方父母出资为子女购买的不动产，产权登记在出资人子女名下的，可按照婚姻法第十八条第（三）项的规定，视为只对自己子女一方的赠与，该不动产应认定为夫妻一方的个人财产。

上述规定在离婚纠纷诉讼涉及分割婚姻关系存续期间由一方父母出资购买的城市住宅时适用较多，但对于农村住宅，因我国城乡二元的土地制度，宅基地流转被严格限制，通常只允许在同一集体经济组织成员之间进行流转。且农村居民的宅基地大多通过向集体经济组织申请获得审批后取得，通过购买取得宅基地院落的情形较少。加之农村房屋并无统一的不动产登记制度，宅基地使用权的登记亦十分不完善，故上述司法解释的规定能否适用于婚姻关系存续期间由一方父母出资购买的农村房屋，不无疑问。

对上述司法解释的规定进行文义解释可知，该规定并未排除农村不动产，只是法院在适用该条款确定农村不动产的归属时需对不动产的登记情况进行变通理解，并向相关农村集体经济组织充分核实宅基地购买和房屋建设的事实，不能因农村宅基地和房屋缺乏完善的统一登记制度而排除该条款的适用。

《中华人民共和国继承法》第七条规定：继承人有下列行为之一的，丧失继承权：（一）故意杀害被继承人的；（二）为争夺遗产而杀害其他继承人的；（三）遗弃被继承人的，或者虐待被继承人情节严重的；（四）伪造、篡改或者销毁遗嘱，情节严重的。

上述法律规定了继承人丧失继承权的典型情形，但由于现实生活远比法律条文复杂，因此需对法律条文进行符合实际情况的合理解释。

本案中，王某并未直接杀害被继承人杨某1，杨某1自身具备劳动能力和生活自理能力，王某在婚姻关系存续期间与婚外异性同居并生育子女，亦不构成对杨某1的遗弃，本案也不存在为争夺遗产而杀害其他继承人，以及伪造、篡改或者销毁遗嘱，情节严重的情形，故若要认定王某丧失对杨某1的继承权，只能对“虐待”进行适度地扩张解释。

在司法实践中，认定虐待，通常还需考虑时间因素，即需较长期间的残暴对待，方构成法律上的“虐待”。本案中，虽然王某对杨某1存在家庭暴力，但“家庭暴力”不等于“虐待”，需长期的家庭暴力方能构成虐待。因本案并非离婚纠纷诉讼，故关于王某存在家庭暴力的事实缺乏充分的证据佐证，无法通过认定家庭暴力进而认定存在虐待被继承人的行为，何况丧失继承权还需达到虐待被继承人情节严重的程度。但在本案中，被继承人杨某1在与王某的一次冲突中死亡，综合考虑王某在该次冲突中的具体行为——持刀砍坏杨某1所在卧室的房门、对杨某1进行辱骂和恐吓，以及该行为间接导致的后果——杨某1因恐惧爬上卧室空调外机并不慎坠楼身亡，可以认定王某对杨某1已经构成虐待，且导致了杨某1死亡的严重后果，根据上述法律规定，王某丧失对杨某1遗产的继承权。

本案判决基于对现有法律、司法解释规定进行符合法律逻辑和朴素正义观的灵活解释，作出了公正的判决，取得了良好的社会效果，且对今后类案的审理和裁判均有示范效应。

编写人：北京市朝阳区人民法院　赵靓

33

继承纠纷中房改房权属认定及分割规则

——徐某4等诉徐某5等分家析产、继承案

【案件基本信息】

1. 裁判书字号

北京市第一中级人民法院（2022）京01民终5696号民事判决书

2. 案由：分家析产、继承纠纷

3. 当事人

原告（被上诉人）：徐某4

原告：陈某、徐某

被告（上诉人）：徐某5、徐某2、徐某3

【基本案情】

徐某1与李某系夫妻，二人生育三子一女，分别是长子徐某2、次子徐某3、三子徐某4、女儿徐某5。徐某4与陈某系夫妻关系，徐某系二人之女。李某于2012年8月30日死亡。徐某1于2020年5月3日死亡。

1996年9月10日，徐某1（乙方）与北京市某物业公司（甲方）签订《北京市城市住宅房屋拆迁安置补助补偿协议书》，约定乙方住址北魏胡同27号，在拆迁范围内有正式住房2间，居住面积28.5平方米，有正式户口4人，应安置人口5人；直接安置：601号（房屋一间）、402号（房屋三间），甲方支付乙方拆迁奖4万元整。乙方居住公房的，要服从当地区、县人民政府和房屋产权单位住房制度改革。协议签订后，乙方在1996年9月17日前应将原住房腾空交甲方拆除。

1996年9月16日，徐某1（承租人，乙方）与北京市某物业公司（出租方，甲方）签订《北京市公有住宅租赁合同》，约定乙方承租甲方402号房屋，砖混结构，使用面积为61.5平方米，居室3间，此外，双方还对租金和其他权利义务进行了约定。原有住房拆迁后安置的另一套公房601号房屋由徐某5承租。

2010年11月16日，徐某1（购买方，甲方）与某有限公司（销售方，乙方）签订《房屋买卖合同书》，约定乙方向甲方出售甲方现住的乙方拥有产权的房屋，甲方购买房屋为402号，总建筑面积87.67平方米（其中包括阳台3.83平方米），甲方新购房屋按房改价格政策，每平方米售价1290元，实际房价款37537元。2013年1月15日，徐某1取得了402号房屋的所有权证。徐某5出资购买了601号房屋。2013年1月，徐某5取得了601号房屋的所有权证。原被告双方对402号房屋权属性质及归属产生争议。

【案件焦点】

1. 关于使用被继承人工龄优惠和房屋安置人出资所购的“房改房”的权属认定；2. 关于使用被继承人工龄优惠和房屋安置人出资所购的“房改房”权属比例的认定标准。

【法院裁判要旨】

一审法院经审理认为：遗产是自然人死亡时遗留的个人合法财产。继承从被继承人死亡时开始。本案争议焦点在于案涉402号房屋是否属于被继承人徐某1的遗产或者有无其遗产份额。402号房屋在进行房改之前属于拆迁安置的公租房，徐某1作为承租人，后该房屋于2010年房改时出资购买成为个人产权。对于该房屋的出资，法院结合徐某1于2014年10月17日订立遗嘱时自己对房屋出资的描述及庭审时徐某4和徐某5的陈述，能够达到高度盖然性的证明标准，法院认定402号房屋购房款系由徐某4出资购买。徐某5、徐某2等主张402号房屋购房款是由徐某1交付，但并未提供相应证据予以证明，法院对此不予采信。鉴于双方均陈述在购买该房屋时使用了徐某1的工龄政策福利折抵了部分购房款，因此该工龄政策福利对诉争402号房屋具有相应的财产价值，换言之，徐某1对402号房屋也享有一定的财产权益。402号房屋虽登记在徐某1名下，但法院根据出资和工龄折抵房款情况，认定402号房屋属于徐某1和徐某4共有。结合双方的陈述和当时购房时的房改政策和工龄折抵情况，法院酌情认定徐某4对402号房屋享有60%的财产权益，徐某1对402号房屋享有40%的财产权益。

继承开始后，按照法定继承办理；有遗嘱的，按照遗嘱继承或者遗赠办理；有遗赠扶养协议的，按照协议办理。鉴于徐某1生前订立的案涉两份遗嘱均无效，故应按法定继承办理。涉案402号房屋中属于徐某1的财产份额，在其去世后，相应的财产份额属于其遗产。徐某1去世后，共有徐某2、徐某3、徐某5、徐某4四名法定继承人，法院酌情认定徐某1遗留在402号房屋中的财产份额由上述四人平均继承，即每人继承10%的份额。继承发生后，徐某2、徐某3、徐某5每人继承402号房屋10%的财产份额，徐某4享有70%的份额。关于徐某4、陈某、徐某主张402号房屋由徐某4一人所有及徐某2、徐某3、徐某5要求402号房屋由四位子女平均继承，双方主张均缺乏事实和法律依据，法院不予支持。关于徐某4、陈某、徐某要求徐某2、徐某3、徐某5配合徐某4办理涉案402号房屋过户登记手续，依据不足，法院不予支持。一审法院作出如下判决：

一、登记在徐某1名下的402号房屋由徐某4继承和享有70%的份额，由徐某2、徐某3、徐某5分别继承10%的份额；

二、驳回徐某4、陈某、徐某的其他诉讼请求；

三、驳回徐某2、徐某3、徐某5的其他诉讼请求。

二审法院确认一审法院认定的事实和证据。二审法院经审理认为，该案的争议焦点为402号房屋的权属性质及应如何分割。根据已查明的事实，402号房屋系由北魏胡同27号拆迁安置、房改房成本价购买所得，本院综合在案证据认定402号房屋为徐某4一家与徐某1夫妇的家庭共有财产，具体理由如下：首先，北魏胡同27号拆迁时，被拆迁人为徐某1，402号房屋系由徐某1在与徐某1、李某婚姻关系存续期间作为被拆迁人、公有住宅承租人、房改房购买人折抵工龄政策福利成本价购买取得，且产权登记在徐某1名下。不动产物权的设立、变更、转让和消灭，经依法登记，发生效力。因此，徐某1及配偶对402号房屋享有权益。其次，北魏胡同27号拆迁时，根据徐某1与北京市某物业公司签订的《北京市城市住宅房屋拆迁安置补助补偿协议书》，应安置人口还包括：李某、徐某4、陈某、徐某。根据上述协议书所依据的1991年10月1日施行的《北京市实施〈城市房屋拆迁管理条例〉细则》对于安置面积的规定，徐某4、陈某、徐某作为应安置人口的客观构成状况对于402号房屋面积的核定具有一定积极作用。徐某4主张其为房屋出资的事实，虽无直接的转账记录或付款凭证，但因时间较为久远，考虑到当时的支付条件、方式及付款金额，结合徐某1于2014年10月17日订立遗嘱时自己对房屋出资的描述及一审庭审时徐某4和徐某5的陈述，可以认定徐某4对402号房屋出资具有贡献。综合以上安置主体、工龄折算、产权登记等情况，本院认为徐某1、李某夫妇享有 402 号房屋 60%份额为宜，剩余 40%份额由徐某 4 一家享有。徐某 4、陈某、徐某向一审法院起诉时即主张 402 号房屋归徐某 4 所有，应视为陈某、徐某同意将其对于 402 号房屋享有的权益归属于徐某 4，本院对此不持异议。一审法院对于房屋份额比例的认定欠妥，本院予以调整。继承开始后，没有遗嘱或遗赠的，按照法定继承办理。同一顺序继承人继承遗产的份额，一般应当均等。案涉两份代书遗嘱因不符合法定遗嘱形式应属无效，一审法院对此认定正确，本院予以确认。被继承人李某、徐某 1 先后去世，徐某 2、徐某 3、徐某 5、徐某 4 作为同一顺序继承人，应当均等继承遗产，各自继承徐某 1、李某 60%份额的四分之一。综上，本院确认徐某 4 享有和继承 402 号房屋 55%份额，徐某 2、徐某 3、徐某 5 分别继承 402 号房屋 15%份额。二审法院作出如下判决：

一、撤销北京市昌平区人民法院（2021）京 0114 民初 11772 号民事判决；

二、登记在徐某 1 名下的 402 号房屋由徐某 4 享有和继承 55%的份额，由徐某 2、徐某 3、徐某 5 分别继承 15%的份额；

三、驳回徐某 4、陈某、徐某的其他诉讼请求；

四、驳回徐某 2、徐某 3、徐某 5 的其他上诉请求。

【法官后语】

房改房，是依据国家住房制度改革政策由城镇居民出资购买的房屋，属于特定历史时期国家的福利性分房。房改房一般由职工按照成本价购置，主要由单位根据职务、职称、工龄、工资、家庭成员等多种因素，在房屋价值计算上给予职工的政策性福利优惠，故每个家庭只能享受一次，一般登记在参加房改的职工名下。历史遗留下的此类房屋仍有一定数量的存在，受房屋增值、个案差异、证据不足等因素影响，因房改房权属问题引发的继承纠纷在实务中较为常见。具体到本案，需厘定以下问题：

一、关于使用被继承人工龄优惠和房屋安置人出资所购的“房改房”的权属认定

“房改房”作为特定历史时期的福利性分房，其权属判断需综合考虑针对特定对象的工资补偿、非市场性、社会统筹性、福利一次性等因素，并结合出

资来源、购房时间、权属登记、房屋贡献值等情况。对于产权登记人以外的其他家庭成员是否享有房改房权益可综合考虑：(一) 是否为原有公有住房的承租人；(二) 福利分房时是否仅以职务、职级、职称、工龄等为条件，是否同时考虑了家庭成员实际居住条件；(三) 是否长期实际居住；(四) 是否为涉案房产内具有本市常驻户籍；(五) 是否为拆迁安置对象；(六) 拆迁时产权置换及安置公有住房新增面积补差及其他费用出资情况；(七) 购置房改房时房款出资情况；(八) 登记产权人之外的其他家庭成员是否丧失参加福利分房或另行购买房改房的权利；(九) 登记产权人之外的其他家庭成员是否参加过福利分房或另行购买过房改房，是否享受过住房补贴。

从婚姻关系角度来看，使用已故配偶工龄在内的政策优惠以福利成本价购置的房改房，属于夫妻关系存续期间的共同财产；从家庭关系角度来看，房屋拆迁安置人员反映了房屋拆迁安置之时家庭成员户籍登记、居住状况、房屋贡献值等情况，故应当综合考虑上述因素对房屋权属作出认定。本案中，402号房屋系由北魏胡同27号拆迁安置所得的公租房。房屋拆迁时，被拆迁人为徐某1，诉争房屋系徐某1与李某婚姻关系存续期间作为被拆迁人、公有住宅承租人、房改房购买人折抵工龄政策福利成本价购买取得，产权登记在徐某1名下，徐某1及配偶李某对诉争房屋享有权益。房屋拆迁时，徐某4、陈某、徐某均为被安置人，该客观构成状况对于诉争房屋面积的核定具有一定积极作用，且法院认定徐某4对402号房屋出资具有贡献，故徐某4、陈某、徐某对该房屋亦享有权益。

二、关于使用被继承人工龄优惠和房屋安置人出资所购的“房改房”权属比例的认定标准

在确定房改房权属比例时，应重点把握房屋的综合财产性价值与房屋出资价值。房改房权属争议通常会涉及公房承租人、名义购买人、实际出资人，在拆迁腾退情形下，还会涉及被拆迁人、被安置人员等多方利益，故在确定房改房权属时，应综合考虑职工职务、年龄、工资、家庭人口等多种因素在房屋价值计算上的体现，重点考量购房人购房资格、工龄、职级等利益转化的优惠价

款与被安置人员在购房过程中支付的房屋价款对房屋价值的贡献，确定房屋权属比例。就被继承人购买公房时根据工龄政策福利，使用已死亡配偶工龄折抵房款的，所获工龄政策福利能否折算后作为遗产分割的问题，即按成本价或标准价购买公房时，依国家有关政策折算已死亡配偶一方工龄而获得政策性福利的，该政策性福利所对应财产价值的个人部分应作为已死亡配偶的遗产予以继承。该政策性福利所对应的财产价值计算参考公式：（已死亡配偶工龄对应财产价值的个人部分÷购买公房时房屋市值）×房屋现值，上述裁判思路和计算方式为确定政策性福利所对应的财产价值衡量标准提供借鉴。

本案中，一审法院结合双方的陈述、房改政策和工龄折抵，酌情认定徐某4对402号房屋享有60%的财产权益，徐某1对402号房屋享有40%的财产权益。二审法院就购房资格、工龄、职级等利益转化的优惠价款与被安置人员对房屋分配面积、实际出资人支付房屋价款对房屋价值贡献进行重新衡量，在综合安置主体、工龄折算、产权登记等情况的基础上，对402号房屋权属比例认定予以调整，认定徐某1、李某夫妇享有诉争房屋60%份额，徐某4一家享有涉案房屋40%份额。

此外，房改房权属类案件多涉及当事人之间亲属关系因素，存在矛盾积重难返、调查取证困难、多方利益纠葛等现实困境，审理相关案件时应重点平衡居住利益与财产利益冲突，全面核查公房承租、购房出资、公房买卖、房屋腾退补偿等材料，尊重公房承租人、房屋出资人、名义购买人、实际居住人在办理房改房相关手续时的真实意思表示，综合房屋居住使用情况以及房屋现有价值等保障各方权益。

编写人：北京市通州区人民法院　刘晓静
北京市第一中级人民法院　张琳

34

债权人代位析产的前置条件及审查范围的认定

——张某诉谢某、赵某债权人代位析产案

【案件基本信息】

1. 裁判书字号

北京市第二中级人民法院（2022）京02民终13499号民事判决书

2. 案由：债权人代位析产纠纷

3. 当事人

原告（被上诉人）：张某

被告（上诉人）：赵某

被告：谢某

【基本案情】

谢某与赵某原系夫妻关系，二人于2007年10月26日登记结婚。位于北京市房山区良乡的案涉房屋于2013年4月16日购买并登记在谢某名下。案涉房屋《公积金贷款借款合同》显示借款人为谢某、赵某，借款金额为290000元。谢某与赵某于2021年5月25日经一审法院调解离婚，二人离婚时未对案涉房屋进行处理。

2016年7月29日，北京市东城区人民法院（以下简称东城法院）针对张某诉杜某、谢某民间借贷纠纷一案作出（2015）东民（商）初字第19519号民事判决书，判令杜某、谢某偿还借款本金1000000元及利息、违约金。上述判决生效后，张某向东城法院申请强制执行，东城法院对案涉房屋进行查封。

2021年2月23日，东城法院作出（2021）京0101执恢178号之一执行裁

定书，认为因未查找到谢某、杜某有可供执行的财产，裁定终结该院作出的（2015）东民（商）初字第19519号民事判决书的本次执行程序。

另查明，案涉房屋分别于2014年1月27日、9月9日办理抵押登记，抵押权人分别为北京市住房贷款担保中心、张某，义务人均为谢某，抵押金额分别为290000元、1200000元。

又查明，2017年11月13日，赵某以杜某、张某为被告，以谢某为第三人，向东城法院提起案外人执行异议之诉，请求确认赵某对位于北京市房山区良乡的房屋享有所有权，并停止对该房屋的执行，解除查封。东城法院于2018年9月19日作出（2017）京0101民初22183号民事判决书，判决确认位于北京市房山区某小区2号楼2层1-202号房屋由赵某与谢某共有，驳回赵某其他诉讼请求。赵某不服该判决，申请再审被驳回。

诉讼过程中，赵某和谢某提交了《借款合同》、民事案件起诉状、开庭笔录、《房屋抵押借款合同》、《公证书》、刑事裁定书、民事判决书、民事裁定书、执行裁定书等，证明张某与谢某之间的《借款合同》无效，东城法院作出的（2015）东民（商）初字第19519号民事判决无效，张某系职业放贷人，有违法犯罪行为，案涉债权属于套路贷。张某质证称，对上述证据材料的真实性认可，但不认可关联性和证明目的，上述证据材料所要证明的事项不属于本案审查范围。

【案件焦点】

1. 张某对案涉房屋进行代位析产的条件是否已经成就；2. 谢某与赵某对案涉房屋的份额如何确定；3. 张某与谢某、杜某的债权债务是否属于本案审查范围。

【法院裁判要旨】

北京市房山区人民法院经审理认为：关于张某对案涉房屋代位析产的条件是否成就。债权人代位析产诉讼是指人民法院民事执行程序中，被执行人无其他财产可供执行却与他人有共有财产，而被执行人及其他共有人拒绝析产以供被执行人履行债务的情形下，作为申请执行人的债权人有权以自己的名义代被执行人之位向人民法院起诉，请求共有人对共有财产进行析产。根据《最高人民法院关于人民法院民事执行中查封、扣押、冻结财产的规定》（2020年修正）第十二条的规定，债权人提起代位析产的条件包括：（一）该笔债务已经进入强制执行阶段，债务人名下无其他财产可供执行，执行案件已经终本；（二）共有财产已经被执行法院采取查封等执行措施；（三）债务人及共有人怠于履行对共有财产的析产义务，协议分割共同财产不能达成共识。本案中，张某针对谢某的债权已经进入强制执行阶段，案涉房屋已经被执行法院查封，谢某已无其他财产可供执行，执行法院终结本次执行程序，张某提起代位析产诉讼，要求对案涉房屋进行析产，予以支持。

赵某抗辩称，案涉房屋尚有银行贷款没有归还，债权人不能进行代位析产。经查，案涉房屋存在抵押权人为北京市住房贷款担保中心的抵押登记，抵押金额为290000元。法院认为，本案是在作为被执行人的谢某无其他财产可供执行的情况下，由申请执行人对案涉房屋提起的代位析产之诉，目的是确定被执行人可供执行的财产范围，而不直接涉及案涉房屋权属的变更及移转，因此，本案代位析产之诉确定案涉房屋相关权利人的份额对抵押权人行使抵押权并无任何影响。至于是否存在抵押权、是否有未还清的按揭贷款，不影响份额认定，赵某认为案涉房屋存在抵押贷款故无法进行析产的意见，法院不予采纳。

关于谢某与赵某对案涉房屋的份额如何确定。北京市东城区人民法院作出的（2017）京0101民初22183号生效民事判决已经确认案涉房屋由赵某与谢某共有，赵某主张案涉房屋归其个人所有，法院不予支持。根据一审法院查明，赵某与谢某在离婚时对案涉房屋并未进行分割，双方亦未举证证明就婚姻关系存续期间所得的财产进行了约定。夫妻共同财产一般应当均等分割，故赵某、谢某对案涉房屋应各占50%的份额。

赵某主张因谢某存在过错，其作为无过错方应当对案涉房屋享有更多份额，但赵某并未提交相应的证据证明谢某存在重婚、虐待、遗弃等过错情况，故对其该项主张，法院不予支持。赵某称在购买案涉房屋时，其与谢某口头约定案涉房屋实际权利人为赵某，谢某无份额，但赵某对此并未提交确实有效的证据予以佐证，法院不予采信。

关于张某与谢某、杜某之间的债权债务是否属于本案审查范围。债权人代位析产诉讼旨在解决被执行人与他人共有的财产在执行程序中已被法院查封的情况下，被执行人既不协议分割也不提起析产诉讼，导致被执行人在该共有财产中享有的权利不明确具体，并对申请执行人债权执行构成妨害，即出现执行僵局的情形。债权人提起代位析产诉讼的目的是以被执行人析产分割所得的财产实现其债权。债权人代位析产诉讼的前提条件是债权人与债务人之间的债权债务已经得到生效裁判的确认并已进入执行程序，故在债权人与债务人之间债权债务业已确认的情况下，本案无须也不应对债权人与债务人之间的债权债务进行重复评价，故赵某提出的关于张某与杜某、谢某之间债权债务的异议，不属于本案的审查范围。对赵某、谢某提交的关于张某与杜某、谢某之间债权债务的证据材料，法院不予审查确认。对赵某关于通知杜某出庭作证、申请法院调查取证的申请，因其申请证明的事项系张某与杜某、谢某之间的债权债务，与本案中对案涉房屋的析产无关，法院不予准许。

北京市房山区人民法院依照《最高人民法院关于人民法院民事执行中查封、扣押、冻结财产的规定》（2020 年修正）第十二条、《最高人民法院关于适用〈中华人民共和国民事诉讼法〉的解释》第九十条的规定，作出如下判决：

登记在谢某名下的位于北京市房山区良乡的房屋归谢某、赵某共有，二人各享有该房屋百分之五十的份额。

赵某不服一审判决，提起上诉。北京市第二中级人民法院同意一审法院裁判意见，依照《中华人民共和国民事诉讼法》第一百七十条第一款第一项之规定，作出如下判决：

驳回上诉，维持原判。

【法官后语】

本案争议的问题是：一、张某对案涉房屋进行代位析产的条件是否已经成就；二、谢某与赵某对案涉房屋的份额如何确定；三、张某与谢某、杜某的债权债务是否属于本案审查范围。

一、债权人代位析产的条件认定

本案的争议焦点之一是张某作为谢某的债权人，其提起代位析产的条件是否成就。根据《最高人民法院关于人民法院民事执行中查封、扣押、冻结财产的规定》（2020年修正）第十二条的规定，债权人提起代位析产诉讼，需要具备以下条件：（一）债权人与债务人之间存在合法有效的债权债务关系。（二）该笔债务已经进入强制执行阶段，债务人名下无其他财产可供执行。债权人提起代位析产诉讼，债权人的基础债权案件还需已经进入终结（本次）执行。因为债权人代位析产的前提条件之一是债务人无其他财产可供执行。只有证明债务人自身已无其他财产可供执行，债权人才能代位分割其与其他共有人的财产。（三）需已对共有物采取了“查、扣、冻”等强制措施为前置条件。代位析产诉讼的根本目的在于确定共有财产中可供执行的被执行人的份额，以实现对标的物最终处分的路径。共有财产的共有人收到人民法院查封、扣押、冻结共有财产的通知后，该共有人不协议分割共有财产，也未提起析产诉讼，此时申请执行人方可代位提起析产诉讼。申请执行人代位提起析产诉讼应属伴生于查封措施而产生的附随诉讼，应当以具备查封、扣押、冻结等强制措施为前提条件。（四）债务人及共有人怠于履行对共有财产的析产义务，协议分割共同财产不能达成共识。本案中，张某针对谢某的债权已经进入强制执行阶段，案涉房屋已经被执行法院查封，谢某已无其他财产可供执行，执行法院终结了本次执行程序，张某作为债权人提起代位析产诉讼的条件均已具备。

关于案涉房屋尚未还清按揭贷款，债权人能否代位析产。本案中，赵某辩称案涉房屋尚有银行贷款没有归还，债权人不能进行代位析产。债权人代位析产诉讼是确认之诉，案涉房屋虽尚欠银行按揭款未予清偿，但不影响该房屋属于夫妻共同财产的法律属性，债权人代位析产诉讼仅解决财产份额认定问题，至于房产是否还有未还清的按揭贷款问题，不影响份额认定。

二、债权人提起代位析产后财产份额的确定

债务人与其配偶之间对婚内财产没有约定的，一般按照各占50%进行认定、分割，不受出资份额、家庭贡献多少影响。本案中，关于谢某与赵某对案涉房屋的份额。北京市东城区人民法院作出的（2017）京0101民初22183号生效民事判决已经确认案涉房屋由赵某与谢某共有。赵某与谢某在离婚时对案涉房屋并未进行分割，赵某、谢某未举证证明双方就婚姻关系存续期间所得的财产进行了约定，或对案涉房屋进行了有效分割，赵某亦未举证证明谢某存在重婚、虐待、遗弃等过错行为，故对双方的夫妻共同财产应当均等分割，认定赵某、谢某对案涉房屋应各占50%的份额。

三、债权人与债务人的基础债权债务是否属于债权人代位析产案件的审查范围

关于赵某对张某与谢某、杜某之间的债权债务提出的异议。本案是债权人提起代位析产诉讼。债权人代位析产诉讼的前提条件是债权人与债务人之间的债权债务已经得到生效裁判的确认并已进入执行程序，在债权人与债务人之间债权债务业已确认的情况下，本案无须也不应对债权人与债务人之间的债权债务进行重复评价。债权人代位析产诉讼解决的是被执行人共有财产份额的认定、分割问题，除此之外的请求非该类案件的处理范围。因此，赵某提出的关于张某与杜某、谢某之间债权债务的异议，不属于本案的审查范围。

编写人：北京市房山区人民法院　朱乐

35

债务人已离婚情况下债权人“代位析产”情形的认定

——高某某诉刘某某、陈某某代位析产案

【案件基本信息】

1. 裁判书字号

福建省厦门市中级人民法院（2022）闽02民终6733号民事判决书

2. 案由：代位析产纠纷

3. 当事人

原告（上诉人）：高某某

被告（上诉人）：刘某某

被告（被上诉人）：陈某某

【基本案情】

2016年，高某某以民间借贷纠纷起诉刘某某、陈某某。该案经一审、二审、再审后，厦门市中级人民法院于2020年3月30日作出（2019）闽02民再18号民事判决书（2020年4月10日生效），判决：1. 刘某某应于本判决生效之日起十日内偿还高某某借款100万元和资金占用利息（利息以100万元为基数，按年利率6%自2016年6月12日起计至本判决确定的还款日止）；2. 刘某某应于本判决生效之日起十日内支付高某某财产保全费5000元。

2020年5月8日，高某某依据上述再审判决向法院申请执行，法院穷尽财产调查措施后，未查找到刘某某名下可供执行的财产，裁定终结本次执行程序。

2010年12月16日，陈某某购买了位于厦门市湖里区东的案涉房产。2011年2月17日，陈某某与刘某某登记结婚。2012年10月12日，二人登记离婚并在《离婚协议书》中确认上述房产属于陈某某婚前财产，归陈某某所有。2013年3月26日，陈某某与刘某某生育一子。2013年4月18日，上述房产办理了《厦门市土地房屋权证》，登记权利人为陈某某。2013年7月8日，陈某某与刘某某办理复婚登记。2016年5月20日，陈某某提起离婚诉讼，被驳回诉讼请求。2019年1月25日，陈某某再次提起离婚诉讼，经法院作出（2019）闽0206民初1567号民事判决书（2019年6月19日生效），判决准予双方离婚。

在高某某与刘某某、陈某某民间借贷纠纷案件的再审审理过程中，陈某某确认刘某某在2010年支付了案涉房产的部分首付款，且陈某某与刘某某复婚后，刘某某不定期支付陈某某2000元至8000元，该款用于偿还房贷及日常生活开支。

本案诉讼过程中，厦门市湖里区人民法院依高某某的申请，委托房地产评估公司对案涉房产2013年7月8日及2019年6月19日的市场价值进行评估。2021年11月11日，房地产评估公司作出《房地产估价报告》，估价结果为案涉房产 2013 年 7 月 8 日的市场估价为 2389700 元、2019 年 6 月 19 日的市场估价为 6240200 元。高某某为此支出鉴定费 21260 元。

本案审理过程中，高某某及陈某某经对案涉房产的贷款记录核实后，共同确认 2013 年 7 月 8 日至 2019 年 6 月 19 日，案涉房产共计还贷金额为 566334.05 元，其中还贷利息为 283413.85 元。另，高某某为本案支出财产保全费 5000 元。

【案件焦点】

债务人离婚后，债权人能否就婚姻关系存续期间的夫妻共同财产提起代位析产诉讼。

【法院裁判要旨】

福建省厦门市湖里区人民法院经审理认为：依据《最高人民法院关于人民法院民事执行中查封、扣押、冻结财产的规定》第十二条第三款规定，经生效裁判认定刘某某应偿付高某某借款，而刘某某名下无其他财产，该判决尚未执行到位，高某某作为该案申请执行人有权就刘某某共有财产代位提起析产诉讼。因案涉房产涉及婚姻关系，应适用婚姻家庭法律规定审理。因本案纠纷的法律事实发生在民法典施行前，根据《最高人民法院关于适用〈中华人民共和国民法典〉时间效力的若干规定》第一条第二款的规定，法院依法适用当时的法律、司法解释相关规定审理。案涉房产系陈某某与刘某某第一次登记结婚前购买，2012 年 10 月 12 日离婚时明确该房产属于陈某某婚前财产，归其所有。2013 年 7 月 8 日二人复婚后至 2019 年 6 月 19 日二人解除婚姻关系，该期间案涉房产的按揭还款来源于夫妻共同财产，根据《最高人民法院关于适用〈中华人民共和国婚姻法〉若干问题的解释（三）》第十条规定，该房屋归陈某某所有，陈某某应就婚后支付的按揭贷款及相应增值部分补偿刘某某相应对价。具体对价金额的计算过程为：第一步计算房产的升值率，即离婚时房产价格÷（结婚时房产价格+共同还贷的利息部分+其他费用），由此得出上述房产的升值率为 6240200 元÷（2389700 元+283413.85 元+52756.08 元）≈228.9%；第二步计算非产权登记一方所得补偿款，即共同还贷部分×不动产升值率÷2，具体为 566334.05 元×228.9%÷2＝648169.32 元。另，本案因提起代位析产诉讼所产生费用应由刘某某、陈某某各承担一半。

福建省厦门市湖里区人民法院于 2022 年 8 月 29 日作出（2021）闽 0206 民初 10049 号民事判决，判决如下：

一、福建省厦门市湖里区案涉房产归陈某某所有，陈某某补偿刘某某 648169.32 元；

二、刘某某于本判决生效之日起七日内支付高某某财产保全费 2500 元、鉴定费 10630 元；

三、陈某某于本判决生效之日起七日内支付高某某财产保全费 2500 元、鉴定费 10630 元。

宣判后，陈某某提起上诉。

福建省厦门市中级人民法院作出民事判决：驳回上诉，维持原判。

【法官后语】

债权人代位析产诉讼旨在明确被执行人的责任财产范围，推动执行案件进一步处置明确财产，以清偿申请执行人的债权。近年来，在债务人因离婚致使财产不足时，代位析产诉讼逐渐成为债权人破解执行困境的有效方案。《最高人民法院关于人民法院民事执行中查封、扣押、冻结财产的规定》第十二条第三款规定，“共有人提起析产诉讼或者申请执行人代位提起析产诉讼的，人民法院应当准许”。即，在被执行人无其他财产可供执行，却与他人有共有财产，且其共有财产份额不确定的情况下，申请执行人可以自己的名义代被执行人之位向人民法院起诉，请求共有人对共有财产进行析产。本裁判着重探讨在债务人已离婚的情况下，债权人能否对婚姻关系存续期间的共有财产提起代位析产诉讼，旨在对债权人代位析产诉讼进行解析，以期破解执行僵局，维护债权人合法权益。

债权人代位析产纠纷的法律依据为《最高人民法院关于人民法院民事执行中查封、扣押、冻结财产的规定》第十二条第三款规定，关于此类案件的案由选择，在 2021 年之前未有单独对应的案由。司法实践中，此类案件散落分布在债权人代位权纠纷、共有物分割纠纷以及婚姻家庭案件纠纷等诸多案件中。2021年1月1日生效的《最高人民法院关于印发修改后的〈民事案件案由规定〉的通知》中，在共有纠纷项下增加了债权人代位析产纠纷。至此，此类案件正式有了对应的案由。

债权人代位析产诉讼应符合以下四个条件：(1) 债权人对作为财产共有人之一的债务人享有债权，且该债权已得到法律上的确认；(2) 债权人就生效债权已向法院申请强制执行；(3) 除共有财产外，被执行人名下无其他可供执行的财产；(4) 财产共有人都未主张或怠于对共有财产进行析产分割。具体到本案，其特殊性在于，刘某某与陈某某在初次离婚时虽已对房产作出分割，但在复婚后又共同为该房产偿还贷款，该房产的按揭还款来源于夫妻共同财产。根据《最高人民法院关于适用〈中华人民共和国婚姻法〉若干问题的解释（三）》第十条规定，该房产归陈某某所有，陈某某应就婚后支付的按揭贷款及相应增值部分补偿刘某某相应对价。依据《最高人民法院关于人民法院民事执行中查封、扣押、冻结财产的规定》第十二条第三款规定，“共有人提起析产诉讼或者申请执行人代位提起析产诉讼的，人民法院应当准许”，本案中经生效裁判认定刘某某应偿付高某某借款，而刘某某名下没有其他财产，该判决尚未执行到位，高某某作为该案的申请执行人，有权就刘某某的共有财产代位提起析产诉讼。

结合本裁判可见，代位析产诉讼是破解执行难题的一种救济手段，也是夫妻共同财产分割方式中较为特殊的一种。在司法实践中，偶见夫妻故意通过离婚规避债务，抑或将夫妻共同财产全部归于一方名下，致使债权人实现债权的渠道不畅通。在此类情形下，提起代位析产诉讼突破了主体限制，由共有人之外的第三人提起诉讼，能够更好地保障自身债权的实现。

编写人：福建省厦门市湖里区人民法院　王芳

二、继承纠纷

（一）法定继承纠纷

36

被继承人死亡前提下，可以适用亲子关系推定规则

——邓某诉郁某1等法定继承案

【案件基本信息】

1. 裁判书字号

上海市第一中级人民法院（2022）沪01民终4081号民事判决书

2. 案由：法定继承纠纷

3. 当事人

原告（被上诉人）：邓某

被告（上诉人）：郁某1、郁某2

被告：王某

【基本案情】

邓某1于2018年2月2日出生，其出生医学证明上载明的母亲姓名为邓某；父亲姓名一栏空白。邓某曾与案外人陈某登记结婚，双方于2017年8月11

日共同签订了《离婚协议书》，协议书载明“男女双方经商定达成自愿离婚协议，男方与女方于2017年6月5日在人民政府部门登记结婚，自登记日起并没有一起生活、没达成事实夫妻，现因夫妻感情彻底破裂，男女双方无共同财产，双方自愿离婚”。后双方于2017年8月14日在民政部门登记离婚并将上述《离婚协议书》在民政部门登记备案。

邓某在怀孕期间与韩某1拍摄孕肚照片，邓某1出生后亦与韩某1有不同时期的诸多合照。在韩某1、邓某及邓某1的录音中，韩某1说道：“一会儿爸爸跟你视频……”在邓某与韩某1的微信聊天记录中，韩某1称“一转眼，下的种子都会叫爸爸了……看到女儿心情就好，什么烦恼都没了……看看闺女，什么痛苦都没有了……看看漂亮的闺女，心情就好多了……”2018年至2020年，韩某1多次通过微信向邓某的微信转账并附言闺女满月、邓某1压岁钱、节日快乐。

韩某1于2020年1月21日因病死亡。韩某1的父亲韩某已于1977年去世，王某系韩某1的母亲。

邓某主张邓某1应作为继承人参与继承韩某1名下的雷克萨斯牌小型汽车。韩某1的配偶郁某1、郁某1与韩某1的婚生子郁某2不认可邓某1系韩某1的女儿，遂涉诉。

邓某在一审中提出鉴定申请：对邓某1和郁某2做兄妹亲子关系鉴定，对邓某1和王某做祖孙亲子鉴定。郁某2表示知晓法律后果及风险并拒绝配合鉴定。一审法院依法委托复旦大学上海医学院司法鉴定中心对邓某1和王某做祖孙亲子鉴定，但该鉴定中心根据“鉴定要求不符合司法鉴定执业规则或者相关鉴定技术规范”的规定，不予受理此案。

郁某2于二审中申请对郁某2、邓某1进行兄妹亲属鉴定。邓某同意鉴定。二审法院委托上海润家司法鉴定中心进行鉴定，后该司法鉴定中心出具不予受理通知书，载明该鉴定要求不符合相关鉴定技术规范。

【案件焦点】

邓某1是否系被继承人韩某1的子女之一，以此享有对被继承人韩某1的继承权。

【法院裁判要旨】

松江区人民法院经审理认为：首先，在邓某1的母亲邓某怀孕、生育及邓某1的成长过程中，韩某1一直以邓某1的父亲自称，且给予了一定的父亲式的关爱，邓某已尽举证责任，足以使法院采信邓某1系韩某1的女儿。其次，本案可以推定双方之间存在亲子关系。因父一方死亡，故邓某1虽无法单独提起亲子确认之诉，但可以在继承纠纷中一并认定亲子关系。其他可做亲子鉴定的当事人在享受继承权的情况下亦应当承担查清被继承人的法定继承人的义务。郁某2没有相反证据又拒绝做亲子鉴定的，法院可以认定请求确认亲子关系一方的主张成立，即邓某1系韩某1的子女之一。故判决韩某1名下的雷克萨斯牌小型汽车，在分出属于被告郁某1一半的夫妻共同财产后，对于剩下的份额在原、被告四人之间进行均分。

上海市第一中级人民法院受理郁某1、郁某2上诉后，经审理认为：在作出判决前，当事人未能提供证据或者证据不足以证明其事实主张的，由负有举证责任的当事人承担不利的后果。虽然郁某2同意进行亲子鉴定，但鉴于目前的技术原因，无法进行。一审相关的证据形成了证据链，足以使法院采信邓某系韩某1的女儿。现韩某1去世，邓某1有权以法定继承人的身份主张法定继承。故判决驳回上诉，维持原判。

【法官后语】

本案系一起典型的非婚生子女主张法定继承权而产生的继承纠纷案件。本案确定了在被继承人死亡的情况下，非婚生子女身份认定可以适用亲子关系推定规则。亲子关系推定规则的对象不仅适用于亲子关系之诉的父母与子女之间，也应包括其他可以做亲子鉴定的继承人。

适用亲子关系推定的正当性。首先，根据《中华人民共和国民法典》第一千一百二十七条规定，非婚生子女是其亲生父母遗产的合法继承人。证明亲子关系的直接证据是出生医学证明，次之是亲子关系法医学鉴定。多数情况下，出生证明上的父亲登记缺失。当被继承人突然去世时，可供做亲子鉴定的检材不复存在，非婚生子女难以获得证明亲子关系的直接证据。若亲子关系推定规则只限于父母子女，那么在被继承人已经死亡的情况下，显然无法由“另一方”进行明确的意思表示，原告的权利最终将无法得到有效保障。其次，对于其他可做亲子鉴定的当事人在享受继承权的情况下亦应当承担查清被继承人的法定继承人的义务，故其他可做亲子鉴定的当事人应当承担相关的鉴定配合义务。

亲子鉴定不能的前提下，本案法官通过综合考虑非婚生子女的母亲婚姻状态、出生证内容、孕妇照、其与被继承人的微信聊天和转账往来，一系列证据可以形成完整的证据链，通过形成内心确认，认定亲子关系存在。

综上，若其申请亲子关系鉴定但其他继承人表示明确拒绝或者鉴定不能的情况下，法庭可以根据现有证据进行综合认定，若达到内心确信的程度，可以认定亲子关系存在。

编写人：上海市松江区人民法院　王露露　张树腾

37

农村宅基地上的房屋及拆迁利益的权属认定规则

——蒋甲等诉蒋丁、蒋戊继承案

【案件基本信息】

1. 裁判书字号

江苏省徐州市中级人民法院（2021）苏03民终8449号民事判决书

2. 案由：继承纠纷

3. 当事人

原告（被上诉人）：蒋甲、蒋乙、蒋丙

被告（被上诉人）：蒋丁

被告（上诉人）：蒋戊

【基本案情】

蒋某某和史某某系夫妻关系，共育有五个子女，长子蒋丁、长女蒋乙、二女蒋甲、三女蒋丙、次子蒋戊。1985 年该家庭在宅基地上建造 96.9 平方米房屋，登记在蒋某某名下。蒋某某于 2002 年 3 月去世。2005 年老房屋被翻建为 240.88 平方米房屋，由史某某、蒋戊一家和当时未出嫁的蒋甲共同居住。2014 年宅基地上又新建 268.07 平方米房屋。各方对房屋翻建情况及出资说法不一。后因机场周边改造工程，该处房屋被拆迁，按照被征收人房屋合法建筑面积给予补偿安置。蒋戊于 2020 年 5 月 10 日与征收部门签订房屋征收补偿协议，补偿房屋价值 2554174 元、附属物 63084 元、搬迁过渡奖励 826059 元。史某某于 2021 年 4 月 9 日去世。蒋甲、蒋乙、蒋丙主张涉案房屋拆迁补偿安置利益属于史某某的遗产，应由兄妹五人平均继承分割。蒋丁同意蒋甲等人关于平均分割涉案房屋拆迁利益的意见。蒋戊认为被拆迁房屋是自己于 2005 年及 2014 年出资建造的，原先老房子已被推倒重建，翻建及新建房屋都是自己建造的，其他人无权分割。

【案件焦点】

被拆迁房屋对应的拆迁安置补偿利益是否属于史某某的遗产。

【法院裁判要旨】

江苏省徐州市云龙区人民法院经审理认为：涉案房屋翻建时，史某某尚健在且在房屋内居住生活，蒋戊主张有翻建房屋权利，应提供充足证据（书面约定、族人见证、家庭会议纪要等）证明史某某同意其翻建且所翻建房屋归其所有，否则即使其对房屋翻建有出资，一般也应视为对母亲的帮助、赠与。故翻建房屋的拆迁利益应作为史某某的遗产进行继承为宜；考虑到加建房屋时史某某已年老且无生活能力，且蒋戊一家长期在此居住，故加建部分的拆迁利益（包括附属物补偿款）归蒋戊所有为宜。搬迁过渡奖励等费用系补偿因搬迁发生的费用损失以及对配合拆迁的行为人的奖励，并非遗产，应属蒋戊所有为宜。关于史某某的其他遗产，法院结合案件事实依法处理。

江苏省徐州市云龙区人民法院判决如下：

一、史某某征地补偿款 108000 元由蒋甲、蒋乙、蒋丙、蒋丁、蒋戊各分得 21600 元；

二、本判决生效之日起二十日内于给付蒋甲、蒋乙、蒋丙及蒋丁房屋拆迁利益各 241772 元。

蒋戊不服一审判决，提起上诉。江苏省徐州市中级人民法院经审理认为：1985 年所建房屋的所有权证登记在蒋某某名下，2005 年该房屋被翻建，由史某某和蒋戊一家及当时未出嫁的蒋甲共同居住。蒋丁曾于 2020 年 7 月出具证明称“1985 年建造的房屋是父母按照农村习俗给蒋戊建的婚房，2005 年蒋戊又自己出资将老房子扒掉，重新翻建成两层楼房，2014 年又进行了扩建”。史某某亦于 2020 年 7 月出具同样内容的证明。以上事实能够证明蒋戊参与出资建设、翻建房屋，并按照农村习俗作为婚房在此结婚居住生活。虽然原房屋所有权证登记在双方父亲名下，但翻建后的房屋没有办理房屋权属登记，考虑当地农村有父母为儿子准备婚房的习俗，蒋戊作为家庭户内成员有权在宅基地上建造房屋，再结合蒋戊与母亲共同居住的事实，依照公平原则，对翻建后的房屋，应当由蒋戊与其母亲史某某共同共有，一审认定蒋戊即使对翻建有出资，应视为是对史某某的帮助、赠与，应属不当。因此涉案房屋拆迁补偿款的一半，应作为史某某遗产，由各继承人继承。

江苏省徐州市中级人民法院作出如下判决：

一、维持徐州市云龙区人民法院（2020）苏 0303 民初 2641 号民事判决第一项；

二、撤销徐州市云龙区人民法院（2020）苏 0303 民初 2641 号民事判决第二项；

三、本判决生效之日起二十日内于给付蒋甲、蒋乙、蒋丙及蒋丁房屋拆迁利益各 120886 元。

【法官后语】

农村居民居住状况延续家族群居的历史性特征，多代家庭成员同居一处共同使用房屋及附属设施较为常见，加之农村宅基地及宅基地上的房屋登记缺乏规范性，故在发生离婚、分家、继承或拆迁等法律事实时，家庭成员间往往因为利益分配产生矛盾纠纷，就宅基地使用权、房屋权属及拆迁安置补偿利益权属认定的诉讼纠纷亦日益繁多。本案即立足农村宅基地使用权的身份性、福利性和保障性、“一户一宅”等特点，正确合理认定宅基地上的房屋及被拆迁后拆迁安置补偿利益的权属，科学平衡家庭成员间各项利益。

一、农村宅基地使用权的归属认定规则

宅基地是指农村村民依法享有的，在集体所有的土地上建造、保有房屋及附属设施的用益物权。宅基地使用权具有以下特点：(1) 宅基地使用权人具有身份限制。根据物权法、土地管理法等法律法规及相关土地政策规定，有资格取得宅基地使用权的主体应当是村集体经济组织成员，非村集体经济组织成员无权取得该村的宅基地使用权。(2) 宅基地使用权具有福利性和保障性。集体经济组织成员通过申请取得宅基地使用权，无须缴纳使用费用，具有福利分配性质，同时村集体应确保集体经济组织成员的基本居住权，实现户有所居，具有社会保障功能。(3) 宅基地使用权以“户”为基本单元。宅基地按户配置，由户主代表全户向村委会申请获得，以“户”为单位作为权利主体，户内人员的增加与减少可能导致宅基地面积被增添或核减，只要“户”内仍有成员存在，宅基地使用权作为一个整体就当然存续。(4) “一户一宅”原则。一个家庭户只能配置一处宅基地。因农村住房非集约型建筑，土地利用率较低，加之土地资源紧张，可用于住房建设的宅基地资源更为紧张，我国土地管理法明确规定，农村村民一户只能拥有一处宅基地，农村村民出卖、出租、赠与住宅后，再申请宅基地的，不予批准。综合以上特点，“户”内村集体经济组织成员即家庭成员，作为一个整体共同享有该农村宅基地使用权，即每一名家庭成员均享有建造、使用宅基地上的房屋及附属设施和收益的权利。

本案中，涉案宅基地上住宅户内有史某某（蒋某某）一家及蒋戊一家，所有家庭成员均享有宅基地使用权，即有在宅基地上建造、使用房屋及附属设施的权利。蒋甲虽曾在涉案宅基地上的房屋内居住生活，但其出嫁后，户口从涉案家庭户内迁出，即不再享有涉案宅基地的使用权。

二、农村宅基地上的房屋权属认定规则

广泛施行的宅基地使用权制度是为有效解决农村居民的住房问题，故在司法实践中，宅基地上的房屋权属应全面考虑土改证、宅基地使用证、房屋所有权证、建房用地审批表、建房规划审批表、房屋扩建（翻建）审批表等文件上核定的家庭人员及实际出资出力建造房屋人员和房屋实际居住利用情况等因素综合认定。(1) 宅基地上的房屋有房屋所有权证，则所有权证上登记人员当然为房屋所有权人，但宅基地上的房屋遵循以“户”为单位的登记原则，决定了享有房屋所有权的人并非局限于登记人，宅基地上的户内所有家庭成员均享有该房屋所有权。(2) 宅基地上的房屋无房屋所有权证，则应遵循“房地一体”原则，根据宅基地使用证、建设审批表等文件确定宅基地上的户内人员，以此确定宅基地上的房屋权利人。(3) 宅基地上房屋相关证件登记人员与实际出资建造人不一致，原则上仍应坚守宅基地上的房屋保障村集体经济组织成员居住权的属性，现行法律规定也不允许将宅基地使用权转让给不具有申请宅基地建房资格的人员，故宅基地上建造的房屋应归宅基地上的户内人员所有，因房屋确权造成出资建造人损失的，应由实际受益人补偿。而当事人关于建造房屋另有约定的，应根据房屋状态如是否被拆迁、买卖、租用等，就宅基地房屋转化利益按照约定履行。

本案中，原房屋登记在蒋某某名下，蒋某某去世后，蒋戊将原房屋翻建并扩建，此时宅基地上的户内人员包括史某某及蒋戊一家。蒋戊作为家庭户内人员，享有宅基地使用权，即有权在宅基地上建造、翻建、扩建房屋。而原房屋因正当的翻建行为灭失，翻建和扩建后的房屋应属于户内家庭成员史某某及蒋戊一家所有。

三、宅基地上的房屋被拆迁后拆迁安置补偿利益分配规则

伴随城镇化进程的发展，为了公共利益的需要，政府依法对农民集体所有的宅基地予以征收或征用，对宅基地上的房屋及其附属设施予以拆除，并依法给予被拆迁人补偿，被拆迁人因拆迁行为获得补偿款或安置房，在此过程中原

本处于低价值的农村宅基地和房屋因拆迁安置财产价值迅速膨胀，致使原本对宅基地上的房屋权属不在乎的家庭成员因拆迁安置补偿利益巨大，纷纷争论起宅基地上的房屋及拆迁安置补偿利益的权属。

要厘清拆迁安置补偿利益的性质和权属，首先应明确拆迁权益的来源和功能，为正确分割拆迁权益奠定基础。宅基地上的房屋拆迁权益的主要内容包括房屋拆迁货币补偿款或拆迁安置房、宅基地使用权补偿款、搬家补偿费、安置补助费、搬迁奖励费等。(1) 被拆迁房屋的补偿和置换利益，应基于原房屋所有权归属认定权利人，一般为宅基地上共同居住的家庭成员共有，分割时所有权利人享有相等份额，但权利人之间另有约定的从其约定。若有证据证明家庭成员间在宅基地上的房屋的建造、装修、维修、保养等方面贡献不一，可根据贡献多少确定家庭成员间享有不同比例的拆迁利益。如宅基地上的房屋建成后多年保持不变，新出生的未成年人基于户内家庭成员身份，当然享有宅基地使用权及宅基地上的房屋所有权，但在房屋所有权比例确定上，可适当降低该未成年人所享有的份额。(2) 农村宅基地在一定程度上具有集体福利和社会保障的双重功能，[①] 具有极强的人身属性，并且按户计算。故宅基地使用权补偿款可被认为是为征用被拆迁人所享有的宅基地居住使用权利而向其所做的补偿，是对被拆迁人原有居住权受到损害的弥补，故宅基地使用权补偿款应由该户内所有成员共同享有。(3) 搬家补偿费、安置补助费、搬迁奖励费等系用于弥补因房屋被拆迁而居住生活受到不利影响的人员的损失，一般针对实际居住在被拆迁房屋内的人员，系对其因拆迁搬家及临时过渡租房所支出费用的补偿以及对其积极响应拆迁号召、及时进行搬迁行为的物质奖励，因此不能简单依据所占被拆迁房屋份额大小分割这些补偿费用或奖励，应从案件具体情况出发，结合相关人员因拆迁而受损失的实际情况，予以相应分割，难以区分损失大小的，由相关人员平均分割。

实践中还存在一方提供宅基地使用权、另一方提供资金，双方共建宅基地

---

① 参见李彦芳：《对我国农村宅基地使用权转让模式的立法构想——对解决物权法遗留问题的建议》，载《河海大学学报（哲学社会科学版）》第12卷第1期。

上的房屋情况，即使双方就宅基地上房屋权属作出约定，在“房地一体”原则下，宅基地上的房屋应属宅基地使用权人所有，出资人的损失可由受益人赔偿。但当共建的宅基地房屋被拆迁时，原房屋财产形式转化为拆迁安置补偿利益，原宅基地上的房屋所有权存在的资格限制被打破，转化为对拆迁安置补偿利益的所有权，故双方应享有宅基地上的房屋的份额转化为相应比例的拆迁安置补偿利益，比例的确定有约定的从其约定，无约定的可结合出资份额、因拆迁而受实际损失、财产增值状况等因素合理分割。

本案未涉及宅基地使用权人以外的参与建房的情况，涉案拆迁安置补偿利益的权属应依据原房屋所有权归属确定。被翻建房屋在翻建前由蒋某某、史某某一家及蒋戊一家共同居住生活；蒋某某去世后，蒋戊将房屋翻建并扩建，史某某与蒋戊一家继续在翻建后的房屋即被拆迁房屋内共同居住生活。家庭成员共同居住生活期间建造的房屋应属于家庭成员共有，故二审法院改判被拆迁房屋对应的拆迁安置补偿利益由史某某与蒋戊共同共有，史某某所享有的份额按照遗产继承。

四、社会主义核心价值观与公序良俗原则的合理适用

涉宅基地上使用权及其房屋纠纷多发生于家庭成员内部之间，原本和睦相亲的家人，因离婚、分家、继承或拆迁等事实，对家庭共有财产争夺不止、反目成仇，亲情逐渐淡漠。但家庭财产本就成就于家庭成员之间的共同努力、付出和密切来往，具体事实难以留痕、查证困难，且相互行为间多有帮助、赠与含义，故在确定家庭财产权属时，不能简单依靠举证责任分配等诉讼技术手段认定财产权属，同时应结合公平、诚信、友善及公序良俗等正确的价值理念进行处理。

本案关于宅基地上的房屋对应的拆迁安置补偿利益权属的认定，不仅综合考虑法律及政策规定、当事人对财产贡献大小、家庭成员具体生活状态及当地善良风俗等因素，同时充分考虑到蒋戊翻建房屋时，将原有房屋推倒破坏了史某某原有的财产权利，史某某在房屋翻建过程中亦会有所出资或出力，故在史某某与蒋戊一家分割涉案拆迁利益时，并未严格按照现有人口平均分割，根据

公平原则，由史某某与蒋戊一家各占一半份额，充分保障和平衡了双方当事人的合法利益。

编写人：江苏省徐州市中级人民法院　杜乙慧

38

再婚夫妻一方死亡其配偶存款的二分之一是否属于遗产范围

——叶某诉王某法定继承案

【案件基本信息】

1. 裁判书字号

浙江省丽水市中级人民法院（2022）浙11民终835号民事判决书

2. 案由：法定继承纠纷

3. 当事人

原告（上诉人）：叶某

被告（上诉人）：王某

第三人（上诉人）：潘某

【基本案情】

原告叶某系被继承人叶某某与前妻金某生育的女儿，第三人潘某系被继承人叶某某的母亲。被告王某系被继承人的配偶，两人于2021年4月30日登记结婚，未生育子女。被继承人叶某某于2021年10月28日因病去世，生前未留有遗嘱。被继承人叶某某的生父叶某甲于2017年6月14日因死亡注销户口，其继父葛某于2014年8月13日因死亡注销户口。

原告诉请的被继承人叶某某的遗产情况如下：

坐落于遂昌县三仁畲族乡×房屋，登记权利人为叶某某、王某，共有情况为共同共有，产权证号：浙（2021）遂昌县不动产权第×号；

车牌号为浙×小型轿车，登记权利人为叶某某，登记日期为2019年9月10日；

被继承人叶某某去世时的银行存款、支付宝、微信余额，合计人民币297931.36元；

被告在被继承人叶某某去世时的银行存款、支付宝、微信余额，合计人民币889199元；

被继承人叶某某、被告王某作为买受人与出卖人丽水×房产公司签署的商品房买卖合同，购买坐落于莲都区×幢×室房屋，已付购房款931876元；

被继承人叶某某经营的×幢×室、×室，××公寓×幢×室，××幢×室，×公寓×单元×室等房屋的经营及收益权。

另查明，第三人潘某与被继承人叶某某的生父叶某甲于1969年离婚，离婚时约定叶某某归生父叶某甲抚养，但实际上叶某某一直跟随母亲潘某生活。1970年，第三人潘某与葛某登记结婚。1990年9月，叶某某与金某登记结婚，婚后生育一女即原告叶某。1998年6月25日，叶某某因犯抢劫罪被判处无期徒刑。1998年7月2日，叶某某与金某经法院调解离婚，婚生女叶某跟随母亲金某共同生活。2012年9月12日，叶某某刑满释放。2021年3月30日，被告王某与前夫周某经法院调解离婚。2021年4月30日，叶某某与被告王某登记结婚。

再查明，叶某某与前妻金某离婚后，原告叶某与叶某某几无联系。叶某某生病住院期间，主要由被告王某陪护和照顾。

【案件焦点】

1. 叶某某去世时王某存款的二分之一是否需要作为遗产发生继承；2. 未尽赡养义务的继承人及再婚时间仅半年的配偶在继承份额上如何分配。

【法院裁判要旨】

浙江省丽水市莲都区人民法院经审理认为：关于遗产范围，案涉坐落于遂昌县三仁畲族乡×房屋，现登记为被继承人叶某某、被告王某共同共有，系夫妻共同财产，故该房屋的50%产权为遗产。车牌号为浙×小型轿车，登记权利人为叶某某个人，且购置于与被告王某婚前，系婚前个人财产，故该车辆为遗产。被继承人叶某某去世时的银行存款、支付宝、微信余额合计人民币297931.36元，被告在被继承人叶某某去世时的银行存款、支付宝、微信余额合计人民币889199元，系被继承人叶某某与被告王某的夫妻共同财产，其中50%份额作为被继承人遗产处理。被继承人叶某某、被告王某购买坐落于莲都区×幢×室房屋及×幢×室等房屋的经营及收益权，因涉及案外人且不属于已确定的债权，不适宜作为被继承人的遗产进行处理。

浙江省丽水市莲都区人民法院判决如下：

一、坐落于遂昌县三仁畲族乡×房屋［产权证号：浙（2021）遂昌县不动产权第×号］由原告叶某继承10%份额，被告王某享有和继承65%份额，第三人潘某继承25%份额；

二、车牌号为浙×小型轿车由原告叶某继承20%份额，被告王某继承30%份额，第三人潘某继承50%份额；

三、被继承人叶某某名下的银行存款、支付宝、微信余额由第三人潘某继承并所有，被告王某名下的银行存款、支付宝、微信余额由被告王某享有和继承；

四、被告王某于本判决生效之日起十日内向原告叶某支付账户余额继承补差款115764.23元，第三人潘某于本判决生效之日起十日内向原告叶某支付账户余额继承补差款2948.77元；

五、驳回原告叶某的其他诉讼请求。

叶某、王某、潘某均不服一审判决，提起上诉。浙江省丽水市中级人民法院同意一审法院裁判意见，判决：

驳回上诉，维持原判。

【法官后语】

一、再婚夫妻的遗产法定继承纠纷的判定

随着离婚率持续攀升，再婚家庭数量不断增加，遗产继承纠纷越来越多。这类案件具有以下三个特征：（1）继承主体复杂。再婚家庭构成复杂，与初婚相比涉及多个家庭，包含再婚配偶、与原配的子女、与再婚配偶的继子女，与再婚配偶生育的子女等多个继承主体。如果被继承人父母健在则会涉及更多的人员。(2) 财产关系多样。分割遗产时，一般需将再婚期间的夫妻共同财产进行分割，属于被继承人的财产份额和婚前个人财产转为遗产进行继承。财产分割中既包含继承法律关系，也包含婚姻法律关系。(3) 法院处理困难。再婚家庭的子女与再婚配偶缺乏情感基础，双方针锋相对，对法院的调解抵触情绪大。虽然法律明确规定婚前财产属于夫妻个人财产，归个人所有，但是有些财产比如存款，判定属于婚前财产还是婚后财产在实践中还是很有难度。

再婚夫妻的遗产法定继承较之原配夫妻的遗产法定继承具有其特殊性。因为在我国，成年子女在原配夫（妻）率先去世时，一般不会提出先行分割去世长辈遗产的请求。子女因遵守中华民族传统美德之中的孝道，维护家庭和谐以及考虑到丧偶父（母）的心理感受，而非真正放弃了其对遗产的法定继承权。但在再婚家庭中，由于各方当事人之间并无太深的情感羁绊，很容易出现对被继承人的遗产斤斤计较的场面，从而导致本案中成年子女对继母存款的二分之一要求认定为遗产范围的情况发生。

根据法律规定，婚姻关系存续期间所得的财产属于夫妻共同财产，归夫妻共同所有。婚姻关系存续期间所得的夫妻共同财产，除夫妻双方另有约定外，在配偶一方死亡时，应当先对夫妻共同财产进行认定和分割，并分出一半为生存配偶所有，一半作为死者遗产进行继承。被继承人的个人财产和共同财产的一半为其所有遗产，如果死者生前没有立遗嘱，其生存的配偶与其他第一顺位的继承人，包括被继承人的子女、父母按照法定继承分配其遗产。因此，本案中王某的存款应当被认定为夫妻共同财产，其二分之一属于被继承人的遗产发生继承。

二、对再婚家庭遗产法定继承的提示

1. 婚前财产公证。婚前财产协议是指夫妻就其婚前财产的归属、管理、使用、处分、收益等事项所作出的书面协议。根据《中华人民共和国民法典》第一千零六十五条规定，夫妻可以在婚前自由约定哪些财产归自己所有，由自己使用、收益和处分。当涉及离婚或者一方去世需要分割财产时，如果有婚前财产协议，会先根据协议约定进行处理。

2. 设立遗嘱。“遗嘱是指人生前在法律允许的范围内，按照法律规定的方式对其遗产或其他事务所做的个人处理，并在立遗嘱人死亡时发生效力的法律行为。”再婚夫妻双方如果能够事先将个人财产根据自己的意愿立下遗嘱，就能避免离世后再婚配偶与父母、子女之间因遗产继承而发生纠纷。

3. 推进多元化纠纷解决机制。多元化纠纷解决机制是深化司法改革的重要举措，其能调用社会各方力量参与纠纷解决，减少当事人之间的对抗性，有效节约司法资源。再婚家庭的遗产继承纠纷不仅涉及法律问题，还牵扯亲情，单靠判决无法真正解决问题，还极有可能造成家庭成员之间反目，通过多元化纠纷解决机制解决再婚家庭的遗产继承纠纷，可以达到法理、情理、事理统一的效果。

编写人：浙江省丽水市莲都区人民法院　邱湘玲　赵敏冲

39

丧葬慰问礼金的性质认定及分配规则适用

——张某某诉田某等婚姻家庭案

【案件基本信息】

1. 裁判书字号

重庆市第三中级人民法院（2022）渝03民终1503号民事判决书

2. 案由：婚姻家庭纠纷

3. 当事人

原告（反诉被告、上诉人）：张某某

被告（反诉原告、被上诉人）：田某、杨某

被告（被上诉人）：李某某

【基本案情】

田某、杨某系田某某与前妻所生之女，李某某系张某某与前夫所生之女。张某某与田某某于1998年4月20日登记结婚，均系再婚。田某某与张某某再婚后，李某某未与田某某和张某某一起生活，也未与田某某形成抚养关系。田某某于2021年10月13日因病死亡后，张某某与田某、杨某共同办理了丧事，收到各亲朋好友赠与的慰问礼金105000元，赠礼人及赠礼金额均记载于一本礼金登记簿上，该礼金登记簿及礼金均存于张某某处。后双方对办理丧事的费用分摊及礼金的分配等发生争议，张某某起诉至法院。

诉讼中，张某某主张其支付了包括火化费、治丧服务费等丧葬费用87327元，对于105000元的慰问礼金，张某某认为应属其个人所有。田某、杨某仅认可张某某为办理丧事花费68648元，主张收取的慰问礼金应先扣除此部分花费，剩余礼金在三人之间平均分配。

【案件焦点】

案涉丧葬费用应如何分摊及丧葬慰问礼金应如何分配。

【法院裁判要旨】

重庆市涪陵区人民法院经审理认为：在办理田某某的丧葬事宜中收取的慰问礼金，主要是表示对田某某的悼念，其次才是表达对田某某亲人的安慰。该礼金，应当首先用于办理田某某的丧事，禁止借办理丧事而谋利，即该丧葬慰问礼金，应先扣除相应的丧葬费用支出，剩余礼金归田某某的亲人共同所有，在张某某、田某、杨某之间平均分配。

重庆市涪陵区人民法院依照《中华人民共和国民法典》第一百七十六条、第一千零七十二条，《中华人民共和国民事诉讼法》第六十七条第一款的规定，判决如下：

一、张某某在判决生效后十日内给付田某12098元，给付杨某12012元；

二、驳回张某某、田某、杨某的其他诉讼请求。

张某某不服一审判决，提起上诉。重庆市第三中级人民法院经审理认为：

张某某系田某某的配偶，田某、杨某系田某某的子女，三人应共同负担田某某丧葬事宜的支出。丧葬慰问礼金产生于田某某离世后，并非遗产，系赠礼者因其与逝者及逝者近亲属之间的特定友好情感关系而通过礼金形式表达的对逝者的哀悼及对逝者近亲属的慰问，具有物质帮助与精神安慰双重属性。赠礼者在逝者近亲属中明示了具体抚慰对象的，按其意思表示确定给特定的抚慰对象；赠礼者没有明示具体抚慰对象的，其赠送的礼金应当视为对逝者所有有权接受慰问的近亲属的抚慰金，理应平均分配。二审期间，张某某举示了部分赠礼人的证言，证明合计57100元的礼金系赠与张某某个人，该部分礼金应由其个人所得。剩余礼金，则在张某某等三人间平均分配。

重庆市第三中级人民法院依照《中华人民共和国民法典》第六条、第八条、第一百七十六条、第一千零七十二条，《中华人民共和国民事诉讼法》第一百七十七条第一款第二项规定，判决如下：

一、撤销重庆市涪陵区人民法院（2022）渝0102民初1724号民事判决；

二、田某在本判决生效后十日内支付张某某6935.33元，杨某在本判决生效后十日内支付张某某7097.33元；

三、驳回张某某、田某、杨某的其他诉讼请求。

【法官后语】

依据我国民间习俗，在操办白事时，操办者的亲朋好友往往会赠与适当的礼金，以表达对受赠人失去至亲所受伤害的精神抚慰，亦有助于解决受赠人办理丧葬事宜等可能面临的经济窘况，此系中华民族传统美德中友善互助精神的体现，符合社会主义核心价值观。然而民法典并未对丧葬礼金的性质及分配方式做明文规定，司法实践中对此处理不一。厘清丧葬慰问礼金的正确含义，有助于统一裁判标准，实现“同案同判”。

1. 丧葬慰问礼金的性质。对于丧葬礼金的性质，法律并无明文规定。通常意义上，丧葬礼金是指逝者近亲属为逝者操办丧事，逝者生前的亲友或逝者近亲属的亲友所赠与的金钱。究其来源大体包括：（1）逝者的亲友所赠；（2）逝者父母、子女、配偶等近亲属的亲友所赠；（3）逝者生前所在的单位等有关社会组织所赠。从礼金的来源可看出，丧葬礼金并非赠与逝者，而是赠与逝者近亲属的，系赠与者因其与逝者近亲属之间的特定友好情感关系而通过礼金形式对逝者特定的近亲属的一种物质帮助与精神安慰。该礼金发生于逝者离世后，并非遗产，其法律性质为一种特殊的精神抚慰金。

2. 丧葬慰问礼金的分配规则。如上所述，对于该礼金的分配规则，法律亦无明文规定，应依据公序良俗原则中关于丧葬礼金所包含特定精神（情感）抚慰金的属性所指向的具体抚慰对象确定其归属。具体而言，首先按照当地风俗习惯协商处理；其次按照礼金来源和抚慰对象分配；最后无法按照前述两种规则分配的，平均分配。之所以确立上述递进式的分配规则，是考虑到此种礼金体现了民间物质互助、情感互通、彼此友好往来的良好风尚，通常依据民间习俗是需要收礼者在送礼者操办婚丧嫁娶等人生大事时返送的。通过适当的礼金赠与等物质帮助，既可以表达赠礼人对受赠人失去至亲所受伤害的精神抚慰，亦有助于解决受赠人办理丧葬事宜可能面临的经济窘况。此系中华民族传统美德中互助精神的体现，亦符合社会主义核心价值观。因此，如上所述，在分配丧葬礼金时，应将赠礼人有无明确的意思表示，作为重要的分配考量因素。

本案中，田某某因病去世，对双方当事人而言都是一种精神打击，双方同样承受了精神痛苦。从这个层面讲，无论是与田某某存在相互扶助义务，相濡以沫多年的配偶张某某；还是痛失父爱的子女田某、杨某，均有权参与该礼金的分配。通常情况下，受赠人会根据赠礼人的不同，将礼金登记在不同的登记簿或在同一礼金登记簿上，做明显的礼金来源标识，以便于区分。但本案的礼金登记簿，仅载有赠礼人及礼金金额，未作其他区分，在此情形下，应将该礼金视为赠礼人赠与张某某、田某、杨某，由三人共同所有，一审法院也正是基于此认识作出的裁判。在二审阶段，由于张某某提交了部分赠礼人的证言，可证明合计 57100 元的礼金系赠与张某某个人，对于该部分明确了赠与及抚慰对象的礼金，应由张某某个人获得。

编写人：重庆市第三中级人民法院　伍柯聿

（二）遗嘱继承纠纷

40

存在形式瑕疵的打印遗嘱法律效力认定

——张某女诉张某2等继承案

【案件基本信息】

1. 裁判书字号

江苏省泰州市中级人民法院（2022）苏12民终2044号民事判决书

2. 案由：继承纠纷

3. 当事人

原告（上诉人）：张某女

被告（被上诉人）：张某2、张某4、张某6、张某5

【基本案情】

被继承人张某终身未婚未育，其父母早已先于其死亡。其父母生前共生育五名子女，分别为张某1（已故）、本案被告张某2、被继承人张某、本案原告张某女、本案被告张某4。其中张某1于2017年7月3日去世，其配偶陈某于2016年1月1日去世，其生前与配偶共育有一子一女即本案被告张某5、张某6。1991年8月12日，被继承人张某与本案原告张某女就泰州市某路内坐北朝南的七架梁瓦平房三间和朝东的厨房一间订立《析产协议书》，约定："一、东侧一间半归张某所有；二、西侧一间半归张某女所有；三、天井及大门堂、厨房共同使用……"同年8月20日，被继承人张某与本案原告张某女又订立

《遗赠扶养协议书》一份，约定："1. 张某自愿将坐落在泰州市某路的七架梁瓦平房一间半无偿赠与张某女，绝不反悔；2. 张某女同意接受张某赠与的房屋，受赠的房屋由张某居住终身，绝不反悔；3. 张某今后的生活由张某女扶养，包括生活照料、生病的护理以及后事的处理……"上述两份协议书均经泰州市公证处公证。后泰州国土管理局于1997年4月1日就上述房屋发放《集体土地建设用地使用证》，土地使用者登记为被继承人张某。2000年，被继承人张某诉至法院要求与张某女解除遗赠扶养协议，并诉称其多年来不但得不到张某女的扶养和照料，反而经常受张某女的辱骂，后泰州市中级人民法院以民事调解书确认："一、张某与张某女自愿解除遗赠扶养协议书；二、位于泰州市某路18号内坐北朝南七架梁瓦平房三间中的东侧一间半归张某所有；西侧一间半归张某女所有；房屋西边厨房归张某女所有，房屋东边厨房归张某所有；大门堂及天井部分由张某及张某女共有……"2006年5月30日，被继承人张某订立打印《遗嘱》一份，载明："1. 位于泰州市某路18号内坐北朝南七架梁瓦平房三间的东侧一间半的房屋所有权以及该房屋东边厨房属我张某所有，另外，该房屋的大门堂及天井由我和张某女共有。由于我的哥哥和弟弟平时对我照料较多，因此，在我去世后属于我所有的上述房产，均由我的两个哥哥张某1、张某2和弟弟张某4三人共同继承。其他人等不得有异议。2. 我的其他财产及权利均由我的两个哥哥张某1、张某2和弟弟张某4享有和行使……"该遗嘱由许某芳代为打印，张某所属五一社区工作人员于某红、祁某作为见证人签字捺印并加盖该社区公章。2006年9月15日，被继承人张某去世，其生病住院及去世后的丧葬事宜由张某1等人负责办理。现原、被告就上述房屋中属于被继承人张某之遗产份额继承事宜涉讼。

本案审理期间，被告张某6书面明确表示放弃对案涉房屋中张某1之遗产份额的继承。

【案件焦点】

案涉《遗嘱》效力如何。

【法院裁判要旨】

江苏省泰州市海陵区人民法院经审理认为：原告提出，《遗嘱》中立遗嘱人落款日期为2006年5月30日，而见证人落款日期为2006年6月1日，足见见证人并未全程在场见证，故不符合代书遗嘱或打印遗嘱的形式要求。被告提出，2006年6月1日系被继承人所在社区盖章的时间，而非见证人见证的时间。案涉《遗嘱》之“代书人”许某芳向法院述称，其系律师，当时系出于人情帮助被继承人打印遗嘱，并未收取任何费用，因时间久远具体经过已经不记得了，但根据常理见证人应该都在场的，听说见证人是社区干部。法院对《遗嘱》及各方陈述评析后认为，“2006年6月1日”与“以上内容是立遗嘱人的真实意思表示，系立遗嘱人张某的亲笔签名”文字说明及见证人的签名捺印系同时形成，该日期与立遗嘱人之签名时间不一致，遗嘱形式存在一定瑕疵。但严格的形式要求只是确保遗嘱是遗嘱人自己的意思、认真的意思、完整的意思的手段，本案中，首先，该遗嘱内容完整、明晰，与立遗嘱人张某生前与张某女矛盾较深、关系恶化等事实相符，且有其亲笔签名，应当认定为系其本人真实意愿的反映。其次，立遗嘱人张某在法律对打印遗嘱并无明文规定时，委托专业人士代其打印遗嘱，后又至其本人所在社区要求工作人员见证并加盖社区公章，可见其已在当时的客观条件及其本人的认知水平范围内尽最大努力确保遗嘱之效力，据此可见案涉遗嘱系其本人真实、完整、自由的意思表示。法院认为，自然人有根据其自身意愿立遗嘱处分其个人财产的自由，不应为苛求遗嘱的形式完美而违背立遗嘱人自身的意愿，案涉遗嘱虽形式上存在一定瑕疵，但其内容、形成过程等均已足以反映立遗嘱人真实的意愿，应认定为合法有效，被继承人张某之遗产应按其遗嘱在张某1、张某2、张某4之间分配，因张某1在张某之后死亡，其应分得的遗产份额由其第一顺位法定继承人转继承，又因张某1之法定继承人张某6明确表示放弃继承，故法院确定案涉房屋中属于被继承人张某之遗产份额由被告张某2、张某4、张某5继承，各分得张某之遗产的1/3。

关于案涉遗产的范围，法院认为，遗产系被继承人死亡时遗留的个人合法财产。本案中，被继承人张某就登记于其名下的泰州市某路房屋与原告张某女签订分家析产协议予以分割，后又经法院生效民事调解书确认，故该房屋中属于被继承人之遗产的部分为坐北朝南七架梁瓦平房三间中的东侧一间半及东边厨房。关于该房屋的大门堂及天井部分，民事调解书确定为由张某及张某女共有，因该部分无法实际分割，故法院仍然确定为由张某女、张某 2、张某 4、张某 5 共有。

江苏省泰州市海陵区人民法院判决如下：

被继承人张某在泰州市某路 18 号房屋中的遗产份额即该房屋中坐北朝南七架梁瓦平房三间中的东侧一间半及东边厨房，被告张某 2、张某 4、张某 5 各享有 1/3 的产权份额；该房屋大门堂及天井部分由原告张某女、被告张某 2、张某 4、张某 5 共有。

原告张某女不服一审判决，提起上诉。江苏省泰州市中级人民法院经审理认为：自然人可以立遗嘱将个人财产指定由法定继承人中的一人或者数人继承。遗嘱作为一种带有财产处分性的单方法律行为，其核心要素在于立遗嘱人意思表示自愿、真实。法律规定遗嘱见证人应当在场见证并签名，其目的也是确保遗嘱为立遗嘱人的真实意思表示。本案中，见证人签名时间与立遗嘱人签名时间不一致，遗嘱形式上存在一定瑕疵，但遗嘱系张某委托专业法律人士代为打印，遗嘱内容与张某生前与张某女矛盾较深、关系恶化等事实相符，遗嘱上有张某亲笔签名、按手印，代书人亦在遗嘱上签名，后又至张某所在社区要求社区工作人员见证并加盖社区公章。结合当时法律对打印遗嘱没有明确规定以及张某本人的文化程度和认知水平，应当认定遗嘱是张某的真实意思表示，合法有效，案涉房产应当按照遗嘱予以继承。

江苏省泰州市中级人民法院依照《中华人民共和国民事诉讼法》第一百七十七条第一款第一项的规定，作出如下判决：

驳回上诉，维持原判。

【法官后语】

遗嘱作为一种带有财产处分性的单方法律行为，其核心要素在于立遗嘱人意思表示自愿、真实。法律对遗嘱的形式提出了严格的要求，其目的是确保遗嘱是遗嘱人自己的意思、认真的意思、完整的意思。涉案打印遗嘱形成于《中华人民共和国民法典》颁布实施以前，形式存在一定瑕疵，但遗嘱内容、形成背景、形成过程等已足以反映遗嘱人真实意愿的，应当作为遗产分配的依据。

一、遗嘱的形式瑕疵并非导致遗嘱无效的情形

《中华人民共和国民法典》（以下简称《民法典》）第一千一百四十三条规定，遗嘱无效的情形为：无民事行为能力人或限制民事行为能力人所立遗嘱无效，受欺诈、胁迫所立遗嘱无效，伪造的遗嘱无效，遗嘱被篡改的内容无效。法律之所以同时对遗嘱规定了严格的形式要件，其目的在于保障遗嘱为遗嘱人的真实意思。因此，遗嘱之形式、内容、形成过程存在瑕疵并不必然导致遗嘱无效，而只有当该瑕疵足以形成对遗嘱存在欺诈、胁迫、伪造、篡改情形的合理怀疑时，才可能导致遗嘱无效。

实践中，遗嘱作为一种财产性单方法律行为，其在社会实践应用中的普遍性、普及性与法律对其形式要件要求的严格性之间存在现实矛盾，瑕疵遗嘱现象层出不穷。以打印遗嘱为例，法律对其形式要求可以拆解为：(1) 两个以上见证人；(2) 见证人主体适格；(3) 见证人全程在场；(4) 遗嘱人在每一页签名；(5) 见证人在每一页签名；(6) 注明年、月、日。故而打印遗嘱之形式瑕疵相应地表现为以下六种情形：(1) 无见证人或只有一名见证人；(2) 见证人主体不适格；(3) 见证人未全程在场；(4) 遗嘱人未签名、签名有漏页或以捺印、盖章等方式替代签名；(5) 见证人未签名或签名有漏页或以捺印、盖章等方式替代签名；(6) 未注明年、月、日。上述瑕疵中，有些直接导致遗嘱真实性存疑，且无法通过其他证据予以补正，如遗嘱人未签名、见证人不适格等。而有些瑕疵则可以通过关联事实、证据予以补正，如未注明年、月、日，但通过录音录像、见证人之相互吻合的证言等能够确定遗嘱形成时间的，则该瑕疵不影响遗嘱之效力。因此，在立遗嘱时的继承法及现行民法典对形式瑕疵遗嘱效力均未明确的前提下，应当对遗嘱瑕疵进行分级，并对形式上存在轻微瑕疵的遗嘱通过外部证据予以补正。

本案中，案涉遗嘱代打印人为无利害关系的律师（非业务行为），见证人为两名无利害关系的社区干部，遗嘱人、代打印人、见证人均在遗嘱上签名并注明了年、月、日。其瑕疵体现为立遗嘱人签署日期与见证人签署日期不一致，亦即见证人未在遗嘱形成过程中当场见证，而是在遗嘱形成后补充见证。该瑕疵不足以直接推翻遗嘱内容的真实性，遗嘱之实质效力应当通过进一步审查外部证据予以确定。

二、瑕疵遗嘱效力的实质审查

根据《民法典》第一千一百四十三条对遗嘱无效情形的规定，导致遗嘱无效的情形除遗嘱人是否具有完全民事行为能力外，主要体现为遗嘱是否系遗嘱人真实意思表示。因此，对瑕疵遗嘱效力的实质审查，其审查核心为遗嘱是否体现遗嘱人真实、自由、完整的意愿，审查途径为：(1) 遗嘱瑕疵之形成原因是否存在合理解释；(2) 瑕疵遗嘱订立后，遗嘱人事后是否积极进行了补正；(3) 有无其他证据或事实与瑕疵遗嘱内容相印证。

以本案为例：(1) 案涉遗嘱形成于2006年，当时的继承法对于打印遗嘱并无明确规定，且遗嘱人本人系完全不具备法律知识的老年人，案涉遗嘱之形式瑕疵与当时的客观情况及遗嘱人的认知水平相符，其形成原因存在合理解释。(2) 瑕疵遗嘱形成后，遗嘱人事后积极进行了补正。打印遗嘱形成过程中虽无见证人在场，但打印完毕后，遗嘱人张某自行至其所在社区居委会要求社区干部见证并加盖公章，应当视为遗嘱人对遗嘱形式要件的积极补正。同时，从遗嘱人张某所选取的见证人，及其坚持要求加盖公章的行为来看，其对遗嘱形式要件的补正持有较为审慎、认真、积极的态度。(3) 关于有无其他证据或事实与瑕疵遗嘱内容相印证。本案中，案涉遗嘱形成背景为遗嘱人与其妹张某女关系恶化，双方以诉讼方式解除遗赠扶养协议并“分家”，其生活主要由其他兄弟照料，而案涉遗嘱的内容旨在排除其法定继承人中张某女对遗嘱人之遗产的继承，遗嘱内容与上述事实相吻合；案涉遗嘱除确定案涉房屋由其兄弟三人继承之外，同时确定其其余财产亦交由兄弟三人处理，其他人不得干涉，从双方当事人庭审陈述来看，遗嘱人之生病住院、丧葬事宜均由其兄弟办理，其去世前后银行账户由其兄弟使用、支配，上述事实亦与遗嘱内容相印证。因此，案涉遗嘱虽存在形式瑕疵，但遗嘱人在世时积极对该瑕疵进行了补救，且该补救措施与遗嘱人的认知水平相吻合，其立遗嘱前后的有关事实亦能够与遗嘱内容相互印证，因此应认为遗嘱体现了遗嘱人真实、自由、完整的意愿，遗嘱之瑕疵得以通过相关事实、证据予以补正。

编写人：江苏省泰州市海陵区人民法院　李瑶　刘阳林

41

打印遗嘱见证程序“时空一致性”要求的司法认定

——肖某诉王某等遗嘱继承案

【案件基本信息】

1. 裁判书字号

重庆市第一中级人民法院（2022）渝01民终6479号民事判决书

2. 案由：遗嘱继承纠纷

3. 当事人

原告（被上诉人）：肖某

被告（上诉人）：王某

被告（被上诉人）：姚某、尧某

【基本案情】

肖某系遗嘱人谭某的妻子，王某系遗嘱人谭某的母亲。谭某与肖某结婚后未生育子女，姚某、尧某系肖某与前夫所生。姚某、尧某未与谭某形成扶养关系。后谭某生病，姚某对谭某进行了照料。谭某因病死亡后，其妻子肖某、母亲王某就谭某的遗产继承发生纠纷。肖某举示打印遗嘱一份，载明：谭某名下房屋归妻子肖某一人继承，母亲王某对财产无权干涉、继承。遗嘱由肖某打印，在不同场合分别交由潘某、王某、周某、张某4人在遗嘱见证人处签名捺印。其中潘某、王某、周某3人均称该遗嘱系遗嘱人谭某让其签名捺印，谭某彼时意识清醒，但其均未看内容，不知道是遗嘱，谭某也没有告知文件内容。另外一位见证人张某亦出具情况说明（内容基本同另外三位见证人的陈述）。肖某认为打印遗嘱有效，主张按遗嘱继承；王某认为打印遗嘱无效，应按法律规定继承。

【案件焦点】

遗嘱见证人未全程参与并在场见证打印遗嘱形成过程，该打印遗嘱是否有效。

【法院裁判要旨】

重庆市江北区人民法院经审理认为：首先，案涉打印遗嘱有4名见证人签名捺印、注明日期，虽然其中3名见证人做证称并不知晓所签文件内容，但3人均系完全民事行为能力人，应为自己的签名行为负责，其均称不知晓文件内容，不符合常理，而3人所做证言均无其他证据予以佐证，仅有证人证言，不足以推翻已有的书面证据即打印遗嘱。其次，法律也未规定打印遗嘱要求见证人同时在场、见证人亲自见证打印过程。故本案打印遗嘱既是遗嘱人谭某的真实意思表示，也符合法律对打印遗嘱的形式要求，合法有效。

重庆市江北区人民法院判决：

被继承人谭某名下位于重庆市××的房屋由肖某继承。

王某不服一审判决，提起上诉。重庆市第一中级人民法院经审理认为：打印遗嘱都是印刷字体，不易确定是由谁书写并打印出来。为保证遗嘱内容体现遗嘱人的真实意思，不致被他人伪造、篡改，打印遗嘱应当满足两个以上且与继承无利害关系的见证人在场、全程参与见证遗嘱形成的过程，即符合“时空一致性”要求。本案中，第一，从遗嘱打印内容的形成过程来看，仅有肖某（利害关系人）参与，谭某、见证人均未参与或见证遗嘱在电脑上的书写及打印过程；第二，从见证人的见证及签名过程来看，四位见证人均未见证谭某本人表达与遗嘱内容相同的意思，同时也均未在同一时间、同一地点见证遗嘱形成过程，且均陈述签名时并不清楚遗嘱内容。在本案现有证据既不能证明打印遗嘱符合法定形式要件，也不能证明其内容系谭某的真实意思表示的情况下，根据“谁主张，谁举证”规则，肖某作为主张打印遗嘱有效的一方当事人，未能对遗嘱的真实有效性举示充分证据证明，对此应承担举证不能的法律后果。故，该打印遗嘱应属无效，本案应按法定继承处理。谭某与肖某结婚后并未生育子女，姚某、尧某系肖某与前夫所生，姚某、尧某均未与谭某形成扶养关系。根据谭某和肖某结婚时姚某的年龄、家庭经济状况、姚某跟随谭某和肖某共同生活以及在谭某生病和丧葬事宜中履行扶养义务的具体情况，认定姚某属于继承人以外对被继承人扶养较多的人，可以分得适当的遗产。

重庆市第一中级人民法院判决：

一、变更重庆市江北区人民法院（2021）渝0105民初24393号民事判决第一项为“被继承人谭某名下位于重庆市××的房屋，肖某享有60.625%产权份额、王某享有35.625%产权份额、姚某享有3.75%产权份额”；

二、驳回肖某其他诉讼请求。

【法官后语】

随着电脑的普及应用，打印遗嘱逐渐成为常见的遗嘱形式。为保护遗嘱人权利，民法典第一千一百三十六条赋予了打印遗嘱合法地位，并明确“打印遗嘱应当有两个以上见证人在场”的形式要件。但该规定就“见证人在场见证”应否适用“时空一致性”要求并未明确，易导致司法实践中的认识分歧，进而影响打印遗嘱的效力判断，有待探讨梳理。

一、打印遗嘱见证行为应满足“时空一致性”要求

打印遗嘱字体并非传统的手写体，缺乏遗嘱人的人格痕迹，不能以笔迹鉴定的方式来确定遗嘱内容是否为遗嘱人所写、是否完整体现遗嘱人的内心真意。为保证打印遗嘱的内容体现遗嘱人的真实意愿，不被他人伪造、篡改，打印遗嘱规定了“见证人在场见证”的要求。

从立法本意来看，为实现见证遗嘱真实性的目的，见证行为应当符合“时空一致性”的要求。“时空一致性”要求的核心在于在打印遗嘱效力发生争议时，尽可能地再现遗嘱制作过程，还原遗嘱人的内心真意，证明遗嘱制作过程中遗嘱人的真实意思表示得到完整体现，以及打印遗嘱形成后其内容未被伪造、篡改，起到固定证据的作用。

“时空一致性”要求见证人“全程参与、现场签字确认”，具体包含两方面内容：一是时间上连续。即见证人应全程参与打印遗嘱从制作到完成的过程，包括全程参与遗嘱的书写，即直接在电脑上书写遗嘱或将纸质遗嘱内容录入电脑上；全程参与遗嘱打印过程，见证遗嘱被打印机打印出来；全程参与遗嘱的签名过程，见证遗嘱人、见证人在遗嘱每一页上签写名字，注明年、月、日。二是空间上同一。即从遗嘱在电脑书写、到打印机打印、再到遗嘱人及见证人在遗嘱上签名等，见证人应当全程在场，与遗嘱人处于相同空间。

二、见证程序违反“时空一致性”对打印遗嘱效力的影响

打印遗嘱见证人未遵循“时空一致性”要求全程参与打印遗嘱制作过程，或遗嘱打印出来后签字不符合打印遗嘱要求，此时打印遗嘱形式要件存在缺陷，该缺陷是否必然导致打印遗嘱无效，应根据形式瑕疵的程度区分情况对待。

一般情况下，我国目前对打印遗嘱采用了较为严格的法定主义，未能满足“时空一致性”原则的打印遗嘱，因存在形式要件缺陷，导致遗嘱人的内心真意难以得到充分确认，故打印遗嘱应属无效。

例外情形是，若见证人见证行为的形式要件属于非重大瑕疵，可以通过其他证据予以补正，帮助法官形成遗嘱人内心真意的确信，则打印遗嘱仍然有效。例如，当事人提供可以完整体现遗嘱制作过程的录像，或者遗嘱人的自书遗嘱与打印遗嘱内容相一致等，均可辅助证明遗嘱人的真实意思表示。这是因为“时空一致性”的形式要件仅是确保打印遗嘱真实性的手段而非目的，不能由此得出存在形式瑕疵的打印遗嘱必然无效的结论。打印遗嘱应充分体现遗嘱人的内心真意，且遗嘱内容合法有效，这既是判断打印遗嘱效力的实质因素，也体现了保护遗嘱人的内心真意和遗嘱自由的立法精神。

三、打印遗嘱见证程序审查及遗嘱效力认定的裁判思路

实践中，审查打印遗嘱见证程序是否满足“时空一致性”要求，及其对打印遗嘱效力的影响，可参考以下思路：

首先，应确立尊重和保护遗嘱自由的裁判导向。见证程序虽然可以辅助确认打印遗嘱内容的真实性，但其并非确认打印遗嘱有效的实质要件。因此，应缓和严格的形式要件主义，转向对遗嘱人真实意思的探究。

其次，见证程序存在瑕疵的情况下，应尽可能考虑补救。具体的补正方式包括：第一，遗嘱当事人认可，即遗嘱当事人确认见证程序瑕疵不影响遗嘱的真实性；第二，外部证据辅助证明，如打印遗嘱制作过程的录音、录像等，外部证据的证明效力应达到排除合理怀疑这一较高的证明标准，从而尽可能确保遗嘱真实。

最后，根据见证程序瑕疵程度，区分遗嘱效力。根据上述补正之后，根据瑕疵补正情况判断遗嘱效力：一是见证程序存在轻微瑕疵，通过其他证据可以证明遗嘱人真实意思表示的，遗嘱有效。二是见证程序存在瑕疵，经补正无法达到充分确信程度的，遗嘱无效。三是见证程序存在严重瑕疵，且无法通过其他证据补正的，遗嘱无效。

编写人：重庆市第一中级人民法院　胡敬　黄晨　李晓婷

42

打印遗嘱的效力认定

——蓝1等诉胡某1继承案

【案件基本信息】

1. 裁判书字号

北京市朝阳区人民法院（2021）京0105民初84789号民事判决书

2. 案由：继承纠纷

3. 当事人

原告：蓝1、蓝某2、蓝3

被告：胡某1

【基本案情】

胡某2与胡某3原系夫妻关系，二人生育一女即胡某1。狄某与蓝某4原系夫妻关系，婚后育有二子一女即本案三原告，后蓝某4于1987年去世。1992年胡某3去世。胡某2与狄某于1993年10月5日登记结婚，婚后未生育子女，二人再婚时三原告及胡某1均已成年。胡某2于2012年9月16日去世，狄某于2019年2月21日去世。胡某2、狄某的父母均早于二人去世。

双方称胡某3与其前夫共同生育一子一女即黄某某、胡某4，在胡某2与胡某3结婚时分别为8岁、6岁，共同随二人生活。黄某某未婚无子女，于1985年去世。胡某4于2015年去世，去世前已离婚，有两个孩子分别是崔某1、崔某2。审理中，崔某1、崔某2表示其不参加本案诉讼，亦放弃对胡某2遗产的继承权。

2001年1月30日，胡某2与人民日报社签订《房屋买卖契约》，约定胡某2以成本价向人民日报社购买北京市朝阳区某201号房屋（以下称201号房屋）。2005年5月19日，201号房屋的所有权登记在胡某2名下，建筑面积240.7平方米。该房屋为胡某2与狄某的夫妻共同财产。

三原告提交2011年4月14日由北京市某律师事务所两名律师见证的《见证书》一页，其上仅有两个律师的签字；后附2010年7月20日胡某2《我的遗嘱》一份（共计两页）、2011年4月14日《对〈我的遗嘱〉的说明》一份（共计三页），内容均系打印件，仅每份文件落款处有“胡某2”的手写签字并注明日期，以证明胡某2对201号房屋中所享有的50%份额由胡某1继承。胡某1认可上述遗嘱的真实性。审理中，双方均不要求对该遗嘱的形式要件进行审查，均表示认可胡某2的遗嘱内容为201号房屋的50%份额归狄某所有，50%份额由胡某1继承。

三原告提交《狄某房产继承遗嘱》，证明狄某所享有的201号房屋50%份额由三原告继承。该遗嘱共计 2 页，系打印形成，仅在最后一页落款处“立遗嘱人”处有“狄某”手写签字、按手印并手写“2016 年 6 月 21 日”，“所有子女签字认可本遗嘱及内容”处有“蓝 1”“蓝 2”“蓝某 2”的手写签字。胡某 1 不认可该遗嘱的真实性，认为系无效遗嘱。

胡某 1 主张狄某生前曾当着三原告的面在 201 号房屋的客厅或者在家庭聚会中多次口头表示 201 号房屋 2/3 的份额归胡某 1、1/3 的份额归三原告，但就此无证据提交。三原告不认可该主张。

双方均称 201 号房屋共计 240 平方米，原系两套住房打通后形成。胡某 2 和狄某在世时，其中 160 平方米由二人居住使用，因胡某 1 无其他住房，故另外 80 平方米由胡某 1 及其配偶居住使用。狄某晚年有退休金，亦有单独的保姆照顾。胡某 1 表示胡某 2 在世时，胡某 2、狄某、胡某 1 及其配偶平时是共同就餐，由专门的保姆负责，胡某 2 去世后，日常就餐是分开的，狄某由专门的保姆照料在 160 平方米房屋内做饭、就餐，而胡某 1 则与配偶一起在 80 平方米的住房内自行做饭、就餐。三原告认为胡某 1 系因无其他住房而居住于 201 号房屋内，其与狄某未形成扶养关系。胡某 1 认为其自 2006 年开始按照父亲胡某 2 与狄某的要求从美国返回家中居住直至狄某去世，与狄某居住在一起，在日常生活中经常关照狄某，与狄某形成了赡养关系。

【案件焦点】

1.《狄某房产继承遗嘱》的性质及效力；2. 201 号房屋应如何继承。

【法院裁判要旨】

北京市朝阳区人民法院经审理认为：狄某系胡某 2 之妻，胡某 1 系胡某 2 之女，故二人均属于胡某 2 第一顺序继承人。黄某某、胡某 4 系胡某 3 与前夫之子女，其二人在胡某 3 与胡某 2 再婚时均未成年，并随胡某 2、胡某 3 共同生活，系与胡某 2 有扶养关系的继子女。但黄某某早于胡某 2 去世、无子女，胡某 4 晚于胡某 2 去世，其转继承人崔某 1、崔某 2 表示不参加诉讼、放弃继承权，本院不持异议。狄某与胡某 2 再婚时三原告均已成年，现无证据显示三原告系与胡某2有扶养关系的继子女，故三原告并非胡某2的法定继承人。

三原告系狄某之子女，属于狄某的法定继承人。胡某2与狄某再婚时胡某1已经成年，且胡某1不存在限制或者无民事行为能力的情形，故狄某与胡某1之间未形成继父母对继子女的抚养关系。根据双方所述，狄某有退休金有固定住所，也有专属保姆照顾日常起居，因此在经济上、生活照顾上无须仰赖子女。故狄某与胡某1未“拟制”达到亲生父母与子女之间的程度，难以认定胡某1对狄某形成了赡养关系。故胡某1非狄某的法定继承人。

三原告提交的2016年6月21日《狄某房产继承遗嘱》主文内容系打印形成，因此属于打印遗嘱，其形式要件的认定应适用《中华人民共和国民法典》第一千一百三十六条的规定，需要遗嘱人和见证人在每一页上均签名并注明年、月、日。但《狄某房产继承遗嘱》共计两页，仅落款处有“狄某”的手写签名、日期。虽有三原告签字，但三原告系狄某的继承人，并非符合法律规定的见证人，故该遗嘱应属于无效的打印遗嘱。

201号房屋属于胡某2与狄某的夫妻共同财产，双方均认可胡某2去世后201号房屋50%的份额属于狄某所有，另外50%的份额属于胡某2的遗产应由胡某1继承，本院不持异议。狄某所立遗嘱属于无效遗嘱，在狄某去世后，其对201号房屋所享有的50%份额应由其法定继承人即三原告依法继承。故三原告要求共同继承201号房屋50%的份额的请求于法有据，应予以支持。

北京市朝阳区人民法院判决如下：

位于北京市朝阳区某201号房屋由原告蓝1、原告蓝某2、原告蓝3共同继承50%的份额，由被告胡某1继承50%的份额。

一审判决后双方均未提起上诉，现判决已生效。

【法官后语】

随着科学技术的发展以及信息技术的普及，通过电脑、手机等电子设备书写已成为常态。实践中立遗嘱人多年岁较高，书写能力有所下降，自书遗嘱多呈现字迹不清或辨认度低等情况，而打印遗嘱制作简单、排版美观、形式规范、易于识别。因此，越来越多的人使用打印遗嘱替代自书、代书遗嘱。在《中华人民共和国民法典》(以下简称《民法典》)实施之前，打印遗嘱并非法律规定的遗嘱形式，因此在理论和实务中关于打印遗嘱存在有效说和无效说两种观点。《民法典》出台后，专门规定了打印遗嘱的形式要件，确认其为单独的有效遗嘱形式，统一了司法认识，满足了社会对于遗嘱多元化的需求。现结合本案案例就打印遗嘱的具体内容分析如下。

一、打印遗嘱的法定要件

打印遗嘱，是指先用电脑将遗嘱内容书写完整，然后用打印机将书写好的遗嘱打印出来的遗嘱。[①]《民法典》第一千一百三十六条规定，打印遗嘱应当有两个以上见证人在场见证。遗嘱人和见证人应当在遗嘱每一页签名，注明年、月、日。因此，打印遗嘱有效成立需符合以下两个要件：

第一，应当有两个以上见证人在场见证，且见证人须符合法律规定的资格、数量、在场见证等方面的要求。对于见证人是否符合法律规定的资格，应严格按照《民法典》第一千一百四十条[②]规定进行判断，如见证人属于上述规定的三类人员，则不应认定其见证的遗嘱效力。

第二，遗嘱人和见证人应当在遗嘱的每一页签名，并注明年、月、日。因打印遗嘱系印刷字体，无法通过笔迹鉴定的方式确定真伪，因此若打印遗嘱有多页，则遗嘱人和见证人应该在遗嘱的每一页上都签上自己的姓名并注明年、月、日。

本案中，三原告系狄某的继承人，其提交的《狄某房产继承遗嘱》全部系打印形成，属于打印遗嘱。该遗嘱共计2页，其中第一页无立遗嘱人、见证人签字并注明年、月、日；第二页落款处有立遗嘱人"狄某"的手写签字并注明年、月、日，同时还有三原告的签字，但三原告系狄某的法定继承人，并不符合法律规定的见证人条件。故该遗嘱不符合打印遗嘱的法定要件，应属于无效遗嘱。

---

① 最高人民法院民法典贯彻实施工作领导小组主编：《中华人民共和国民法典婚姻家庭编继承编理解与适用》，人民法院出版社2020年版，第570页。

② 《民法典》第一千一百四十条规定，下列人员不能作为遗嘱见证人：(一)无民事行为能力人、限制民事行为能力人以及其他不具有见证能力的人；(二)继承人、受遗赠人；(三)与继承人、受遗赠人有利害关系的人。

二、打印遗嘱的法律适用

《最高人民法院关于适用〈中华人民共和国民法典〉时间效力的若干规定》第十五条规定，民法典施行前，遗嘱人以打印方式立的遗嘱，当事人对该遗嘱效力发生争议的，适用民法典第一千一百三十六条的规定，但是遗产已经在民法典施行前处理完毕的除外。根据该规定，打印遗嘱通常情况下溯及适用，但是遗产已经《民法典》实施之前处理完毕的，则不适用《民法典》的规定。

关于"处理完毕"，根据《民法典》继承编第四章规定的"遗产的处理"的相关内容，可以看出遗产处理以分割完毕作为处理完毕的标准。① 同时如果部分遗产在民法典实施之前处理完毕、部分遗产未处理完毕的情况下，已经处理完毕的则不应溯及适用《民法典》打印遗嘱的规定，以保持财产秩序的稳定性；对于未处理完毕的部分遗产，可以溯及适用《民法典》的相关规定。

本案中，三原告提交的《狄某房产继承遗嘱》形成于《民法典》实施之前，双方争议的201号房屋亦未在民法典实施之前处理完毕，故对于该遗嘱效力的认定应适用《民法典》的相关规定。

三、特殊情况下不应严苛打印遗嘱的形式要件

《民法典》对遗嘱形式采用严格的法定主义，故通常情况下不符合法定形式的遗嘱均应属于无效遗嘱。但特殊情况下不应苛求遗嘱的形式要件，应区分不同情形进行认定，如关于"年、月、日"，实践中存在没有严格按照数字化方式表述的情况，如表述为"六十岁生日当日""甲子年某月某日"等，出于尊重立遗嘱人真实意思表示的，如果该日期可以明确确定年、月、日的日期，亦应认为符合打印遗嘱形成时间的形式要件。比如打印遗嘱的形式不符合法定要求，但当事人对于遗嘱内容均无异议，此时应尊重立遗嘱人和当事人的真实意思表示，不应严苛遗嘱的形式要件而否定遗嘱效力。

本案中，胡某2的遗嘱系律师见证形成，但律师见证遗嘱非法定遗嘱形式，

---

① 最高人民法院研究室编著：《最高人民法院民法典时间效力司法解释理解与适用》，人民法院出版社2021年版，第197页。

故应根据遗嘱的内容、形式等因素判断其属于哪一种遗嘱。该遗嘱通篇系打印形成，并有立遗嘱人、两个见证人，应属于打印遗嘱，只是立遗嘱人、见证人均未在每一页遗嘱上签字并注明年、月、日，形式上存在瑕疵。但三原告及被告均认可该遗嘱的真实性、对遗嘱内容无异议，且见证书附件中列明了遗嘱页数并附有立遗嘱过程录像，故不影响对遗嘱真实性的认定，双方均称胡某2所享有的201号房屋中50%的份额应由胡某1继承的主张亦符合立遗嘱人真实意思表示，应予以采信和支持。

编写人：北京市朝阳区人民法院　李文丹　师晛

43

自书遗嘱的举证责任分配

——田某1等诉田某4法定继承案

【案件基本信息】

1. 裁判书字号

北京市第二中级人民法院（2022）京02民终3905号民事判决书

2. 案由：法定继承纠纷

3. 当事人

原告（上诉人）：田某1、田某2、田某3

被告（被上诉人）：田某4

【基本案情】

田某与杨某系夫妻关系，育有子女五人，即田某1、田某2、田某3、田某4、田某5。田某5于1978年8月4日去世，生前未婚无子女，田某于2012年6月9日去世，杨某于2016年6月23日去世。

2008年，杨某、田某分别与其单位签订《北京市住宅房屋拆迁货币补偿协议》，对居住的31号房屋进行拆迁。2008年，杨某与房地产开发有限公司签订《北京市商品房现房买卖合同（经济适用住房）》，购买了502号房屋，房屋总价款为323562元。杨某于2009年取得房屋所有权。

田某4向法院提交2011年3月21日的田某遗嘱一份，内容为其在诉争房屋中享有的产权份额由田某4继承。田某在遗嘱上签名并签注日期。该遗嘱上同时有以下内容："遗嘱：我田某给儿子田某4立下遗嘱，我把属于我的个人财产指定由田某4继承。立遗嘱人田某2011.3.24"。

田某4另提交2014年5月15日杨某遗嘱一份，内容为：×××××××502号房屋属于杨某和田某的夫妻共同财产。拆迁后买房剩下的200万元和存折都在田某1那里。田某4一直跟着我们帮助家里生活，田某几次跟我讲把买房的35万元给田某4。在我去世后将上述财产中属于我的份额指定由田某4个人继承。杨某在遗嘱上签名并签注日期。

田某1向法院提交录音一份，表示该录音系田某1因遗产继承问题受到田某4威胁后，前往派出所寻求保护时，在民警面前录制，证明双方私下就继承涉案房屋四分之一产权份额的问题协商多次而田某4从未提及有遗嘱一事。田某4对该录音的真实性认可，但表示，没有必要跟派出所民警说有没有遗嘱的事情，四分之一指的是分钱各分四分之一，跟涉案房屋没有关系。

在案件审理过程中，田某1申请对被继承人田某和杨某的遗嘱进行笔迹鉴定，因双方未能提交符合鉴定要求的比对样本，未能移送鉴定。

【案件焦点】

在自书遗嘱因缺乏样本无法进行笔迹鉴定的情况下，田某4是否能够按照遗嘱继承被继承人遗产。

【法院裁判要旨】

北京市东城区人民法院经审理认为：涉案的两份遗嘱均系自书遗嘱，均符合自书遗嘱的形式要件，字迹工整、意思清楚，内容上对遗产进行了处分，为两被继承人的真实意思表示，故对两份遗嘱的效力予以确认。对诉争房屋按照两被继承人所立遗嘱进行分割，确认诉争房屋由田某4继承并所有。

北京市东城区人民法院判决：

一、杨某名下位于北京市昌平区涉案房屋一套由田某4继承并所有；

二、驳回田某1的诉讼请求；

三、驳回田某2、田某3的诉讼请求。

田某1、田某2、田某3不服一审判决，提起上诉，主张一审法院未对涉案遗嘱进行笔迹鉴定而径直做出认定涉案遗嘱为真实的裁判，不符合遗嘱的举证规则。北京市第二中级人民法院经审理认为：持有自书遗嘱一方对遗嘱的真实性应当承担举证责任。若其提供的自书遗嘱无形式瑕疵，则认定其已经完成了证明责任。相对方若对遗嘱的真实性不认可，则应当提供反证。本案中，田某4向法院提交的自书遗嘱形式上无瑕疵，田某1、田某2、田某3对该遗嘱的真实性存疑，则应当由其对遗嘱非真实承担举证责任。一审期间，三名上诉人并未就其主张的涉案遗嘱不具有真实性提出充分证据支持。二审期间，田某1虽提出了鉴定申请，但根据笔迹鉴定规则，样本需符合相应要求。考虑到田某1、田某2、田某3提供的样本不满足相应要求且田某4不认可该样本，故本案二审无法进行笔迹鉴定。因此一审法院认定涉案遗嘱有效并根据该遗嘱处理本案遗产符合法律规定和本案事实情况，法院予以支持。据此，二审法院判决：

驳回上诉，维持原判。

【法官后语】

本案涉及的主要是自书遗嘱的举证责任分配问题。

随着我国公民法律意识的提高，越来越多的人选择使用遗嘱来分配自己的财产。因公证遗嘱具有难以撤销以及代书遗嘱会泄露家庭隐私的问题，自书遗嘱成为很多人处理身后财产的首选。但是由于自书遗嘱的私密性，缺乏见证人证明其真实性。一旦另一方对遗嘱真实性提出异议，只能通过笔迹鉴定的方式鉴别真伪。现实生活中，由于立遗嘱的被继承人文化程度不高等情况，很难获取其笔迹样本。更为重要的是，对于签名笔迹鉴定而言，各地鉴定规则不同，但大都要求申请鉴定人提供至少5份合格鉴定样本。对于遗嘱文本的笔迹鉴定而言，鉴定样本的数量要求则更高。因此，很多自书遗嘱案件中都存在着提供鉴定样本困难而导致无法鉴定的问题。那么，在无法鉴定的情况下，自书遗嘱的举证责任如何进行分配？无法鉴定的后果由何方承担？

依据《最高人民法院关于适用〈中华人民共和国民事诉讼法〉的解释》第九十一条第一项规定，“主张法律关系存在的当事人，应当对产生该法律关系的基本事实承担举证证明责任”。此外，《最高人民法院关于民事诉讼证据的若干规定》第九十二条第一款规定，私文书证的真实性，由主张以私文书证明案件事实的当事人承担举证责任。那么，作为拿出遗嘱的一方，如何定义“遗嘱存在的基本事实”以及“遗嘱真实性”呢？

第一种观点认为，主张遗嘱存在的一方应当就遗嘱的真实性承担举证责任，因缺乏样本导致无法进行鉴定的后果由主张遗嘱存在方承担举证不能之责任，遗嘱无效，按照法定继承进行分配。

第二种观点认为，在自书遗嘱满足形式要件之后，应当由对遗嘱真实性提出质疑的一方承担遗嘱真实性的举证责任。质疑遗嘱真实性一方提出鉴定申请，因样本不合格导致无法鉴定产生的法律后果，由该方承担举证不能的责任。

本案判决倾向于第二种观点，但是与第二种观点略有不同。本案中，田某4提出的遗嘱形式完备，但是法院在形式完备的基础上，审查了该遗嘱为真实的可能性。田某4在之前与其兄弟姐妹沟通的过程中，从未提起过其母亲立有遗嘱，其在诉讼中拿出遗嘱，遗嘱的真实性受到其兄弟姐妹的一致质疑。在法院与田某4的谈话中得知，田某4的兄弟姐妹因为财产继承的问题导致家庭矛盾，还曾经不得已让当地派出所进行调解。田某4解释其之所以之前不拿出遗嘱，系怕兄弟姐妹不承认遗嘱甚至将遗嘱撕毁。法院通过田某4向法院提交的派出所笔录以及聊天记录等证据，查明了田某4陈述的上述事实，认为田某4的解释具有合理性。此外，法院综合被继承人生前一直同田某4共同生活且就医、日常起居均由田某4及其爱人共同照顾等事实，认定被继承人具有较大可能性订立涉案遗嘱，将其财产交由田某4继承。此外，虽然本案的样本不符合鉴定的要求，但是能从肉眼看出涉案遗嘱的笔迹与被继承人生前的几份笔迹高度相近。因此，二审法院认为虽然没有鉴定结果，但涉案遗嘱具有高度盖然性为真实，支持了一审法院判决，驳回了上诉请求。

自书遗嘱是被继承人处分财产的合理方式，其意愿应当被尊重，而不应当因为无法进行鉴定而随意否认。法院在认定遗嘱真实性时，首先应当看自书遗嘱是否满足形式要件，在满足形式要件的前提下，再看是否能够进行笔迹鉴定。如果因为样本不合格导致无法鉴定，法院则需要主张遗嘱真实方证明遗嘱订立的背景、被继承人订立遗嘱的动机及可能性，从多方面认定遗嘱的真实性，而不是完全依赖鉴定意见。如果主张遗嘱真实方提供的证据达到了高度盖然性的证明标准，就可以认定遗嘱为真实。相信更加合理地分配自书遗嘱的举证责任才能够更好地发挥自书遗嘱的作用。

编写人：北京市第二中级人民法院　欧阳艺纯　宋光

44

遗嘱见证书效力的认定

——刘1、刘2诉刘3等继承案

【案件基本信息】

1. 裁判书字号

山东省淄博市中级人民法院（2021）鲁03民终3272号民事判决书

2. 案由：继承纠纷

3. 当事人

原告（被上诉人）：刘1、刘2

被告（上诉人）：刘3

被告：刘4、刘5、刘6

【基本案情】

被继承人刘 7、赵某共育有原、被告六个子女。刘 7 于 2017 年 1 月 22 日去世，赵某于 2019 年 8 月 14 日去世。2011 年 10 月 25 日，刘 7 书写《家事自书遗嘱》一份，对夫妻名下的财产进行了分配。根据遗嘱内容，某小区 17 号楼 3 单元 402 室由刘 1 继承、某小区 53 号楼 1 单元 502 室由刘 2 继承。《家事自书遗嘱》最后一页有刘 7 的签名捺印，赵某的代签捺印。秦某、崔某作为见证人在《家事自书遗嘱》最后一页签名捺印。刘 1、刘 2 提起本案诉讼，要求判令：1. 刘 1 依照被继承人遗嘱继承位于某小区 17 号楼 3 单元 402 室的房产一处；2. 刘 2 依照遗嘱继承位于某小区 53 号楼 1 单元 502 室的房产一处；3. 两原告继承被继承人刘 7 名下存款 85163 元及其利息。

被告刘 3 申请对《家事自书遗嘱》中刘 7、赵某的签名捺印进行鉴定。经鉴定，司法鉴定意见书认定刘 7 的签字捺印系其本人书写捺印，赵某的指印因纹线特征反映数量不足，无法确定是否是其本人的捺印。

2017 年 9 月 2 日，某法律服务所出具遗嘱见证书的主要内容为：本人赵某，现依据《中华人民共和国继承法》的相关规定，在秦某和崔某的见证下郑重订立本遗嘱，并宣布本遗嘱是本人至今唯一有效的遗嘱。非经本人合法有效程序，此后的任何文件均不构成对本遗嘱的变更、补充或撤销。我现在意识清醒，行为自主，能够完全理解自己行为的法律含义，并完全自愿订立本遗嘱。我和老伴刘 7 一生辛苦积攒了三套楼房，分别位于张店区共青团东路某小区：17 号楼 3 单元 402 室，12 号楼 2 单元 401 室，53 号楼 1 单元 502 室。还有银行存款 254000 余元（截至 2017 年 1 月 25 日银行查询记录 3 份）。在我去世后将我个人财产给长子刘 4、次子刘 3、三子刘 5、次女刘 6 四个儿女平均分配。为了我去世后孩子们不为遗产发生争执，特委托你所对我个人的遗产分配予以见证。本遗嘱于 2017 年 9 月 2 日由本人亲自订立，并有秦某和崔某见证。遗嘱人：赵某；见证人：某法律服务所秦某、崔某；在场人：韩某、楚某。

【案件焦点】

遗嘱见证书的效力应如何正确认定。

【法院裁判要旨】

山东省淄博市张店区人民法院经审理认为：被告提交的遗嘱见证书、调查笔录，该遗嘱见证书系代书遗嘱，其应当有两个以上见证人在场见证，由其中一人代书，注明年、月、日，并由代书人、其他见证人和遗嘱人签名。虽然该遗嘱见证书有遗嘱人的捺印，见证人、在场人的签名捺印，但是在遗嘱人年事已高的情形下，作为代书人应当按照遗嘱人所述予以记录，从该打印遗嘱内容来看，其表达言语并非遗嘱人的口述，录像也未完整表现遗嘱人口述遗嘱、见证人代书的整个过程。代书遗嘱作为一种要式行为，在不符合法律规定的形式要件以及无法确定立遗嘱人的真实意思表示的情况下，对于其效力，依法应当认定无效。刘7自书的《家事自书遗嘱》系刘7、赵某的真实意思表示，应认定合法有效。《家事自书遗嘱》未涉及案涉存款，被继承人名下的存款255489.72元，应当按照法定继承办理，由原、被告六人各继承六分之一。据此，一审判决：

一、现登记在被继承人刘7名下的某小区17号楼3单元402室房产，归刘1继承并所有；现登记在被继承人刘7名下的某小区53号楼1单元502室房产，归刘2继承并所有；

二、被继承人名下255489.72元存款及利息，由刘1、刘2、刘4、刘3、刘5、刘6各自依法继承六分之一的份额。

刘3不服一审判决，提起上诉。山东省淄博市中级人民法院经审埋认为：双方当事人在二审中争议的焦点为涉案《家事自书遗嘱》和遗嘱见证书的效力问题。《家事自书遗嘱》系被继承人刘7、赵某的真实意思表示，合法有效。关于遗嘱见证书，其系由某法律服务所工作人员秦某、崔某作为见证人打印制作，加盖了某法律服务所印章，该遗嘱见证书有赵某的捺印，见证人及在场人亦均签名捺印，且在制作该遗嘱见证书时见证人亦对赵某进行了调查和录像，赵某向制作人出具的精神状态证明书中亦记载“被检者目前精神状态正常”。因此，在当事人未提供充分有效证据证明该遗嘱见证书存在法律规定的无效情形下，可以认定该遗嘱见证书内容系遗嘱人赵某的真实意思表示，合法有效。因赵某当时年事已高，不能苛求见证人所做的遗嘱见证书内容与赵某的口述内容完全一致，一审法院以该遗嘱见证书的内容表达言语并非遗嘱人赵某的口述、录像也未完整表现遗嘱人口述遗嘱、见证人代书的整个过程为由，认为该遗嘱见证书不符合法律规定的形式要件以及无法确定立遗嘱人真实意思表示，并据此认定该遗嘱见证书无效不当，应当予以纠正。据此二审判决：

一、撤销一审判决；

二、现登记在被继承人刘7名下的某小区17号楼3单元402室房产，由刘1继承50%的份额，刘3和刘4、刘5、刘6各继承12.5%的份额；现登记在被继承人刘7名下的某小区53号楼1单元502室房产，由刘2继承50%的份额，刘3和刘4、刘5、刘6各继承12.5%的份额；

三、被继承人名下255489.72元存款及利息，由刘3和刘4、刘5、刘6各自依法继承5/24的份额，刘1、刘2各自继承1/12的份额。

【法官后语】

本案主要涉及遗嘱见证书效力的正确认定问题。

司法实践中遗嘱见证书较为常见，对其效力的正确认定对于正确处理此类继承纠纷案件至关重要。本案即为如此。本案一审认为涉案遗嘱见证书不符合法律规定的形式要件以及无法确定立遗嘱人真实意思表示，并据此认定该遗嘱见证书无效。二审则认为在当事人未提供充分有效证据证明该遗嘱见证书存在法律规定的无效情形下，可以认定该遗嘱见证书内容系遗嘱人赵某的真实意思表示，合法有效，并据此改判。

遗嘱是单方法律行为，遗嘱人可以在法律规定的遗嘱形式范围内自由选择遗嘱形式。在遗嘱人自己没有书写能力或者因其他原因不能自己书写遗嘱时，可以由他人代为书写遗嘱内容，最后由遗嘱人对遗嘱进行确认、签字。代书遗嘱，是指由遗嘱人口述而由他人代替遗嘱人书写遗嘱内容的一种遗嘱形式。因遗嘱系处分个人财产的重大民事法律行为，为保证遗嘱及遗嘱人处分个人财产意思表示的真实性，法律对各类遗嘱的形式要件分别作了明确的规定。《中华人民共和国民法典》（以下简称《民法典》）第一千一百三十五条规定，代书遗嘱应当有两个以上见证人在场见证，由其中一人代书，并由遗嘱人、代书人和其他见证人签名，注明年、月、日。即一个标准的代书遗嘱的订立过程应该是遗嘱人边口述、代书人边听写、见证人在旁边全程见证参与。司法实践中法院在审理涉及代书遗嘱的继承纠纷案件时，应根据上述法律规定以及《民法典》相关条文的规定，重点审查代书遗嘱是否符合法律规定的遗嘱形式，其内容是否为遗嘱人的真实意思表示。代书遗嘱的形式要件为：一是应当有两个以上见证人在场见证，需要注意的是，此处的见证人包含了代书人，即代书人和见证人的总人数要在两人以上，如果总人数少于两人，则该代书遗嘱不符合法定的形式要件而不能被确认为有效遗嘱。另外在空间的同一性上，上述见证人应当同时亲临现场见证，远程见证、线上见证、两名见证人先后到场见证均不符合要求。二是由其中一人代书，并由遗嘱人、代书人和其他见证人签名，“由其中一人代书”是指遗嘱的全部代书工作自始至终由其中一个见证人作为代书人自行完成，各见证人或者遗嘱人与见证人共同代书遗嘱均是不符合要求的。遗嘱人应将需要订立遗嘱的内容清晰、准确地进行表述，代书人应将遗嘱人的真实意思完整、准确、如实地予以记录，其他见证人应认真倾听遗嘱人所表达的意思，监督代书人是否履行代书职责，并核对代书人所书写的遗嘱内容与遗嘱人所表达的意思是否一致。代书人在遗嘱书写完毕后，应将遗嘱的内容向遗嘱人宣读，或者将代书的遗嘱交由遗嘱人核对，从而确保遗嘱人的真实意思被完整、准确地记录下来。遗嘱代书完成后，应当由遗嘱人、代书人和其他见证人分别在代书遗嘱上签名，遗嘱人签名是确认所立遗嘱系其本人的真实意思表示；代书人签名是确认其按照遗嘱人的意思独立完成遗嘱代书工作并作为见证人在场见证；其他见证人签名是确认其作为见证人在场见证了遗嘱人立遗嘱、代书人代书遗嘱的整个过程。应当注意的是，遗嘱人、代书人和其他见证人本人签名是代书遗嘱有效的决定性要件，如果代书遗嘱上没有签名、缺少签名或者假冒签名等就不符合法律规定的遗嘱形式，该遗嘱就应是无效遗嘱。三是注明年、月、日。原《中华人民共和国继承法》第十七条第三款规定代书遗嘱应当有两个以上见证人在场见证，由其中一人代书，注明年、月、日，并由代书人、其他见证人和遗嘱人签名，即仅代书人注明年、月、日即可，其他见证人和遗嘱人只需签名而无须注明年、月、日。此为《民法典》新增加的内容，遗嘱人、代书人、见证人均应在同一份遗嘱的落款处分别签名并注明年、月、日，且注明的年、月、日三个要素必须齐全，三者缺一不可。注明明确的日期，不仅有利于在发生纠纷时从时间方面辨明真伪，而且能查明遗嘱人书写遗嘱时是否具有行为能力。对于有多份遗嘱的，遗嘱时间的记载还有利于判定哪份遗嘱是最后形成的、具有法律效力的遗嘱。

另外在实质要件上，要审查遗嘱人、代书人、见证人的主体资格，看其是否属于不得作为代书人、见证人的人。《民法典》第一千一百四十三条第一款规定，无民事行为能力人或者限制民事行为能力人所立的遗嘱无效。即遗嘱人应当具有完全民事行为能力。本法第一千一百四十条规定，下列人员不能作为遗嘱见证人：（一）无民事行为能力人、限制民事行为能力人以及其他不具有见证能力的人；（二）继承人、受遗赠人；（三）与继承人、受遗赠人有利害关系的人。如果见证人或代书人属于上述三类人员中的任何一类，代书遗嘱即应是无效遗嘱。在这里需要注意的是，如果代书人和见证人是两人以上，且代书人和见证人均属于《民法典》第一千一百四十条所规定的三类人中的一类，则此时代书遗嘱系无效遗嘱。但是，如果代书人和见证人中有些属于《民法典》第一千一百四十条所规定的三类人中的一类，有些不属于该三类人中的一类，此时，应如何确定代书遗嘱的效力？对此，应该从代书遗嘱要求有见证人见证的立法目的上来考量。代书遗嘱毕竟不是由遗嘱人亲笔书写，为避免遗嘱人的真实意思被误解、曲解乃至被篡改，法律规定在订立代书遗嘱时应该由无利害关系的人员作为见证人，且规定必须有两个以上的无利害关系的人员作为见证人、代书人，以此来达到相互监督，共同维护遗嘱人利益的目的。同时，法律规定代书遗嘱在订立时需要有见证人见证，也是为了避免遗嘱人受到外部利害关系人不正当的干预或影响，导致其不敢或不便表达出自己的真实意思。故应从法律规定的见证人的最低人数考察，如果因部分见证人属于上述三类人中的一种，导致不符合见证人最少为两人的，则遗嘱无效。在涉及代书遗嘱的继承纠纷案件中，代书人、见证人还身兼证人的身份，即证明该遗嘱是遗嘱人真实意思表示，且遗嘱人在订立遗嘱的过程中不存在被欺诈、胁迫的情形，遗嘱人完全是在自愿的情形下订立的遗嘱。同时还需要证明该遗嘱是完整的，不存在被篡改或伪造的情况。故此，代书遗嘱的见证人、代书人需要出庭接受双方当事人和法庭的询问，完整、如实地陈述遗嘱订立的过程。根据《最高人民法院关于适用〈中华人民共和国民事诉讼法〉的解释》第一百一十九条及第一百二十条的规定，见证人、代书人在出庭作证时需要签署保证书，以保证其将如实作证并愿意承担作伪证的法律后果。如果其拒绝签署保证书，那么不得作为证人当庭陈述意见。①

具体到本案中，涉案遗嘱见证书系由某法律服务所工作人员秦某、崔某作为见证人打印制作，加盖了某法律服务所印章，该遗嘱见证书有赵某的捺印，见证人及在场人亦均签名捺印，且在制作该遗嘱见证书时见证人亦对赵某进行了调查和录像，赵某向制作人出具的精神状态证明书中亦记载“被检者目前精神状态正常”。因此，在当事人未提供充分有效证据证明该遗嘱见证书存在法律规定的无效情形下，可以认定该遗嘱见证书内容系遗嘱人赵某的真实意思表示，合法有效。赵某于2017年9月2日所立遗嘱系对2011年10月25日其与刘7所立《家事自书遗嘱》中涉及其个人财产内容的变更。根据涉案两份遗嘱，现登记在被继承人刘7名下的某小区17号楼3单元402室房产，应当由刘1继承50%的份额，刘4、刘3、刘5、刘6各继承12.5%的份额；现登记在被继承人刘7名下的某小区53号楼1单元502室房产，应当由刘2继承50%的份额，刘4、刘3、刘5、刘6各继承12.5%的份额；对于被继承人名下255489.72元存款及利息的50%，应当按照法定继承处理，由刘1、刘2、刘4、刘3、刘5、刘6各自依法继承六分之一的份额；对于另外50%，应当按

---

① 最高人民法院民法典贯彻实施工作领导小组主编：《中华人民共和国民法典婚姻家庭编继承编理解与适用》，人民法院出版社2020年版，第568~569页。

照遗嘱继承处理，由刘 4、刘 3、刘 5、刘 6 各自继承四分之一的份额。综上，一审法院认为遗嘱见证书不符合法律规定的形式要件以及无法确定立遗嘱人真实意思表示，并据此认定该遗嘱见证书无效不当，二审法院对该证据效力予以认定无疑是正确的。

编写人：山东省淄博市张店区人民法院　刘晓辉

山东省淄博市中级人民法院　荣明潇

45

对受遗赠人“知道受遗赠”的认定不应适用“应当知道”标准

——陆甲、李甲诉陆乙等遗嘱继承案

【案件基本信息】

1. 裁判书字号

北京市第三中级人民法院（2022）京 03 民终 2914 号民事判决书

2. 案由：遗嘱继承纠纷

3. 当事人

原告（上诉人）：陆甲、李甲

被告（被上诉人）：陆乙、陆丙、陆丁

【基本案情】

被继承人陆戊与被继承人李乙夫妻育有长女陆乙、次女陆丙、三女陆甲和儿子陆丁四名子女。陆甲与李甲系夫妻。登记在被继承人陆戊名下的涉案房产系被继承人陆戊和被继承人李乙夫妻共同财产。1998 年 6 月 18 日，被继承人陆戊和被继承人李乙分别订立遗嘱，内容是“涉案房屋（建筑面积 78.78 平方米)，是我和老伴李乙（陆戊）共有的房产，我立本遗嘱将上述房产中属于我的那部分房产在我去世后留给我的三女儿陆甲、三女婿李甲所有。本遗嘱一式三份，两份由我的女儿陆甲保管，一份留存公证处”。当日，北京市海淀第三公证处出具公证书，对陆戊和李乙在公证遗嘱上签名予以公证。2003 年 4 月 15 日，陆戊去世；2019 年 12 月 29 日，李乙去世后火化。2020 年 8 月 30 日，陆甲在与陆乙、陆丙、陆丁、李甲建立的微信群中发送微信，内容是“我给大家建了一个微信群，关于父母房子的事，我和大家正式说一下：母亲去年年底去世的时候，当时我回香港匆忙，没有来得及整理母亲的遗物，后来又赶上了疫情就一直没办法回来。这次回来以后整理了母亲的遗物，找到了母亲的遗嘱。为了谨慎起见，我前几天也去了公证处进行核实，最后确定这两份遗嘱确实是父母做的公证遗嘱。我看到遗嘱后，虽然和姐姐提过，但是也没正式拿出来给大家看。我要回香港了，所以把遗嘱发给大家看下。”李甲于当日在该群聊中发微信：“收悉！我看一下”、“这两份遗嘱是爸妈的心愿，我愿意遵照他们的意愿继承房子，也很感激他们的心意。很遗憾的是，没有在咱妈走之前见她最后一面”。各方一致确认涉案房屋现值为 800 万元。

【案件焦点】

李甲是否系在知道受遗赠后的法定期限内作出接受遗赠的意思表示。

【法院裁判要旨】

一审法院认为，涉案公证遗嘱合法有效。李甲系法定继承人以外的人，被继承人陆戊和被继承人李乙将各自份额留给李甲系对法定继承人以外的个人的赠与。根据法律规定，受遗赠人应当在知道受遗赠后六十日内，作出接受或者放弃受遗赠的表示；到期没有表示的，视为放弃受遗赠。被继承人陆戊和被继承人李乙均在遗嘱中写明由陆甲保管两份遗嘱，一份留存公证处，李甲与陆甲系夫妻，应知晓该遗嘱，但其并未在知道受遗赠后六十日内作出接受遗赠的表示，根据法律规定，应视为李甲放弃受遗赠。因此，涉案房产二分之一份额为受遗赠份额，该部分份额按照法定继承办理。故判决：

一、登记在被继承人陆戊名下的北京市朝阳区三里屯南35号楼4单元101号房产由陆甲继承；

二、陆甲于判决生效之日起三十日内给付陆乙、陆丙、陆丁每人一百万元。

二审法院认为，本案应适用民法典之前的法律规定。涉案遗嘱中写明两份遗嘱由陆甲保管，一份遗嘱留存公证处。在案证据显示，2020年8月30日，陆甲在与陆乙、陆丙、陆丁、李甲建立的微信群中将涉案遗嘱群发，李甲随后在该微信群中表示接受遗赠，故本案的审查重点在于李甲何时知道遗嘱内容。对于该问题的判断应当严格根据法律规定，法律规定受遗赠人表示接受或放弃受遗赠的时限是“知道受遗赠后两个月内”。在案现有证据无法证明李甲在2020年8月30日之前知道遗嘱内容，陆甲虽与李甲系夫妻关系，但二人系具有完全民事行为能力的独立个人，不能因二人之间存在夫妻关系即能推断出：当陆甲知道遗嘱内容或保存遗嘱时，则必然导致李甲知道遗嘱内容的结论。因此李甲依法有权继承涉案房产。最终二审改判：

一、撤销北京市朝阳区人民法院（2021）京0105民初49082号民事判决；

二、登记在被继承人陆戊名下的涉案房屋由陆甲、李甲继承所有，陆乙、陆丙、陆丁于本判决生效后七日内配合办理变更登记手续。

【法官后语】

本案的重点在于如何理解受遗赠人“知道受遗赠”这一行为。在受遗赠人不知晓遗嘱订立情况时，查明受遗赠人知道受遗赠这一事实在何时发生、以确定接受遗赠意思表示期限的起算点至关重要。本案中，一审法院以公证书中注明遗嘱由陆甲保管两份，进而基于夫妻关系推定陆甲之配偶李甲早已知晓该遗嘱，系适用“应当知道”的标准认定受遗赠人知道受遗赠的时间点，存在不当，具体理由如下：

从对法律条文的文义解释上看，《中华人民共和国继承法》第二十五条第二款以及《中华人民共和国民法典》第一千一百二十四条第二款均采用同样的表述，即“知道受遗赠”，而非“知道或应当知道受遗赠”。一般认为，“知道”代表一种确切的状态、事实，指的是主体对某件事物、某件事实有明确认知，不包含价值判断因素，而所谓“应当知道”指的是通过客观条件推断出的结论，即相同条件下能够推断得出理性人应当知道。笔者认为，在法律明文规定适用“知道”标准认定受遗赠人行为时，不宜对其采用扩大解释而适用“应当知道”标准推定事实成立。

从举证责任分配的角度上看，适用“应当知道”规则的目的在于减轻证明责任人对待证事实的举证负担。因受遗赠之权利与法定继承权存在利益冲突，双方权利人易引发诉讼，因此司法实践中证明受遗赠人知道遗赠事实的举证责任往往由法定继承人负担。对于受遗赠人而言，其并非被继承人的法定继承人，与被继承人的生活接触往往不及法定继承人一般紧密，基于常理，法定继承人比受遗赠人更有可能从被继承人处率先获知遗赠事实，也更容易举证证明受遗赠人何时有机会接触到遗嘱，因而并无通过适用“应当知道”标准分摊诉讼风险之必要。倘若在此情形下进一步通过适用“应当知道”规则减轻法定继承人的举证负担，则对受遗赠人颇有不利。因此，以受遗赠人明确知道受遗赠而非应当知道受遗赠作为期限起算点，能够更好平衡法定继承人与受遗赠人之间的利益。

从民事法律行为主体的独立性角度上看，即便陆甲与李甲为夫妻，双方作为独立民事法律行为主体，法院亦不宜推定夫妻一方得知某事实后另一方必然同时知晓。一方面，在一方为法定继承人、另一方为受遗赠人的情况下，夫妻双方之间也可能存在潜在利益冲突，另一方面，受遗赠人应当在知道受遗赠后尽快作出接受的意思表示，此为受遗赠人负担的一项法定义务，如不施行则会导致失权的法律后果，因此类比夫妻共同债务的承担尚需基于夫妻共同意思表示的司法逻辑，不宜以夫妻一方的个人行为判定另一方承受失权的法律后果。

编写人：北京市第三中级人民法院　张慧　张韵可

（三）被继承人债务清偿纠纷

46

夫妻一方以登记在其一人名下的共有房产对外抵押的法律效力

——福建银行福州支行诉方某某等被继承人债务清偿案

【案件基本信息】

1. 裁判书字号

福建省福州市鼓楼区人民法院（2022）闽0102民初3956号民事判决书

2. 案由：被继承人债务清偿纠纷

3. 当事人

原告：福建银行福州支行

被告：方某某、赵某甲、赵某乙、郑某某

【基本案情】

2020年12月9日，赵某向福建银行福州支行申请借款240万元，签署了《个人借款申请表》。

2021年1月12日，借款人（甲方）赵某、贷款人（乙方）福建银行福州支行订立《个人借款授信合同》。其中，第一条和第二十一条约定：授信额度为230万元。第二条和第二十二条约定：授信期间自2021年1月12日起至2026年1月12日止。第五条“具体借款的利率”约定：（一）具体借款的利率在《个人授信额度使用合同》中记载，按照全国银行间同业拆借中心公布的贷款市场报价利率（LPR）基础上加/减基点（一个基点为0.01%）确定。（二）具体借款的《个人授信额度使用合同》签订后至借款发放前，如LPR发生变动，则按下述方式执行（具体采取第几项执行方式，详见本合同第二十三条第（一）款约定）：1. 具体借款的利率不作调整，继续执行《个人授信额度使用合同》中记载的借款利率。2. 当月公布LPR前（含公布当日）放款的，借款利率按上一月公布的LPR为基数，并按《个人授信额度使用合同》约定的加/减基点数计算。当月公布LPR后（不含公布当日）放款的，借款利率按当月公布的LPR为基数，并按《个人授信额度使用合同》约定的加/减基点数计算。（三）具体借款发放后，如LPR发生变动，《个人授信额度使用合同》约定的加/减基点数不变，借款利率按下述方式执行（具体采取第几项执行方式，详见本合同第二十三条第（二）款约定）：1. 借款利率不作调整，继续执行本条第（二）款确定的利率。2. 每月公布LPR次日相应调整利率。3. 每年1月1日起按照上年12月公布的LPR相应调整利率。4. 放款日每年对月对日起（如遇LPR公布日，则次日起）按当日所适用的LPR相应调整利率，无对月对日的于当月最后一日按当月LPR相应调整利率。（四）具体借款的利率发生变更的，本合同约定的违反借款用途的罚息利率和逾期罚息利率自动作相应变更。（五）中国人民银行利率政策变动时，乙方可以直接执行中国人民银行的有关规定。第七条第一款第二项“结息方式”约定：结息周期由双方在《个人授信额度使用合同》中约定，放款当日为起息日。结息日当日起乙方可以扣收当期利息，甲方最迟应于结息日次日（还息日）支付当期利息，逾期未付乙方可以计收复利。借款到期日，利随本清。第九条“甲方的权利和义务”约定：甲方应按本合同的约定按期足额归还借款本息；甲方未履行本合同的，应承担由此引起的乙方为实现债权（含担保权利）的费用（包括但不限于诉讼费、财产保全费、律师费、差旅费、执行费、评估费、拍卖费等）；甲方向乙方做出的任何承诺均构成本合同项下甲方应履行的义务；等等。第十一条“违约责任”第一款约定：发生下列情形之一的，构成甲方违约：甲方未按本合同约定的期限清偿借款本金或利息；甲方未履行其向乙方做出的任何承诺；甲方未履行本合同项下其他义务的；甲方在本合同履行期间死亡（包括被宣告死亡）、被宣告失踪或丧失民事行为能力后，无人代其履行债务（含甲方遗产的继承人、受遗赠人，或财产监护人、财产代管人等拒绝继续履行本合同）的；足以影响乙方债权实现的其他情形；等等。第十一条“违约责任”第二款约定：出现本条第一款所述的情形之一的，乙方可以行使下述一项或（和）几项权利：视为所有已发放的借款提前到期，要求甲方立即偿还本合同项下的所有借款的本金和利息；对甲方未按本合同约定的期限清偿具体借款本金（包括提前到期的具体借款本金）的，就其到期应付而未付的具体借款本金自逾期之日（含当日）起按本合同具体借款利率上浮（上浮比例详见本合同第二十六条第二款）（称为“逾期罚息利率”）以本合同约定的结息方式计收利息；无论具体借款本金是否到期，对甲方未按本合同约定的期限清偿具体借款利息的，就其到期应付而未付的具体借款利息自逾期之日（含当日）起按逾期罚息利率以本合同约定的结息方式计收复利；行使担保权利；解除本合同；等等。第二十三条“具体借款的利率”约定：（一）具体借款的《个人授信额度使用合同》签订后至借款发放前，如LPR发生变动，则按本合同第五条第二款第一项执行。（二）具体借款发放后，如LPR发生变动，《个人授信额度使用合同》约定的加/减基点数不变，借款利率按本合同第五条第三款第一项执行。第二十六条“违约罚息”第二款约定：对甲方未按本合同约定的期限清偿具体借款本金的逾期罚息利率，按本合同具体借款利率上浮50%计收。

2021年1月12日，抵押人（甲方）赵某与抵押权人（乙方）福建银行福州支行订立《最高额抵押合同》。其中：前言和第二十四条约定：主合同债务人指的是赵某。第一条和第二十五条约定：甲方抵押担保的主合同为下列所有合同：（一）主合同债务人和乙方于2021年1月12日至2026年1月12日签订的所有合同、协议和其他书面文件。（二）其他主合同：主合同债务人和乙方于2021年1月12日签订的《个人借款授信合同》。第二条和第二十六条约定：甲方担保的最高债权额为3020700元。第三条第一款约定：抵押担保的范围为主合同债务人的债务本金、利息（含复利）、违约金、损害赔偿金、迟延履行金以及乙方实现债权（含担保权利）的费用（包括但不限于诉讼费、财产保全费、律师费、差旅费、执行费、评估费、拍卖费等）。第三条第三款约定：若乙方对主合同项下的债权拥有其他担保（包括但不限于保证、抵押、质押、留置等担保方式），甲方确认，当主合同债务人未按主合同约定履行债务时，则无论其他担保是主合同债务人提供的还是主合同债务人以外的第三人提供的，也无论担保物的状况如何，乙方均可以不分先后顺序地直接要求甲方在其担保范围内承担担保责任。若乙方放弃其他担保，甲方承诺仍然按本合同约定提供担保。甲方同意与主合同的其他担保人对乙方承担连带债务。

第四条及本合同所附有关清单约定：抵押物是803单元的不动产。

第九条“抵押物的处分”第三款约定：主合同债务人的任意一笔债务本金或利息履行期限届满，乙方未受清偿的，乙方可以处分抵押物，以所得价款优先受偿。

第九条“抵押物的处分”第四款约定：发生下列情形之一的，乙方可以处分抵押物，以所得价款优先受偿：甲方为自然人的，甲方死亡（包括被宣告死亡）、被宣告失踪或丧失民事行为能力后，无人代其履行债务（含甲方遗产的继承人、受遗赠人，或财产代管人、监护人等拒绝继续履行本合同）；依主合同约定，乙方要求主合同债务人提前履行债务的；主合同债务人未履行主合同项下任一义务的；出现使乙方在主合同项下的债权难以实现或无法实现的其他情况等。

另，抵押人还向福建银行福州支行出具了《个人房屋抵押担保函》。2021年1月18日，上述抵押财产在福州市自然资源和规划局办理了抵押权登记，福建银行福州支行取得《不动产登记证明》。该证明载明：抵押方式：最高额抵押，最高债权额：3020700元。2021年1月12日，借款人与贷款人订立《个人授信额度使用合同》。合同约定：借款金额为230万元，借款期限为12个月，借款年利率为5%［该利率为2020年12月公布的一年期LPR加115基点（一基点为0.01%）］，结息周期为1个月。还款方式：一次性还本，按结息周期付息。2021 年 1 月 20 日，贷款人依约向借款人发放贷款。借款人出具的《借款借据》载明：借款金额为 230 万元，执行年利率为 5%，借款日期为 2021 年 1 月 20 日，到期日期为 2022 年 1 月 20 日。但是，借款人违反合同约定的，构成违约。虽然赵某已经死亡，但是方某某、赵某甲、赵某乙、郑某某作为赵某的法定第一顺位继承人，应当以所得赵某遗产的实际价值为限清偿赵某所负的债务。借款人尚欠借款本金和利息以及福建银行福州支行因本案支出律师费等费用金额。

【案件焦点】

赵某与福建银行福州支行签订《最高额抵押合同》的效力，即福建银行福州支行对赵某提供的抵押房产是否享有优先受偿权问题。

【法院裁判要旨】

福建省福州市鼓楼区人民法院经审理认为：福建银行福州支行与赵某签订的《个人借款授信合同》《借款借据》系双方的真实意思表示，合法有效，双方均应恪守。福建银行福州支行依约支付了借款，履行了合同义务。赵某作为借款人未按约及时还款付息，其行为已构成违约，应承担违约之责。双方在合同中约定的利息、罚息及复利等计算方式不违反法律规定，本院予以确认。福建银行福州支行要求支付本金、利息、罚息、复利，于法有据，本院予以支持。

关于本案的争议焦点：赵某与福建银行福州支行签订《最高额抵押合同》的效力，即福建银行福州支行对赵某提供的抵押房产是否享有优先受偿权问题。本院分析如下：

其一，我国对不动产物权变动适用实质登记主义，不仅以登记作为物权变动的公示方法，而且赋予登记以公信力，即采用公信原则。根据公信原则的要求，从维护交易安全和秩序、保障当事人的合法权益考虑，对不动产交易适用善意取得制度，即对于基于不动产公信力的信赖而善意取得的不动产或在其上设定的负担，依法给予保护。同时，《中华人民共和国民法典》第三百一十一条规定："无处分权人将不动产或者动产转让给受让人的，所有权人有权追回；

除法律另有规定外，符合下列情形的，受让人取得该不动产或者动产的所有权：（一）受让人受让该不动产或者动产时是善意；（二）以合理的价格转让；（三）转让的不动产或者动产依照法律规定应当登记的已经登记，不需要登记的已经交付给受让人。受让人依据前款规定取得不动产或者动产的所有权的，原所有权人有权向无处分权人请求损害赔偿。当事人善意取得其他物权的，参照适用前两款规定。”该条不仅规定了不动产所有权可适用善意取得，而且不动产的其他物权（用益物权、担保物权等）亦适用善意取得。可见，在部分共有人未经其他共有人同意擅自以共有财产为个人债务设定抵押是否有效，当取决于抵押权人是否构成善意取得。结合本案，赵某用作抵押担保的房产登记在其一人名下，方某某既非产权人亦非共有权人。福建银行福州支行基于对登记公信力的信赖，有理由相信赵某享有处分该房产的权利。

其二，根据《中华人民共和国民法典》第一千零六十三条之规定：“下列财产为夫妻一方的个人财产：（一）一方的婚前财产……”本案赵某提供抵押的房产，系其与方某某结婚前取得的财产，属于赵某个人所有。虽然赵某在申请本案贷款时谎报婚姻状况为未婚，但是这并不影响赵某有独自处分其个人房产的权利。

其三，福建银行福州支行在办理抵押手续时，查验了赵某提供抵押房产的相关产权材料、个人信用报告，同时，要求赵某提供户口簿，出具《婚姻状况声明书》，福建银行福州支行已尽到善意相对人的注意义务。即使福建银行福州支行得知的赵某与方某某的夫妻关系，亦无法改变赵某有权独自处分其婚前个人财产的事实，故福建银行福州支行在办理抵押事项中并不存在恶意。

其四，根据《最高人民法院关于适用〈中华人民共和国民法典〉婚姻家庭编的解释（一）》第七十八条之规定：“夫妻一方婚前签订不动产买卖合同，以个人财产支付首付款并在银行贷款，婚后用夫妻共同财产还贷，不动产登记于首付款支付方名下的，离婚时该不动产由双方协议处理。依前款规定不能达成协议的，人民法院可以判决该不动产归登记一方，尚未归还的贷款为不动产登记一方的个人债务。双方婚后共同还贷支付的款项及其相对应财产增值部分，离婚时应根据民法典第一千零八十七条第一款规定的原则，由不动产登记一方对另一方进行补偿。”本院认为，依照上述规定，案涉房产仍应归不动产登记一方即赵某所有，方某某仅在与赵某离婚时享有获得补偿的权利，此权利性质应为债权，不能对抗福建银行福州支行对赵某提供抵押房产所享有的物权；况且，赵某并未与方某某离婚，方某某不能因上述规定获得相关补偿。综上，福建银行福州支行基于对登记公信力的信赖，有理由相信赵某享有处分该房产的权利，方某某不能证明福建银行福州支行在签订抵押合同及办理过程中存在恶意，赵某与福建银行福州支行签订的《最高额抵押合同》合法有效，福建银行福州支行依法享有对案涉房产的抵押权。

关于被告方某某、赵某甲、赵某乙、郑某某的责任，本院认为，根据《中华人民共和国民法典》第一千一百六十一条规定：“继承人以所得遗产实际价值为限清偿被继承人依法应当缴纳的税款和债务。超过遗产实际价值部分，继承人自愿偿还的不在此限。继承人放弃继承的，对被继承人依法应当缴纳的税款和债务可以不负清偿责任。”本案赵某甲、赵某乙、郑某某均书面放弃赵某的遗产继承权，故其不负本案债务的清偿责任。但被告方某某并未表示放弃继承赵某的遗产，故被告方某某仍应在继承赵某遗产范围内承担本案债务的清偿责任。

综上，现依照《中华人民共和国民法典》第三百一十一条、第五百零九条第一款、第五百七十七条、第六百七十六条、第一千零六十三条，《最高人民法院关于适用〈中华人民共和国民法典〉婚姻家庭编的解释（一）》第七十八条之规定，判决如下：

一、确认赵某尚欠原告福建银行福州支行贷款本金 2300000 元及相应的利息、罚息、复利（暂计至 2022 年 4 月 1 日的利息、罚息、复利为 43901.21 元，之后的利息按照合同约定计至款项实际还清之日止）；

二、确认赵某应赔偿原告福建银行福州支行律师费 25551 元；

三、原告福建银行福州支行有权就上述第一项、第二项判决确定的债权，对赵某名下位于 803 单元的不动产享有抵押权，有权以拍卖、变卖该抵押财产所得的价款在最高债权额3020700元的限度内优先受偿；

四、被告方某某应于本判决生效之日起十日内对上述债务在继承赵某遗产的范围内向原告福建银行福州支行承担清偿责任；

五、驳回原告福建银行福州支行的其他诉讼请求。

判决后，双方当事人均未上诉，本判决现已生效。

【法官后语】

我国法学学术上，对于夫妻一方以登记在其一人名下的共有房产对外进行抵押的法律效力问题存在一定的争议。

观点一：夫妻单独一方不得对夫妻共同财产进行抵押，须夫妻双方到场签字才能办理抵押手续。该观点认为，夫妻在处分夫妻共同财产时，对于财产价值较低的，一方不需要经过另一方的同意；对于房产、车辆等价值较高的夫妻共同财产，原则上应当夫妻双方共同处分，一方擅自处分会对另一方的合法权益造成巨大损失。

观点二：夫妻共同财产虽然属于共有财产的一种，但是其他共有人知道或应当知道而未提出异议视为同意，抵押有效。该观点认为，我国房产可以同时多人登记，夫妻中未进行权属登记的一方在明知共有房产仅登记在对方名下的情况下未进行共有登记，是对夫妻共有房产在另一方名下并由其控制、支配和使用而采取默认的态度，因此应当认定该"隐形共有人"应当知道另一方会对该财产进行一定处分。同时，抵押权人根据不动产登记中心对外的物权公示效力产生的信赖利益应当予以保护，有利于稳定市场秩序。

本案审理的思路更侧重于第二个观点。首先，从物权公示效力的角度来说，基于对物权公示效力的信赖而取得涉案房屋抵押权的行为，应当受到法律保护。即使不动产登记簿上记载的权利人与实际的权利人不一致，基于物权公示效力和对市场交易安全的保护，也不宜轻易否定不动产登记簿公示登记的效力，因此抵押权人对抵押物整体享有优先受偿权。上述案例中的方某某可以通过不动产权属登记保障自己的合法权益，但是其默许和不作为行为导致了抵押结果的发生，应当承担不利后果。

其次，从抵押权人审查义务的程度来说，在相关法律法规未对物权受让人苛以严格的审查义务的情形下，不应强加于受让人这种审查义务，当财产安全与交易安全发生冲突时，理应保护交易安全。当抵押权人尽到形式上的审查义务后，夫妻一方以登记在其一人名下的共有房产设立的抵押通常认定为具有法律效力，并且对于抵押财产是否会存在“隐形共有人”、对“隐形共有人”是否知情并同意以及抵押人婚姻状况的真实性不应具有实质审查的义务。

最后，应当注意到的是，虽对抵押权人的审查义务不得过于严苛，但对抵押权人是否能参照《中华人民共和国民法典》第三百一十一条规定的“善意取得”制度享有对抵押物的优先受偿权，仍需判断抵押权人是否已尽到善意相对人的注意义务。

上述案例给我们带来的思考与启示在于，作为抵押权人的银行在审查抵押手续时，应从形式上严格审查抵押房产的相关产权材料以及抵押人的个人信用报告、婚姻关系情况（抵押人需提供户口簿、出具《婚姻状况声明书》等）。

法院在认定抵押有效时，应侧重考虑案件的具体情况，如：（1）抵押房产是否长期处于一方名下，而另一方是否在具有办理权属登记条件的情况下一直未办理共有登记；（2）主张优先受偿权的抵押权人在办理抵押手续时是否尽到善意相对人的注意义务，对抵押物及抵押人的相关材料进行严格形式审查；（3）抵押人已婚，抵押房产虽处于一方名下，但该房产是否属于一方婚前财产；（4）房屋是否处于出租、出售或其他营利状态，且权属人与“隐形共有人”进行过营收分配；（5）权属所有人在办理抵押登记时是否提供“隐形共有人”身份证、户口本等具有个人隐私性、在本人不知情的情况下不可轻易获取的材料。

编写人：福建省福州市鼓楼区人民法院　林莹

（四）遗赠纠纷

47

被继承人订立遗嘱将个人财产指定由代位继承人继承，其性质应认定为遗赠

——靳某诉靳甲、靳乙继承案

【案件基本信息】

1. 裁判书字号

北京市第一中级人民法院（2022）京01民终8053号民事判决书

2. 案由：继承纠纷

3. 当事人

原告（被上诉人）：靳某

被告（上诉人）：靳甲

被告（被上诉人）：靳乙

【基本案情】

靳丙与靳甲、靳乙系靳立某、牛某夫妇的子女。靳某系靳丙之子，靳丙于1988年去世。靳立某于2008年去世，牛某于2017年去世。1996年，靳立某与单位签订《房屋买卖合同》，并于1997年取得涉案房屋产权证。

2006年3月1日，牛某在街道法律服务所两名工作人员的见证下，订立代书遗嘱，载明个人所有财产在去世后全部由靳甲继承。2006年3月22日，牛

某又以同样方式再次订立代书遗嘱，载明个人所有财产在去世后全部由孙子靳某继承，遗嘱格式与3月1日代书遗嘱相同。靳某于2020年诉至法院，要求执行2006年3月22日遗嘱内容。靳甲对2006年3月22日的遗嘱效力不予认可，且认为该遗嘱性质实为遗赠，靳某亦未在60日内作出接受遗赠的意思表示，故应按2006年3月1日所立遗嘱进行遗产分割，判决牛某的房产份额由靳甲继承。靳乙对两份代书遗嘱的效力均不予认可，主张遗产应依据法定继承分割。

【案件焦点】

牛某于2006年3月22日订立遗嘱的性质和效力应如何认定。

【法院裁判要旨】

北京市海淀区人民法院经审理认为：代位继承人的身份同样适用于遗嘱继承。本案中，牛某所立两份代书遗嘱均符合相关法律要件，应认定为遗嘱有效。牛某死亡后，在后遗嘱生效，靳某有权要求按照遗嘱约定继承属于牛某的房屋份额。考虑到靳甲、靳乙对牛某承担了主要赡养义务，且靳乙目前系缺乏劳动能力的继承人，故在分割靳立某享有的房屋份额时，酌情对靳甲、靳乙予以多分。

北京市海淀区人民法院判决如下：

一、被继承人靳立某名下房屋由靳某继承，靳某于判决生效后三十日内给付靳甲房屋折价款1233815元、给付靳乙房屋折价款1233815元；

二、驳回靳某的其他诉讼请求；

三、驳回靳甲、靳乙的其他诉讼请求。

靳甲不服一审判决，提起上诉。北京市第一中级人民法院经审理认为，靳某作为代位继承人，系法律拟制准许其行使先于被继承人死亡的长辈直系血亲继承权利的继承人，其权利行使受到其被代位继承人应继承份额的限制，与原继承法规定的法定继承人在具体内涵和权利行使上均不相同。靳某作为牛某之孙，并非原继承法所规定的法定继承人范围，故2006年3月22日遗嘱性质实为遗赠。牛某去世后，靳某未在两个月内作出接受遗赠的意思表示，故该遗嘱未对靳某发生法律效力，但该遗嘱明确否定了在前遗嘱，故应按照法定继承处理。

北京市第一中级人民法院依照《最高人民法院关于适用〈中华人民共和国民法典〉时间效力的若干规定》第一条，原《中华人民共和国继承法》第二条、第三条、第五条、第十三条、第十六条、第二十五条，《中华人民共和国民事诉讼法》第一百七十七条第一款第二项规定，作出如下判决：

一、维持北京市海淀区人民法院民事判决第二项、第三项；

二、撤销北京市海淀区人民法院民事判决第一项；

三、变更北京市海淀区人民法院民事判决第一项为：被继承人靳立某名下的房屋由靳甲继承，靳甲于本判决生效后三十日内给付靳某房屋折价款1880100元、给付靳乙房屋折价款1880100元；

四、驳回靳甲的其他上诉请求；

五、驳回靳某、靳乙的其他诉讼请求。

【法官后语】

基于遗嘱自由原则，具有完全民事行为能力的人可通过订立遗嘱的方式，对其个人的合法财产在其死亡后予以安排和处置。若指定接受遗产的人是立遗嘱人的法定继承人，则为遗嘱继承；若指定接受遗产的人非立遗嘱人的法定继承人，则为遗赠。被继承人订立遗嘱将遗产指定由代位继承人继承，其遗嘱性质是否为遗赠存在争议。本案即涉及遗嘱中代位继承人身份的认定及遗嘱效力问题。

一、关于遗嘱继承中代位继承人身份及遗嘱性质认定

关于代位继承人是否能够认定为法定继承人，进而适用遗嘱继承，涉及对法定继承人与代位继承人的区分。法定继承人是依照法律规定的范围和顺序直接继受被继承人遗产的继承人，《中华人民共和国民法典》（以下简称《民法典》）第一千一百二十七条第一项规定了法定继承人的范围和顺序，即第一顺位配偶、子女、父母，第二顺位兄弟姐妹、祖父母、外祖父母。而根据《民法典》第一千一百二十八条规定，代位继承人系被继承人子女的直系晚辈血亲在

被继承人子女先于被继承人死亡的情况下，由法律拟制准许其行使继承权利的继承人。代位继承制度虽规定于法定继承章节，但代位继承人和法定继承人在权利来源、继承范围和适用条件上均有区别，不可等同视之。

首先，权利来源上，法定继承权通常基于继承人与被继承人之间既存的婚姻、血缘和家庭关系而取得：如夫妻、父母子女、兄弟姐妹、祖孙之间，以及对公婆或岳父岳母尽了主要赡养义务的丧偶儿媳、丧偶女婿，形成抚养关系的继父母子女、继兄弟姐妹等。而代位继承权主要基于继承人系被继承人子女的直系晚辈血亲关系，在被继承人的子女先于被继承人死亡时才取得的法定继承权利。值得说明的是，法律仅规定祖父母、外祖父母可在孙子女死亡时作为第二顺位继承人享有法定继承权，而孙子女并非祖父母、外祖父母的法定继承人，其在祖父母、外祖父母去世时并不当然享有法定继承权。

其次，适用条件上，法定继承人作为法律规定依法享有继承权的人，可以适用法定继承和遗嘱继承。代位继承虽规定于法定继承章节，但代位继承人仅是有权代位参与法定继承的主体的称谓，并非具有完整独立继承权的法定继承人，仅适用法定继承。代位继承作为法定继承中的特殊制度安排，旨在维系被继承人各支脉之间的利益平衡，保障财产在被继承人的法定亲属范围内实现合理分配，故代位继承人不宜因取得代位继承权而认定为法定继承人，进而适用遗嘱继承。

最后，继承范围上，法定继承人可以依照法律规定的范围和顺序继受被继承人遗产，亦可以按照有效遗嘱继受被继承人的部分或全部遗产。而代位继承人一般只能继承被代位继承人有权继承的遗产份额，其继承范围受到死亡继承人继承范围的限制，仅在生活有困难的情况下可以适当多分。

鉴于代位继承人和法定继承人在权利来源、继承范围和适用条件上的区别，笔者认为，先于被继承人去世的子女的晚辈直系血亲作为代位继承人，可以作为第一顺位继承人参与法定继承，但并非由此取得法定继承人的身份，进而适用遗嘱继承的规定。故被继承人立遗嘱将个人财产指定由代位继承人继承，其性质仍为遗赠，应当按照遗赠的成立、生效要件进行审查。

二、受遗赠人放弃接受遗赠的效力

受遗赠人应当在知道受遗赠后两个月内，作出接受或者放弃受遗赠的表示。到期没有表示的，视为放弃受遗赠。具体到本案，代位继承人在被继承人立遗嘱后持有原件，应已知晓其受遗赠的内容，而未就其在法定期限内向其他法定继承人作出接受遗赠提出充分有效证据，代位继承人母亲向其他继承人表达接受意愿亦不符合接受遗赠的主体要求，故应当视为代位继承人放弃接受遗赠。

但应该注意的是，遗赠人放弃接受遗赠与遗赠无效不同。遗赠无效则遗赠缺乏法定要件，不发生效力，内容亦无意义。但遗赠人放弃接受遗赠并不影响遗赠本身的效力。若被继承人在后的遗赠否定了在前的遗嘱，应认定被继承人生前变更了对其个人财产的处置，在前的遗嘱亦不发生法律效力，应适用法定继承。

编写人：北京市第一中级人民法院　钟贝　王欣

48

遗赠扶养协议中处分农村房屋行为无效

——侯某某诉相某某、贾某某遗赠扶养协议效力案

【案件基本信息】

1. 裁判书字号

北京市第三中级人民法院（2022）京03民终9172号民事判决书

2. 案由：遗赠扶养协议效力纠纷

3. 当事人

原告（被上诉人）：侯某某

被告（上诉人）：相某某、贾某某

【基本案情】

侯某3与第一任妻子祝氏育有一儿一女，分别为长子侯某1、次女侯某某。侯某3与祝氏离婚后与贾某2再婚，婚后无子女。侯某3于1992年3月1日去世，后贾某2亦去世。侯某1离异，无子女。贾某1与相某某系夫妻，二人育有一女贾某某。

位于北京市密云区某村宅基地上的房屋，在侯某3与贾某2去世后，一直由侯某1居住。2007年8月30日，北京市密云县某村村民委员会出具一份证明，内容为："侯某1在我村建北正房四间、西厢房三间，房屋产权属于个人所有，特此证明"，该证明上盖有该村民委员会和北京市密云区某镇人民政府的公章。2007年8月30日，某镇第五居委会出具证明，内容为："某镇第五居委会居民侯某1，1948年2月生人，现年59岁，未婚，无子女，现独身一人生活，特此证明。"2007年9月3日，侯某1（遗赠人）与贾某1（扶养人）签订《遗赠扶养协议》，内容为：自1999年起扶养人贾某1承担扶养遗赠人侯某1的义务，坐落于密云县某村的北正房四间、西厢房三间等属于遗赠人侯某1的所有财产，在侯某1去世之日，遗赠给贾某1。2007年9月4日，北京市密云县公证处出具公证书，证明《遗赠扶养协议》的情况。2008年2月18日，侯某1去世，贾某1办理了侯某1的丧葬事宜。2021年9月24日，贾某1去世。

庭审中，双方对位于北京市密云区某村南院落内的四间正房及三间西厢房由谁建设存在争议，双方各自提供了证人证言，对于对方提供的证人证言均不认可。

诉讼过程中，法院前往该村了解情况。侯某1于1994年由农户转为非农户。村里人也都知道侯某1由贾某1照顾，并将房子给贾某1的事情。

【案件焦点】

遗赠扶养协议中处分农村房屋行为的效力。

【法院裁判要旨】

北京市密云区人民法院经审理认为：违反法律、行政法规的强制性规定的合同无效。宅基地使用权是农村集体经济组织成员享有的权利，与享有者特定的身份相联系，非本集体经济组织成员无权取得或变相取得。本案中，侯某1已于1994年转为非农业户口，且贾某1并非涉案房屋所在村集体经济组织成员，侯某1与贾某1签订的《遗赠扶养协议》使得贾某1变相取得涉案房屋的宅基地使用权，该协议违反了法律、行政法规的强制性规定，应属无效，故对侯某某要求确认《遗赠扶养协议》无效的诉讼请求，法院予以支持。

北京市密云区人民法院判决如下：

确认侯某1与贾某1于2007年9月3日签订的《遗赠扶养协议》无效。

相某某等不服一审判决，提起上诉。北京市第三中级人民法院经审理认为：遗赠扶养协议是指遗赠人（亦称被扶养人）与扶养人订立的，以被扶养人的生养死葬及财产的遗赠为内容的协议。即由遗赠人立下遗嘱，将自己所有的合法财产指定在其死亡后转移给扶养人所有，而由扶养人承担遗赠人生养死葬义务的协议。遗赠扶养协议是一种双方法律行为，只有在遗赠人与扶养人意思表示一致时方可成立，符合法律行为效力要件时生效，故遗赠扶养协议属于合同。所有人对自己的不动产或动产，依法享有占有、使用、收益和处分的权利，但其对自己财产的处分不得违反法律、行政法规的强制性规定。本案《遗赠扶养协议》虽属双方自愿签订，但根据“房地一体”的原则，遗赠人将自己所有的合法财产指定在其死亡后转移给扶养人所有，必然涉及宅基地使用权的转移。遗赠人自建的房屋，虽属其所有，但所建房屋的土地是属村集体所有，村集体所有的土地由本村村民集体所有。《中华人民共和国物权法》第一百五十三条规定：“宅基地使用权的取得、行使和转让，适用土地管理法等法律和国家有关规定。”根据我国土地管理法的相关规定，宅基地使用权是农村集体经济组织成员享有的权利，与享有者特定的身份相联系，非本集体经济组织成员无权取得或变相取得。本案中，侯某1已于1994年转为非农业户口，而贾某1并非涉案房屋所在村集体经济组织成员，侯某1与贾某1签订的《遗赠扶养协议》使得贾某1变相取得了涉案房屋的宅基地使用权，一审法院认定《遗赠扶养协议》无效，该认定正确，法院予以确认。

北京市第三中级人民法院依照《中华人民共和国民事诉讼法》第一百七十

七条第一款第一项之规定，判决如下：

驳回上诉，维持原判。

【法官后语】

合同是民事主体之间设立、变更、终止民事法律关系的协议；婚姻、收养、监护等有关身份关系的协议，适用有关该身份关系的法律规定。遗赠扶养协议是指自然人与继承人以外的组织或者个人签订的协议，该组织或者个人承担该自然人生养死葬的义务并享有遗赠的权利。遗赠扶养协议是一种双方法律行为，需双方当事人意思表示一致时成立，符合法律行为效力要件时生效。

具备下列条件的民事法律行为有效：（1）行为人具有相应的民事行为能力；（2）意思表示真实；（3）不违反法律、行政法规的强制性规定，不违背公序良俗。所有人对自己的不动产或动产，依法享有占有、使用、收益和处分的权利，但其对自己财产的处分不得违反法律、行政法规的强制性规定。《中华人民共和国物权法》第一百五十三条规定："宅基地使用权的取得、行使和转让，适用土地管理法等法律和国家有关规定。"

《中华人民共和国土地管理法》第六十二条规定，农村村民一户只能拥有一处宅基地，其宅基地的面积不得超过省、自治区、直辖市规定的标准。农村村民建住宅，应当符合乡（镇）土地利用总体规划，并尽量使用原有的宅基地和村内空闲地。农村村民住宅用地，经乡（镇）人民政府审核，由县级人民政府批准。农村村民出卖、出租住房后，再申请宅基地的，不予批准。根据《中华人民共和国物权法》和《中华人民共和国土地管理法》的规定，农村村民主要应当通过申请并获得批准的形式取得宅基地的使用权。一般来说，通过申请审批取得宅基地使用权，应当具备以下五个条件：（1）取得宅基地的村民资格；（2）取得宅基地使用权的方式；（3）可以作为宅基地的土地范围；（4）申请宅基地应当以户为基本单位，根据家庭成员人数确定宅基地面积，且原则上每户只能拥有一处宅基地；（5）宅基地的分配标准和面积。

本案《遗赠扶养协议》虽属双方自愿签订，但根据"房地一体"的原则，遗赠人将自己所有的合法财产指定在其死亡后转移给扶养人所有，必然涉及宅基地使用权的转移。遗赠人自建的房屋，虽属其所有，但所建房屋的土地是属村集体所有，村集体所有的土地由本村村民集体所有。根据我国土地管理法的相关规定，宅基地使用权是农村集体经济组织成员享有的权利，与享有者特定的身份相联系，非本集体经济组织成员无权取得或变相取得。

值得注意的是，本案中的《遗赠扶养协议》虽然因处分了宅基范围内房屋而无效，但在本案诉讼时，该房屋已经被列入拆迁补偿范围且已经被拆迁，《遗赠扶养协议》中的房屋已经灭失，房屋价值已经转化为拆迁补偿利益，鉴于此情形下，已经对被扶养人尽到扶养义务的人能否获得拆迁补偿利益、以何种形式取得值得进一步厘清。

编写人：北京市密云区人民法院　陈义建

49

主体瑕疵不必然导致遗赠扶养协议无效

——魏甲、任甲诉魏某乙、刘某遗赠扶养协议案

【案件基本信息】

1. 裁判书字号

北京市第三中级人民法院（2022）京03民终10530号民事判决书

2. 案由：遗赠扶养协议纠纷

3. 当事人

原告（上诉人）：魏甲、任甲

被告（被上诉人）：魏某乙、刘某

【基本案情】

魏某（2020年9月去世）与吕某（2005年4月去世）系夫妻关系，二人

共生育三个子女，即魏某1、魏某2、魏某3。魏某1（2009年11月去世）有一女魏甲；魏某2（2014年3月去世）有一子魏某乙，魏某乙与刘某系夫妻关系；魏某3（2013年4月去世）有一子任甲。2018年12月，魏某（遗赠人）与魏某乙、刘某（二人共同作为扶养人）签订一份遗赠扶养协议，约定：一、遗赠人愿将自己所有的北京市通州区某村某号院内北数第一、二排正房在去世后遗赠给扶养人。二、扶养人在遗赠人因年长或意外而失去自理能力需要赡养时即履行对遗嘱人的赡养义务，扶养人保证悉心照顾遗赠人，至遗赠人去世前的衣食住行及医疗等全部费用由扶养人承担，遗赠人去世后由扶养人负责送终安葬。遗赠扶养协议签订后，魏某乙和刘某对魏某尽心照顾，在魏某因交通事故受伤住院治疗期间，其医疗费均由魏某乙和刘某支出。魏某去世后，魏某乙和刘某向魏甲和任甲出示了遗赠扶养协议，并表示接受遗赠。但魏甲和任甲认为，魏某乙系魏某的孙子，不是签订遗赠扶养协议的适格主体，故诉至法院，要求确认魏某与魏某乙、刘某签订的遗赠扶养协议无效。

【案件焦点】

魏某与魏某乙、刘某签订的遗赠扶养协议是否有效。

【法院裁判要旨】

北京市通州区人民法院经审理认为：公民可以与扶养人签订遗赠扶养协议。按照协议，扶养人承担该公民生养死葬的义务，享有受遗赠的权利。当事人对自己提出的主张，有责任提供证据。对于遗赠扶养协议的效力，法院根据当事人陈述、证据材料等因素予以综合认定。

关于遗赠扶养协议签订主体是否适格的问题。《中华人民共和国继承法》第十条第一款规定："遗产按照下列顺序继承：第一顺序：配偶、子女、父母。第二顺序：兄弟姐妹、祖父母、外祖父母。"第十一条规定，"被继承人的子女先于被继承人死亡的，由被继承人的子女的晚辈直系血亲代位继承"。本案中，魏某乙系魏某之孙，不属于《中华人民共和国继承法》第十条第一款规定的法定继承人的范围。魏某2先于魏某死亡，只有在魏某死亡且无遗嘱的情况下魏某乙才能代位继承，成为魏某的第一顺位法定继承人。遗赠扶养协议签订时，魏某尚生存，代位继承未发生，此时魏某乙也不是代位继承的法定继承人。刘某系魏某之孙媳，非魏某的法定继承人。因此，魏某乙、刘某同时作为扶养人签订遗赠扶养协议，主体适格，系当事人的真实意思表示，不违反法律、行政法规的强制性规定，且魏某乙与刘某已依约履行了对魏某的生养死葬的义务，故遗赠扶养协议合法有效。

北京市通州区人民法院依照《中华人民共和国继承法》第十条、第十六条、第三十一条，《最高人民法院关于适用〈中华人民共和国民法典〉时间效力的若干规定》第一条第二款及《中华人民共和国民事诉讼法》第六十七条第一款之规定，判决如下：

驳回魏甲、任甲的诉讼请求。

魏甲、任甲不服一审判决，提起上诉。北京市第三中级人民法院经审理认为：自然人可以与继承人以外的组织或者个人签订遗赠扶养协议。按照协议，该组织或者个人承担该自然人生养死葬的义务，享有受遗赠的权利。本案中，魏某与魏某乙、刘某签订遗赠扶养协议时，魏某乙的父亲魏某2先于魏某死亡，而魏某乙作为被继承人魏某的儿子魏某2的晚辈直系血亲，按照法律规定享有代位继承权，即魏某乙本身就是魏某的法定继承人，故魏某乙不能成为与魏某签订遗赠扶养协议的适格主体。但考察遗赠扶养协议，除了魏某乙之外，另有魏某的孙媳刘某作为扶养人签订遗赠扶养协议，而刘某并非魏某的法定继承人，故一审法院认定遗赠扶养协议有效并无不当，法院予以确认。

魏某乙虽非签订遗赠扶养协议的适格主体，但根据当事人陈述及在案证据，遗赠扶养协议约定的扶养义务实际由魏某乙与刘某作为夫妻双方而共同履行，故魏甲、任甲主张遗赠扶养协议存在主体瑕疵影响效力的上诉意见，缺乏事实及法律依据，法院不予采纳。

北京市第三中级人民法院依照《中华人民共和国民事诉讼法》第一百七十七条第一款第一项规定，判决如下：

驳回上诉，维持原判。

【法官后语】

遗赠扶养协议，是指被扶养人与扶养人约定的由扶养人对被扶养人履行生养死葬等相关义务，在被扶养人去世后，被扶养人的财产归扶养人所有的协议。遗赠扶养协议是一种平等、有偿、互为权利义务关系的民事法律关系，其制度目的在于使那些没有法定继承人或者虽有法定继承人但无法履行赡养义务的孤寡老人，以及缺乏独立生活能力老人的晚年生活得到有效保障，为我国当前凸显的养老问题提供一条切实有效的解决途径。本案对于遗赠扶养协议效力的审查，涉及被遗赠扶养人、法定继承人及代位继承人等多种法律身份的理解与认定问题。

一、代位继承人不是签订遗赠扶养协议的适格主体

虽然本案一审、二审判决结果相同，但判决理由却截然相反。究其原因，对代位继承法律性质的认识差异，导致本案一审、二审法院对代位继承人是否具有签订遗赠扶养协议的主体资格作出不同的认定。在《中华人民共和国民法典》（以下简称《民法典》）施行之前，《中华人民共和国继承法》（以下简称《继承法》）第三十一条未明确规定遗赠扶养协议的主体范围。后颁布施行的《民法典》第一千一百五十八条虽明确扶养人范围为“继承人以外的组织或者个人”，但并未对此细化规定，司法实践中仍需从文义解释、体系解释以及立法目的等角度对代位继承人是否属于“继承人以外的人”作出认定。

第一，《继承法》第十条规定的继承人范围虽然不包括代位继承人，但从文义角度看，代位继承制度属于继承制度之一，代位继承人亦属于继承人的类型。因此，代位继承人在代位继承条件具备时，取得与被代位人相当的继承人资格，属于法定继承人的一种。

第二，从体例位置来讲，我国《继承法》通过两个法律条文对法定继承人范围和代位继承予以分别规定，但均在《继承法》第二章法定继承中，因此从法条体系分析，代位继承人亦当然属于法定继承人范围。

第三，从立法目的来讲，之所以将遗赠扶养协议主体限定为“继承人以外的自然人或组织”，是因为继承人本身就有扶养被继承人的义务。代位继承的前提之一是被代位人生前必须享有继承权，如被代位继承人基于法定事由丧失

继承权，则连带引起代位继承权的消灭，且原则上代位继承人只能继承被代位继承人有权继承的份额。因此，如果允许代位继承人与被继承人签订遗赠扶养协议，势必会架空代位继承制度的立法目的。

综上所述，代位继承人不具有签订遗赠扶养协议的主体资格，本案二审法院正是通过运用上述法律解释技术，认定魏某乙属于法定继承人的范围，不是与魏某签订遗赠扶养协议的适格主体。

二、主体资格并非认定遗赠扶养协议效力的唯一因素

一般情况下，法定继承人作为主体签订的遗赠扶养协议应被认定为无效。但在我国当前，尤其是农村地区，受到当地风俗习惯及传统认知的影响，老人出于自身养老问题考虑，与自己的子女、孙子女、外孙子女签订名为“遗赠扶养协议”的现象依然存在。如果一概认定此类协议无效，不仅不利于解决鳏寡孤独老人的赡养问题，而且也不利于保护实际已经履行扶养义务的扶养人的合法权益。

从性质上讲，遗赠扶养协议属于财产性质的合同，而非纯粹的身份合同，因此在对遗赠扶养协议的效力进行审查时，更应当侧重于等价有偿、权利义务相一致的原则，《继承法》或者《民法典》继承编中没有规定的，应当适用《中华人民共和国合同法》或者《民法典》合同编的相关规定，从当事人真实意愿、签订主体情况、义务履行程度、合理信赖利益、其他继承人履行赡养义务情况等多种因素对遗赠扶养协议的效力综合予以认定。在具体审查过程中，既要严格按照法律规定的形式要件进行审查，又要注重遗赠人和扶养人之间的利益衡平，不宜采用过严审查标准，对遗赠扶养协议中扶养人的合法权益进行重点保护，不能让扶养人在养老敬老、出钱出力后因遗赠扶养协议形式瑕疵而无效，其合法权益得不到有效保障。本案的特殊性即在于此。本案中的魏某乙虽不是与魏某签订遗赠扶养协议的适格主体，但另一签订主体魏某乙的妻子刘某，并非魏某的法定继承人，故其有权签订遗赠扶养协议，而且在刘某对魏某履行扶养义务时，实际是以其与魏某乙的夫妻共同财产为基础的，故从尊重遗赠人的真实意愿、维护扶养人的合法权益出发，不宜认定遗赠扶养协议无效。

编写人：北京市通州区人民法院　杨文龙

50

民政部门以遗产管理人身份参加诉讼，非必须经前置指定程序

——孙某某诉青岛市市北区民政局遗赠案

【案件基本信息】

1. 裁判书字号

山东省青岛市中级人民法院（2022）鲁 02 民终 16339 号民事判决书

2. 案由：遗赠纠纷

3. 当事人

原告（被上诉人）：孙某某

被告（上诉人）：青岛市市北区民政局

【基本案情】

汪某某生前未婚，无兄弟姐妹，无收养子女，父母均先于其死亡，其于 2020 年 12 月 18 日死亡，无法定继承人。其遗留的个人财产是位于青岛市涉案房产一处，房地产权利人登记的是汪某某的名字。

1996 年，孙某某因向汪某某学习语文知识（为了升职），两人相识。汪某某有高血压和冠心病等疾病，熟悉之后，孙某某主动帮汪某某做家务，生病时进行照顾。相识一年后，在双方同意情况下，孙某某住在汪某某处对其进行照顾，包括洗衣、做饭、聊天谈心、帮助就医、住院等。在孙某某结婚后，每周固定时间看望汪某某并提供就医帮助。在汪某某身故后，孙某某负责料理操办其丧葬事宜。

汪某某接受孙某某的照顾，相继出具《证明书》《声明》并签名。“孙某某，多年来（1997 年至今）与我共同生活，照顾我。可以说做到了无微不至、

不是亲人胜似亲人。……我决定将房屋、财物偏重分配给孙某某，亲笔立此据以证明。”（写于2014年9月1日《证明书》）“……十几年来，逢年过节或平日里，孙某某总是往我这边送礼，有时照顾我甚至超过他的家人……百年之后，我愿意将房产、财产给孙某某。”（写于2015年7月23日《声明》）

原告在庭审中称，原告一家自1996年以来，对汪某某20多年来一直尽心照顾，视其为家人，以实际行动履行了扶养义务并为汪某某所接受，以父子关系相称，故双方之间事实上已形成了遗赠扶养关系；其中汪某某以前的学生、现居住地的邻居、原告单位的领导及同事均可证明上述事实。

原告孙某某向一审法院诉请：判令遗赠人汪某某遗产——位于青岛市的涉案房产由原告孙某某继承。

被告青岛市市北区民政局辩称：被告对汪某某的债权、债务及继承人等情况均不知情，在未经法定程序指定被告为遗产管理人的情况下，原告起诉被告没有依据，且被告无法确认汪某某的生前遗愿，原告提交的相关证据，被告无法确认，故请求法院驳回孙某某的诉讼请求。

【案件焦点】

1. 青岛市市北区民政局是否具有诉讼主体资格；2. 孙某某是否享有受遗赠的权利。

【法院裁判要旨】

山东省青岛市市北区人民法院认为本案的争议焦点如下：

一、青岛市市北区民政局是否具有作为被告的诉讼主体资格。依据《中华人民共和国民法典》第一千一百四十五条规定，继承开始后，遗嘱执行人为遗产管理人；没有遗嘱执行人的，继承人应当及时推选遗产管理人；继承人未推选的，由继承人共同担任遗产管理人；没有继承人或者继承人均放弃继承的，由被继承人生前住所地的民政部门或者村民委员会担任遗产管理人。本案被继承人没有遗嘱执行人，也没有继承人，生前居住在青岛市市北区，属于城市居民，因此根据《中华人民共和国民法典》规定应由被继承人生前住所地的民政部门担任遗产管理人，且在遗产管理人的确定不存在争议的情况下，无须先行指定遗产管理人。民政局虽为政府部门，但在履行上述遗产管理人职责时作为民事诉讼的主体，可参加民事诉讼为其作出的行为负民事责任。汪某某生前居住地的民政部门为本案青岛市市北区民政局，故其作为遗产管理人具有作为被告的诉讼主体资格。

二、孙某某是否享有受遗赠的权利。依据《中华人民共和国民法典》第一千一百三十三条第三款规定，自然人可以立遗嘱将个人财产赠与国家、集体或者法定继承人以外的组织、个人。第一千一百五十八条规定，自然人可以与继承人以外的组织或者个人签订遗赠扶养协议。按照协议，该组织或者个人承担该自然人生养死葬的义务，享有受遗赠的权利。本案遗赠人汪某某无法定继承人，根据汪某某生前签名的《证明书》《声明》，可以证明其将财产遗赠给孙某某的意愿。孙某某提交的证据足以证明其履行了照顾、扶养汪某某的义务并办理了汪某某的丧葬事宜，依据故本案孙某某享有受遗赠的权利。

山东省青岛市市北区人民法院判决如下：

被继承人汪某某名下的位于青岛市涉案房产由原告孙某某继承并所有。

青岛市市北区民政局不服一审判决，提起上诉。青岛市中级人民法院同意一审法院裁判意见，判决：

驳回上诉，维持原判。

【法官后语】

本案法院判决汪某某住所地民政部门需协助孙某某办理房屋过户手续，解决了被遗赠人过户难的问题，完成了遗赠人汪某某的遗愿，维护了遗产权利人利益，体现了法院能动司法的理念，弘扬了诚信友善的社会主义核心价值观。

一、民政局担任遗产管理人的样本分析

以本案为基准，将“民政局遗产管理人”作为关键词，通过中国裁判文书网导出裁判文书91份①。案由涉及遗赠纠纷、债务清偿纠纷、继承纠纷、申请

① 通过中国裁判文书网，检索时间为2023年6月12日16时。

指定遗产管理人特别程序等，该组裁判文书基本囊括全国法院 2021—2023 年审结的民政局担任遗产管理人的相关案件，对法院审理此类案件具有典型示范意义。通过分析数据，当前该类案件存在以下特点：

一是该类案件涉及地域广。根据裁判文书网显示，91 份裁判文书中涉及北京、上海、山东、河南、江苏、广东、内蒙古等 20 个省级行政区。该类案件现已在全国大部分地区出现，说明目前各地存在大量“无主财产”，民政局担任遗产管理人可以保障诉讼形式的完整，进而盘活财产资源，促进财产资源流动。

二是申请指定遗产管理人案件撤诉率高。在导出的 91 份裁判文书中，有 40 份当事人申请指定民政局为遗产管理人，占导出裁判文书总量的 44%；有 22 份显示当事人撤诉，占申请指定民政局为遗产管理人特别程序案件的 55%。在司法实践中，通过特别程序申请指定民政局担任遗产管理人的撤诉率高，造成程序空转，浪费司法资源。

三是申请指定遗产管理人案件胜诉率偏低。在提取的 91 件样本案件中，法院支持原告并指定民政局为遗产管理人的共 16 件，胜诉比例为 17.6%，其中法院判其败诉的理由有：民政部门履行行政职责，与原告不是平等的民事主体关系，不属于民事诉讼受理范围①；现有证据无法真实、全面反映被继承人的继承人均放弃继承，不属于可以指定民政部门为遗产管理人的情形②等。

二、民政局担任遗产管理人规定的制度价值

在民法典出台之前，我国并无系统的“遗产管理人”制度。《中华人民共和国民法典》第一千一百四十五条规定，没有继承人或者继承人均放弃继承的情况下，由被继承人生前住所地的民政部门或者村民委员会担任遗产管理人。承担兜底性责任，有效解决了债权人“无人可诉”的现实难题，为该类案件提供了适格被告，填补了我国在此类问题上的立法空白。

在本案中，原告孙某某 20 多年抚养照顾汪某某，并且汪某某没有法定继承人，其遗产应该按照其书写的遗赠由原告孙某某继承。孙某某曾于 2021 年 2 月

---

① 参见沈阳市于洪区人民法院（2021）辽 01 民终 13816 号民事裁定书。

② 参见上海市崇明区人民法院（2023）沪 0151 民特 10 号民事判决书。

向法院提起诉讼，以其配偶为被告请求法院依法判令该房产归其所有。经法院审理，认为根据法律规定该诉求的利害关系人应为收归该房产所有人汪某某遗产的民事主体为被告而提起诉讼，裁定驳回了原告的起诉。2021年12月，孙某某向法院申请指定青岛市市北区民政局为遗产管理人，后提出撤回申请，法院准许撤回申请。2022年6月，孙某某以汪某某生前住所地的民政部门为被告，诉请法院判决其继承房产，即为本案，最终法院判决原告孙某某继承房产。

在司法实践中，除遗赠纠纷外，还有大批被继承人债务清偿纠纷。在债务人死亡后，债权人要实现自身权益面临现实困境：一是诉讼主体缺失，债权人无法主张权利；二是遗产范围不明，债权人无法实现权利。这一兜底条款的制度价值就是为此类纠纷提供诉讼适格主体，通过民政部门担任被告，解决当前诉讼程序面临的困境，推动诉讼程序的进行，切实解决此类案件纠纷。

三、民政局担任遗产管理人的司法困境

民法典实施后，在其第一千一百四十五条规定下，以民政局为被告的诉讼开始出现，在司法实践中大致分为两类做法：一是先通过特别程序明确民政部门作为遗产管理人，之后民政部门开始主动履职；二是在当事人要求民政部门作为遗产管理人来维护其实体性权益的诉讼中，由法院一并审理确定民政部门的遗产管理人身份。这两种做法，都解决了之前诉讼主体缺失的问题，推动了诉讼进程，保障了受遗赠人和债权人的合法权益。本案采用第二种做法，原告孙某某诉请继承遗赠人汪某某的遗产，法院采取“一并处理”的做法，既确认当地民政部门是遗产管理人，为本案适格被告，又判决原告孙某某继承遗赠人汪某某房产。在第一千一百四十五条规定下，民政局担任遗产管理人是否必须先走特别程序，理论上值得商榷。民法典并没有规定通过特别程序指定民政局为遗产管理人是这类案件的前置程序，对担任遗产管理人没有争议的，建议一并处理。专设特别程序，不仅对受遗赠人和债权人行使合法权益设置了程序障碍，增加了诉累，也造成了司法浪费。采用“一并处理”的做法，是法条逻辑应有之外延。

四、民政局担任遗产管理人的困境突破

遗产管理人制度有效弥补了继承法的不足，及时回应了当前的社会关切，但由于民法典规定得过于原则，在具体实施过程中还需在遗产管理人权利外观等问题上予以细化规定。① 民法典中由民政部门担任遗产管理人的兜底规定过于笼统、宽泛，可以完善立法或司法解释，明确遗产管理人确认程序。建议修改民事诉讼法或者出台民法典司法解释的方式，明确在《中华人民共和国民法典》第一千一百四十五条规定下，民政部门作为遗产管理人的启动程序，建议在实体诉讼中一并审理，确定民政部门为遗产管理人的身份，统一司法实践，节约司法资源。

编写人：山东省青岛市市北区人民法院　王卫青　崔赛

51

遗赠扶养协议的扶养人主体资格及协议效力的司法认定

——无锡市某社区居民委员会诉吴某1等遗赠扶养协议案

【案件基本信息】

1. 裁判书字号

江苏省无锡市中级人民法院（2021）苏02民终1331号民事判决书

2. 案由：遗赠扶养协议纠纷

3. 当事人

原告（被上诉人）：无锡市某社区居民委员会

被告（上诉人）：吴某1、吴某2、吴某3、吴某4

【基本案情】

被继承人曹某与案外人吴某原系夫妻，共生育二子二女，分别为吴某1、

① 王葆莳、吴云焕：《〈民法典〉遗产管理人制度适用问题研究》，载《财经法学》2020年第6期。

吴某2、吴某3、吴某4。1961年，曹某与吴某多在安徽省合肥市经法院调解离婚，四子女均由吴某抚养。离婚后，曹某即返回无锡独自工作生活。

2003年，曹某居住的47号房屋遇拆迁，无锡市某社区居民委员会（以下简称居委会）为曹某缴纳差价款169014.6元，并为其安置拆迁过渡房屋。

随后，居委会与曹某本人及其兄弟姐妹于2003年9月签订《处理意见》，约定曹某由居委会按“五保户”待遇给予生活照料养老至寿终；曹某现有的动产和不动产，包括47号房屋属曹某本人所有，曹某寿终后，产权移交居委会处置，如遇规划建设拆迁，由居委会负责曹某的居住问题及拆迁安置补偿等善后事宜。

另查明，居委会按照《处理意见》约定，安排工作人员照料曹某的日常生活，为其支付看病住院期间的医疗费、年迈时送至养老院的费用等各项费用，同时为其发放慰问金，直至2019年曹某去世，为其办理丧事并承担丧葬费59336元。

曹某自1961年离婚从安徽返回无锡后至2019年死亡，其四子女从未探望、赡养过曹某。后，吴某1等四人诉至法院，请求继承曹某的遗产并请求法院认定案涉《处理意见》无效。

【案件焦点】

1. 涉案《处理意见》性质如何，是否有效；2. 受遗赠人居委会是否尽到扶养义务；3. 曹某遗产如何分割。

【法院裁判要旨】

江苏省无锡市梁溪区人民法院经审理认为：

一、关于涉案《处理意见》的性质及效力。首先，根据《中华人民共和国继承法》第三十一条规定：“公民可以与扶养人签订遗赠扶养协议。按照协议，扶养人承担该公民生养死葬的义务，享有受遗赠的权利。公民可以与集体所有制组织签订遗赠扶养协议。按照协议，集体所有制组织承担该公民生养死葬的义务，享有受遗赠的权利。”同时根据《中华人民共和国老年人权益保障法》

第三十六条第一款规定："老年人可以与集体经济组织、基层群众性自治组织、养老机构等组织或者个人签订遗赠扶养协议或者其他扶助协议。"居委会作为居民自我管理、自我教育、自我服务的基层群众性自治组织，可以其名义订立民事合同，能够成为遗赠扶养协议的合同相对人。其次，本案中协议虽名为"处理意见"，但从其所约定的权利、义务内容来分析，居委会作为扶养人承担曹某生养死葬的义务，曹某将其财产遗赠给居委会，该内容符合《中华人民共和国继承法》第三十一条的规定，应为遗赠扶养协议。最后，《处理意见》由曹某本人以及其兄弟姐妹一同签订，应为曹某的真实意思表示。曹某对于房屋拆迁的事实知晓，至曹某去世前也从未提出过异议。因此，居委会与曹某签订的遗赠扶养协议，主体适格，意思表示真实，内容未违反法律禁止性规定，应为合法有效。

二、关于受遗赠人居委会是否尽到扶养义务。本案中，居委会在《处理意见》签订后，在长达16年的时间里对孤寡老人曹某的日常生活进行了扶助，妥善安排了住处，并有专人看护，为其垫付了相关医疗费用；在其年迈时送其至养老院并支付了相应费用；在其去世后承担了丧葬费用。故法院认定居委会对被扶养人曹某已尽到扶养的义务，保障了曹某的生养死葬。

三、关于曹某遗产如何分割。根据《中华人民共和国继承法》第五条规定："继承开始后，按照法定继承办理；有遗嘱的，按照遗嘱继承或者遗赠办理；有遗赠扶养协议的，按照协议办理。"遗赠扶养协议的效力优先于遗嘱继承和法定继承。本案中，居委会对曹某有始有终、长期持续地履行扶养义务，其已经按《处理意见》的约定履行了为曹某提供生前扶养、死后安葬的义务。反观吴某1、吴某2、吴某3、吴某4在曹某与吴某离婚回无锡后，对曹某未尽任何赡养义务，故居委会有权按《处理意见》的约定享有受遗赠的权利。

据此，依照《中华人民共和国继承法》第二条、第三条、第五条、第三十一条第二款，《中华人民共和国老年人权益保障法》第三十六条，《中华人民共和国民事诉讼法》第六十四条、第一百四十二条之规定，作出判决：

一、确认居委会与曹某签订的《处理意见》有效；

二、曹某安置所得的案涉房屋归居委会所有；

三、曹某生前遗留的现金114700元、银行存款本息183374元、股份经济合作社的股权归居委会所有。

吴某1、吴某2、吴某3、吴某4不服一审判决，上诉至无锡市中级人民法院。二审法院与一审法院裁判意见一致，判决：驳回上诉，维持原判。

【法官后语】

一、遗赠扶养协议的扶养人主体资格及协议效力认定

自然人可以与法定继承人以外的个人、组织等签订遗赠扶养协议，社区居民委员会主体适格，可以成为遗赠扶养协议的扶养人。是否属于遗赠扶养协议不单以协议的名称确定，而主要审查是否包含生养死葬、遗产归属等内容。

居委会具有遗赠扶养人的主体资格。本案裁判理由中引用的《中华人民共和国继承法》第三十一条规定，表明自然人可以与法定继承人以外的集体所有制组织签订遗赠扶养协议。在继承法之后颁布的《中华人民共和国老年人权益保障法》第三十六条规定，更是明确基层群众性自治组织可以成为遗赠扶养协议的扶养人，居委会作为基层群众性自治组织主体是适格的。《中华人民共和国民法典》继承篇第一千一百五十八条对遗赠扶养协议制度作出了完善，规定自然人可以与继承人以外的组织或者个人签订遗赠扶养协议，这一规定扩大了可以成为遗赠扶养协议的扶养人的主体范围，不再局限于“集体所有制组织”，包括社会养老机构、民间救助机构等在内的组织均可以成为扶养人。遗赠扶养协议在主体适格的情况下，各方意思表示真实，且内容不违反法律法规禁止性规定的，应为合法有效。

随着我国进入深度老龄化社会，实现老有所养、老有所依既是家务事，也是关乎国计民生之大事。2021年施行的民法典中规定了成年人监护、居住权、遗赠扶养协议等一系列制度，为养老提供了新的思路。民法典对遗赠扶养人的主体范围进行了扩大，这从法律制度上为第三方个人或组织提供社会养老服务拓宽了渠道，既缓解了社会养老的压力，弥补了社会救济的不足，也满足了老年人养老形式的多样化需求，让“老有所养”有了更多选择。从社会层面看，鼓励集体组

织、公益机构、养老机构等对需要扶养的老年人进行照顾扶助，有利于多元化社会养老体系的构建和发展；从家庭层面看，给老人养老的自主选择权，有利于促进子女尽心赡养，提高老人晚年生活质量，引领尊老爱老养老的社会风尚。

二、遗赠扶养协议的非等价性及优先适用原则

扶养人按照协议承担该自然人生养死葬的扶养义务的，应当享有受遗赠的权利，所得遗产的价值与扶养中支出的费用并不当然具有等价性。法定继承人同时主张继承权的，遗赠扶养协议优先于法定继承适用。

遗赠扶养协议是一种平等、有偿和互为权利义务的民事法律关系，旨在以一定利益鼓励人们对需要扶养的老年人进行照顾，是财产行为与道德行为结合的社会互助行为。扶养人签订协议的主要目的不是获得财产利益，而是扶养、帮助被扶养人，即保障被扶养人的生养死葬，虽然有偿、双务，但并非商事合同，难以衡量是否等价。扶养不仅包含物质的供给，还包括生活上的扶持照顾、精神上的关怀慰藉，同时也需要扶养人有始有终、长期持续地履行扶养义务，不能单纯以物质等价来判断是否公平合理。本案中居委会支出的金额与最终获得的遗产虽看起来不对等，但要看到的是，居委会连续多年对老人尽到了物质上支持、生活上照顾、精神上关爱，使得耄耋老人安享晚年。

遗赠扶养协议在成立生效并实际履行的情形下，优先于法定继承和遗嘱继承适用。法定继承人虽然是血亲骨肉，但同样无法继承遗产。《中华人民共和国民法典》第一千一百二十三条规定："继承开始后，按照法定继承办理；有遗嘱的，按照遗嘱继承或者遗赠办理；有遗赠扶养协议的，按照协议办理。"本案中，居委会与老人签订了遗赠扶养协议，约定居委会为老人提供生前扶养、死后安葬的义务，在老人去世后将其财产遗赠给居委会。在之后的16年间，居委会守信履约，对老人给予了长期连续的物质支持和精神关爱，理应享有老人遗产的继承权。反观老人的亲生子女，在明知老人在世并生活在无锡的情况下，近16年却未曾探望、照顾和尽到孝道。法院在最终认定遗赠扶养协议有效的情况下，根据法律规定优先适用遗赠扶养协议的约定，判决遗产归居委会所有。

编写人：江苏省无锡市中级人民法院　姜海　吴晓东

（五）遗产管理纠纷

52

被继承人的债权人有权要求担任遗产管理人的民政部门承担管理遗产并清偿债务的责任

——北京市住房贷款担保中心诉北京市丰台区民政局遗产管理案

【案件基本信息】

1. 裁判书字号

北京市第二中级人民法院（2022）京02民终13163号民事判决书

2. 案由：遗产管理纠纷

3. 当事人

原告（被上诉人）：北京市住房贷款担保中心

被告（上诉人）：北京市丰台区民政局

【基本案情】

2014年12月27日，出卖人北京某置业有限公司与买受人杨某签订《北京市商品房预售合同（限价商品住房）》，约定杨某以1158601元价格购买涉案房屋，杨某首期支付购房总价款的30.95%，其余采用公积金贷款支付。

2015年3月25日，甲方杨某、乙方北京银行芍药居支行与丙方住房贷款担保中心签订《北京住房公积金管理中心住房公积金贷款借款合同》，约定甲方因购买涉案房屋向北京银行芍药居支付借款800000元，借款期限为30年，自2015年3月25日至2045年3月25日，月利率为3.33333‰，住房贷款担保中心为其承担连带责任保证。

2019年11月15日，北京银行芍药居支行向住房贷款担保中心出具《履行保证责任通知书》，载明：因上述借款合同截止到2019年11月22日，杨某剩余贷款本金73919.98元，逾期开始时间为2019年1月26日，代偿金额合计76374.03元。鉴于该笔贷款连续逾期已达到保证人履行保证责任的约定条件，为此请保证人履行保证责任，清偿借款人剩余全部贷款本金及逾期利息、罚息。代偿金额由北京住房公积金管理中心按确定的代偿日起计算，并以北京住房公积金管理中心出具的凭证为准。

2019年12月16日，北京银行芍药居支行向住房贷款担保中心出具《代偿证明》，载明：住房贷款担保中心已于2019年11月22日代借款人偿还款项合计76374.03元，其中本金73919.98元、利息1752.43元、罚息701.62元，该笔贷款已经结清。

2022年3月，住房贷款担保中心以指定遗产管理人为由将丰台民政局诉至北京市丰台区人民法院，要求指定丰台民政局为杨某的遗产管理人。北京市丰台区人民法院于2022年4月28日作出（2022）京0106民特66号民事判决，认为住房贷款担保中心代被继承人杨某偿还借款后，成为杨某的债务人，有权作为利害关系人向法院申请指定遗产管理人。经多方查询，杨某未婚，无子女，其父母、祖父母、外祖父母均先于其死亡，其亦没有兄弟姐妹。现有证据显示杨某没有法定继承人，亦没有线索表明杨某生前留有遗嘱或者遗赠扶养协议。杨某生前户籍位于北京市丰台区，且户口类别为非农业家庭户。故判决丰台民政局为被继承人杨某的遗产管理人。

北京市住房贷款担保中心提出如下诉讼请求：1. 判令丰台民政局清偿我中心于2019年11月22日代被继承人杨某偿还的剩余全部贷款本金、利息及罚息共计76374.03元并支付违约金（以76374.03元为基数，自2019年11月22日起至实际偿还之日止，按每日万分之四的标准计算）；2. 本案诉讼费用由丰台民政局承担。

【案件焦点】

1. 作为遗产管理人的民政局的法律地位问题；2. 作为遗产管理人的民政局是否应承担偿还被继承人生前债务的义务。

【法院裁判要旨】

北京市丰台区人民法院经审理认为：遗产管理人应当履行下列职责：(一) 清理遗产并制作遗产清单；(二) 向继承人报告遗产情况；(三) 采取必要措施防止遗产毁损、灭失；(四) 处理被继承人的债权债务；(五) 按照遗嘱或者依照法律规定分割遗产；(六) 实施与管理遗产有关的其他必要行为。本案中，住房贷款担保中心代杨某偿还涉案房屋剩余全部贷款本金、利息及罚息共计76374.03元，依法应在其遗产范围内进行偿还。当事人不履行合同义务或者履行合同义务不符合约定的，应当承担继续履行、采取补救措施或者赔偿损失等违约责任。住房贷款担保中心要求按照日万分之四标准给付违约金，不违反法律规定，法院予以支持。经住房贷款担保中心申请，丰台民政局被指定为被继承人杨某的遗产管理人，故丰台民政局作为遗产管理人应当在被继承人杨某的遗产范围内清偿被继承人的债务。

北京市丰台区人民法院判决如下：

被告北京市丰台区民政局于本判决生效之日起三十日内在被继承人杨某遗产范围内给付原告北京市住房贷款担保中心代付的剩余全部贷款本金、利息及罚息共计76374.03元及违约金（以76374.03元为基数，自2019年11月22日起至实际给付之日止，按日万分之四标准计算）。

北京市丰台区民政局不服一审判决，提起上诉。北京市第二中级人民法院经审理认为：根据《中华人民共和国民法典》第一千一百四十七条的规定，本案中，丰台民政局系由生效判决确认担任杨某的遗产管理人，其应依法履行遗产管理人的职责，处理被继承人杨某的债权债务。杨某生前通过与北京银行芍药居支行、住房贷款担保中心签订《北京住房公积金管理中心住房公积金贷款借款合同》的形式贷款购买的房屋属于杨某的遗产范围，住房贷款担保中心在杨某死亡后已经按照合同约定代杨某偿还了剩余贷款本金及利息，将该笔贷款结清，住房贷款担保中心据此有权以债权人身份起诉要求丰台民政局履行遗产管理人职责，即在杨某遗产范围内向住房贷款担保中心给付该单位已代杨某偿还的款项，一审法院作出的判决符合法律规定，并无不当。涉诉房屋属于杨某的遗产范围，现住房贷款担保中心要求丰台区民政局给付的款项并未超出上述房屋的价值范围，丰台民政局的上诉理由不能成立，北京市第二中级人民法院对其上诉请求不予支持。

北京市第二中级人民法院依照《中华人民共和国民事诉讼法》第一百七十条第一款第一项规定，判决如下：

驳回上诉，维持原判。

【法官后语】

遗产管理人，是指对被继承人遗留的个人合法财产进行保存和管理的主体。在现实生活中，继承开始后通常不会马上对遗产进行分割，在遗产继承之前要进行清算、公告、申报权利等一系列的继承活动才能最终进行遗产分割。由此产生的时间区间中，需要有专门的主体进行遗产管理，保护遗产安全完整，维护继承人和遗产债权人的合法权益。民法典的颁布与实施，将遗产管理人制度引入我国的司法体系之中。随着司法实践的深入，遗产管理人制度在继承类案件诉讼中的作用越发明显。

一、遗产管理人的类别和顺位

《中华人民共和国民法典》（以下简称《民法典》）第一千一百四十五条规定："继承开始后，遗嘱执行人为遗产管理人；没有遗嘱执行人的，继承人应当及时推选遗产管理人；继承人未推选的，由继承人共同担任遗产管理人；没有继承人或者继承人均放弃继承的，由被继承人生前住所地的民政部门或者村民委员会担任遗产管理人。"此条法规对遗产管理人的类别和顺位进行了明确，确定了"遗嘱指定——继承人担任——法院指定的民政部门或者村委会"的顺位关系。在继承开始后，如果被继承人生前通过遗嘱明确指定了遗嘱执行人，则由遗嘱执行人担任遗产管理人，这充分尊重了被继承人的生前意愿，保障了被继承人的意思自治权；如果没有遗嘱执行人，则由继承人担任遗产管理人，继承人为多人的，需要推选出遗产管理人，如果未推选出遗产管理人，则由全体继承人共同担任遗产管理人，这有助于在处理遗产的过程中保障每一名继承人的合法权益；如果没有继承人或者继承人均放弃继承的，则由被继承人生前住所地的民政部门或者村民委员会担任遗产管理人。

本案中，被继承人杨某未婚，无子女，其父母、祖父母、外祖父母均先于其死亡，其亦没有兄弟姐妹。现有证据显示杨某没有法定继承人，亦没有线索表明杨某生前留有遗嘱或者遗赠扶养协议。因此，本案中根据遗产管理人的类别及顺位，应由杨某生前住所地的民政部门（北京市丰台区民政局）担任其遗产管理人，处理被继承人债权债务诉讼的相关事宜。将民政局指定为遗产管理人，既有助于被继承人的债权人主张自身的合法权益，也有助于提高司法工作的效率与质量。这体现出遗产管理人相较于遗嘱执行人、遗产保管人更为丰富的内涵以及更加完善的制度体系。

二、遗产管理人的法律地位和诉讼地位

法律地位是法律人格的一种属性，即法律主体具有的权利、义务和责任，表明法律主体在法律关系中所处的位置。法律地位也是讨论法律主体诉讼地位的前提。目前，有关遗产管理人法律地位的观点主要有“代理人说”“固有权说”以及“信托关系说”等。结合立法目的及我国实际国情，借鉴破产管理人制度，普遍认为在司法诉讼中需要赋予遗产管理人不受其他主体约束的独立法律地位，因此采用“固有权说”较为适宜。关于遗产管理人的诉讼地位，尽管民法典中未详细规定遗产管理人是否有权提起或者参与遗产相关的诉讼，但考虑到处理遗产继承的公平性与有效性，以及民事主体之间交易的安全性，有必要赋予遗产管理人一定的权限在遗产管理期间提起或加入与遗产有关的诉讼。

本案中，丰台区民政局作为法院指定的遗产管理人，应当有权以自己的名义参加诉讼，解决遗产管理过程中出现的问题。同时，我国民众对于遗产管理人以自己名义参加诉讼也并不排斥。本案在被继承人没有任何继承人的背景下，丰台区民政局以自己名义加入相关的诉讼中，有助于其他民事主体在遗产相关诉讼中确定诉讼主体，提升司法审判的效率，更好地维护被继承人遗产债权人的合法权益。

三、遗产管理人的义务承担

本案中，当事人双方的争议焦点就在于作为遗产管理人的丰台民政局是否承担偿还被继承人生前债务的义务。我国《民法典》第一千一百四十七条明确规定："遗产管理人应当履行下列职责：(一) 清理遗产并制作遗产清单；(二) 向继承人报告遗产情况；(三) 采取必要措施防止遗产毁损、灭失；(四) 处理被继承人的债权债务；(五) 按照遗嘱或者依照法律规定分割遗产；(六) 实施与管理遗产有关的其他必要行为。"根据该条规定，在确定被继承人没有任何继承人或者所有继承人均放弃继承的情况下，被指定为遗产管理人的被继承人生前住所地的民政部门或者村民委员会应当采取必要的措施保管遗产，处理被继承人的债权债务，依法分配、处分被继承人的遗产。

因此，本案中丰台民政局作为被指定的遗产管理人，其既拥有处理遗产的权利，也应当承担处理被继承人债权债务的义务。丰台民政局应当在被指定为遗产管理人后的合理期限内，完成遗产债务清偿工作。当然，民政局应当在其取得被继承人遗产范围内清偿被继承人的债务，对于超出被继承人遗产继承实际价值的部分不承担偿还的义务。而作为遗产债权人的北京市住房贷款担保中心，也应当在丰台民政局作为遗产管理人的履职期间，及时向其主张权利，如果在民政局管理工作结束后主张权利，应当承担相应的不利后果。

此外，本案中丰台民政局在一审中曾以"不确定被继承人杨某的遗产范围"作为抗辩理由，但未得到一审法院支持。《民法典》第一千一百四十七条第一项明确规定，遗产管理人应当清理遗产并制作遗产清单。尽管民法典没有明确遗产管理人编制遗产清单的具体期限，但丰台民政局应当在被指定为遗产管理人后的合理期间内尽快完成遗产清单的编制工作。本案中，丰台民政局的抗辩主张于法无据，故不应得到支持。

我国遗产管理人制度已经初步建立，随着司法实践的不断发展与深入，其将进一步发挥维护继承人、遗产债权人合法权益的作用，促进社会稳定，避免不必要的矛盾与纠纷。

编写人：北京市丰台区人民法院　綦宗霞　刘继晨

53

被继承人债务清偿诉讼中确定遗产管理人的必要性

——铸管公司诉供应链管理公司等买卖合同案

【案件基本信息】

1. 裁判书字号

北京市东城区人民法院（2021）京0101民初16075号民事判决书

2. 案由：买卖合同纠纷

3. 当事人

原告：铸管公司

被告：供应链管理公司、山东国际贸易公司、武安物资经贸公司、武安钢铁经贸公司、河北省武安市民政局（以下简称武安市民政局）

【基本案情】

2019年6月20日，铸管公司与供应链管理公司签订2019051号《铁矿石购销合同》，约定供应链管理公司向铸管公司购买90000湿吨进口铁矿砂。铸管公司依约履行供货义务，但供应链管理公司拖延缴纳追补保证金，货物到港后也未依约向铸管公司缴纳货款提货。8月7日，山东国际贸易公司、武安物资经贸公司、武安钢铁经贸公司和靳某某共同出具《担保书》，承诺为供应链管理公司的合同履行承担连带保证责任。但此后供应链管理公司一直未付款提货。

铸管公司认为供应链管理公司的行为构成违约，故起诉要求供应链管理公司赔偿损失，并要求靳某某等对该债务承担连带责任。案件审理过程中，靳某某死亡，铸管公司变更部分诉讼请求为指定武安市民政局作为靳某某的遗产管理人，并要求其在靳某某的遗产范围内履行处理对铸管公司所负债务的职责。

【案件焦点】

是否应在本案诉讼程序中直接确定武安市民政局为靳某某的遗产管理人。

【法院裁判要旨】

北京市东城区人民法院经审理认为：供应链管理公司未依约支付货款或全部保证金，构成违约，应赔偿铸管公司损失合计 10646280. 17 元，山东国际贸易公司、武安物资经贸公司、武安钢铁经贸公司和靳某某依据《担保书》应对供应链管理公司的上述债务承担连带保证责任。

关于靳某某所负连带保证责任的实现，因靳某某已于 2021 年 4 月死亡，《中华人民共和国民法典》规定的遗产管理人制度可以在本案适用。遗产管理制度是指继承开始后遗产交付前，有关主体依据法律规定或有关机关的指定，以维护遗产价值和遗产权利人合法权益为宗旨，对被继承人的遗产实施管理、清算的制度，该项制度系《中华人民共和国民法典》所新增，有利于提高遗产分配的效率，维护继承秩序、保护交易安全，维护债权人的合法利益。

关于铸管公司是否应先行申请指定遗产管理人，再主张本案权利，是本案一个不容回避的问题。

遗产管理人制度体现了公平、秩序、效率的价值取向，维护债权人的合法利益系其重要功能之一，在法律没有明确规定的情况下，应该遵循制度本身的价值取向、充分保护债权人的合法权益，实现公正与效率的统一。司法裁判应当注重优化审理过程，在兼顾公平的情况下，采取提高司法效率的审理方式。本案中，铸管公司坚持不另行提起指定遗产管理人的诉讼，直接确定遗产管理人，可以提升司法效率，节约司法资源。若要求铸管公司先行申请指定遗产管理人，再提起本案诉讼，会增加铸管公司的诉累，亦不利于其合法权益早日实现。

综上，铸管公司无须另案申请指定遗产管理人。本案中，靳某某的第一顺位继承人和第二顺位继承人均放弃继承，根据《中华人民共和国民法典》第一千一百四十五条及第一千一百四十七条的规定，铸管公司主张靳某某生前住所地民政部门武安市民政局作为遗产管理人参加诉讼并履行法定职责的诉讼请求于法不悖。

依照《中华人民共和国合同法》第八条、第二十二条、第二十五条、第二十六条、第三十二条、第六十条、第九十七条、第一百零七条,《最高人民法院关于适用〈中华人民共和国担保法〉若干问题的解释》第十条、第三十二条,《中华人民共和国民法典》第一千一百四十五条、第一千一百四十七条,《中华人民共和国民事诉讼法》第一百四十七条的规定,判决如下:

一、自本判决生效之日起十日内,被告供应链管理公司向原告铸管公司赔付损失10646280.17元;

二、被告山东国际贸易公司、武安市华昌物资经贸公司、武安钢铁经贸公司对被告供应链管理公司的上述第一项债务承担连带保证责任,被告山东国际贸易公司、武安物资经贸公司、武安钢铁经贸公司承担保证责任后有权向被告供应链管理公司追偿;

三、自本判决生效之日起三十日内,被告河北省武安市民政局处理靳某某的债务(靳某某对被告供应链管理公司的上述第一项债务承担连带保证责任,靳某某承担保证责任后有权向被告供应链管理公司追偿);

四、驳回原告铸管公司其他诉讼请求。

【法官后语】

遗产管理人制度是《中华人民共和国民法典》的新制度,关于指定遗产管理人,《民事案件案由规定》将其规定为非诉程序案件,《中华人民共和国民事诉讼法》(2023年修正)也将指定遗产管理人案件相关规定增加在“特别程序”一章。但实践中有不少案件是债权人在遗产管理人确定前即提起的被继承人债务清偿诉讼,且继承人均放弃继承,此时是否可以直接在诉讼程序中依据《中华人民共和国民法典》第一千一百四十五条确定民政部门或村委会为遗产管理人,实践中存在不同观点,一种观点认为,债权人应另行提起非诉程序申请人民法院指定遗产管理人,待遗产管理人确定后向其主张权利;另一种观点认为,人民法院可在被继承人债务清偿诉讼中直接指定遗产管理人,以节约司法资源、提高债权实现效率。采取第一种观点的案件中,又有三种不同细分做法：（1）裁定中止诉讼，待遗产管理人确定后恢复诉讼；（2）裁定驳回利害关系人的起诉，认为其应在法院指定遗产管理人后再行起诉；（3）判决驳回利害关系人的诉讼请求，认为继承人已放弃继承，原告无权要求其清偿债务，利害关系人应当在遗产管理人指定后另行起诉解决。

笔者认为是否允许直接在诉讼程序中确定遗产管理人，取决于债权人或继承人对遗产管理人的人选是否存在争议。如继承人均放弃继承，且放弃继承行为无效力瑕疵，各方对此无争议，则直接在诉讼程序中确定遗产管理人的做法较为妥当，有其必要性和正当性，理由如下：

虽然《中华人民共和国民事诉讼法》（2023 年修正）将指定遗产管理人的案件规定在“特别程序”中，但《中华人民共和国民事诉讼法》（2023 年修正）第一百九十四条规定适用该特别程序的前提是对遗产管理人的确定存在争议，正与《中华人民共和国民法典》第一千一百四十六条遥相呼应。但，对于《中华人民共和国民法典》第一千一百四十五条所规定的无争议的情形下各类遗产管理人如何确定，《中华人民共和国民事诉讼法》并无特别规定，那么遗产管理人是否应一概通过特别程序指定？笔者认为应当结合个案具体情况进行分析。指定遗产管理人案件之所以被列入非诉程序，是考虑到在存在争议的情况下，案件又非两造对立的传统诉讼程序构造且具有一定的公益属性，基于快速裁判及诉讼经济的需求而设置。在继承人均放弃继承的被继承人债务清偿纠纷中，依照《中华人民共和国民法典》第一千一百四十五条的规定，遗产管理人显然应由被继承人生前的民政部门或村委会担任，法律适用较为清晰。如在此情形下，一概要求债权人另行提起非诉程序，原案件或是中止或是以裁定、判决的形式审结后需债权人重新提起诉讼，必然发生债权人准备申请材料、人民法院审查立案、特别程序审理的期间，不仅拉长遗产管理人指定及债权受偿两个事件的解决周期，影响诉讼效率、浪费司法资源，还徒增遗产占有人隐匿、毁损遗产的风险，侵蚀判决正确性的效用。如此非但无法发挥非诉程序的优势，亦不利于实现遗产管理人平衡维护债权人及继承人合法权益的制度目的。相反，对遗产管理人的确定无争议时，由人民法院直接确定遗产管理人、通知参诉，直接推进案件进程，可实现当事人以最小的诉讼成本或最少的司法资源实现最大诉讼效益，挤出程序“水分”，用最少的司法环节完成矛盾纠纷的化解。且允许在诉讼程序中直接确定也是对《中华人民共和国民法典》第一千一百四十五条规定中蕴含的情形作出回应。

关于如何在被继承人债务清偿诉讼中确定遗产管理人，现行法律并无具体规定。根据诉讼法基本原则及法律框架，结合此类案件特点，笔者认为应按照“前提审查-依申请确定-通知参诉-判决确认”四步进行：首先，审查案件是否具备确定民政部门或村委会为遗产管理人的前提条件。人民法院应依当事人申请或依职权向被继承人生前住所地的公安人口管理部门及民政部门核查继承人情况，并通过询问被继承人其他亲属、所在单位等查明遗嘱情况，以确认被继承人是否无遗嘱执行人、无继承人或继承人均放弃继承，必要时应刊登公告以免遗漏利害关系主体。同时，人民法院应审查确认查明的利害关系主体均对确定遗产管理人无异议，如存在遗嘱效力争议、继承人身份争议等情况，即符合《中华人民共和国民法典》第一千一百四十六条的规定，则不宜在诉讼程序中确定遗产管理人，应要求债权人另案申请指定遗产管理人，中止审理。其次，由债权人自愿决定是否在本案中申请确定遗产管理人。基于民事诉讼法的处分权原则，诉讼中确定遗产管理人涉及审判对象的变更及诉讼标的的处分，应当尊重当事人意思自治，以债权人自愿申请变更诉讼对象及诉讼请求为前提。再次，诉讼中确定遗产管理人的，人民法院应向相应民政部门或村委会送达参加诉讼通知书，并赋予其在指定期限内提出书面异议的权利。如民政部门或村委会提出异议且成立，应告知债权人另行提起特别程序申请指定遗产管理人。最后，以认定的形式在判决书中确定遗产管理人。从《中华人民共和国民法典》第一千一百四十五条的内容来看，在上述情形中，按照顺位规则，民政部门或村委会当然担任遗产管理人，当事人对此无争议的情况下，法院仅对此进行确认，而无需对此单独作出判决或写入判决主文，当事人无权提出上诉，与非诉程序保持一致。

编写人：北京市东城区人民法院　王丹　郭晓磊　陈樐聪

三、申请人身安全保护令

54

通过自伤自残或以此相威胁的精神控制属家庭暴力

——王某申请人身安全保护令案

【案件基本信息】

1. 裁判书字号

湖北省武汉市洪山区人民法院（2022）鄂0111民保令5号民事裁定书

2. 案由：申请人身安全保护令

3. 当事人

申请人：王某

被申请人：李某

【基本案情】

申请人王某（女）与被申请人李某系夫妻关系，李某性格偏激，曾因琐事殴打王某，做出跳下二楼致双腿粉碎性骨折的极端行为。王某提出离婚后，李某通过发送短信“我要变成厉鬼”“没有你我真活不下去”等言语威胁王某，表示只要离婚就自杀，并多次跟踪尾随王某。李某收到离婚诉讼案件传票及副本后，寻至王某工作场所并当面喝下农药，王某多次报警皆协商未果。李某的行为使王某感到极其紧张恐惧，无奈之下向法院申请人身安全保护令，请求禁止李某对王某实施家庭暴力，禁止李某骚扰、跟踪、威胁王某，禁止李某进入和接近王某工作地址。

【案件焦点】

以伤害自己的身体或以伤害自己身体为威胁是否能够认定为实施家庭暴力。

【法院裁判要旨】

湖北省武汉市洪山区人民法院经审理认为：李某一直跟踪、骚扰王某，以自伤、自残等行为威胁、逼迫王某放弃离婚。虽然李某没有直接对王某实施身体上的侵害行为，但其采取长期跟踪、骚扰、威胁自杀等方式恐吓王某，对王某进行精神控制，逼迫王某按照其意志行事。该行为属于应当依法发出人身安全保护令的精神暴力。故裁定禁止李某对王某实施家庭暴力，禁止李某骚扰、跟踪、威胁王某。目前，李某未再骚扰、跟踪、威胁王某。

【法官后语】

家庭是社会的细胞，家庭的安宁祥和也是社会稳定的重要因素。发生在家庭成员之间的暴力行为伤害到的远不止家暴受害者个人的身心健康，更是对文明社会的一种亵渎，制止家庭暴力需要公权力机关和社会舆论的共同努力。

物理上的家庭暴力行为，无论是对他者的暴力行为本身，还是暴力行为对他者造成的损害后果，都直观地冲击着大众的视野。所以更多的时候，公众的注意力往往被殴打、残害等物理上的暴力占据，而忽视了精神暴力的存在。家暴，也常常被定义为“对对方施加恶害”，而未涵盖“实施者通过自我伤害来给对方造成巨大的精神压力，以此来威逼对方顺从自己意志”的情况。

在精神暴力之中，施害者通过“伤害自己”这种行为来威胁对方，首先，为自己免除了潜在遭受刑事处罚的可能性；其次，由于不是直接对受害人施加物理暴力，也可以逃脱社会舆论的批判；最后，其甚至可以利用心理上的优势控制地位，操纵麻痹受害者的思想，在严重情况下，让被害者认为都是由于被害者自身的原因才导致了一切的发生。所以，精神暴力的危害性从来都不低于物理上的暴力，但是，在目前的社会舆论认知中，大众往往会根据一般经验，认定没有遭受物理暴力和人身自由限制的受害人可以凭借自身的能力离开施害者，如果受害者不能离开，那么受害者本人也应为自己不离开的选择承担后果。在这样的现实情况下，再加之精神暴力的隐蔽性和无形性，受害者往往更难寻求到外界的帮助，外界也会低估受害者实际受到的伤害。

本案是一起因被申请人实施精神控制暴力行为而作出人身安全保护令的案件。被申请人虽未实施殴打、残害等行为给申请人造成物理损伤，但其行为，特别是自伤、自残的行为必定会让申请人产生紧张恐惧的情绪，导致申请人精神不自由，从而按照被申请人的意志行事。该行为效果等同于“恐吓”行为，属于精神暴力。法院通过禁止李某对王某实施家庭暴力，禁止李某骚扰、跟踪、威胁王某，为王某发布人身安全保护令等一系列举措，确认了“通过伤害自己以达到控制对方”的这种行为也属于家庭暴力的一部分，这不但向社会重新释明了家庭暴力的含义，也为更多在家庭中遭受精神暴力的受害者指明了自救的有效路径，为个体独立自主权及身心健康的保障提供了有力的后盾。

编写人：湖北省武汉市洪山区人民法院　王盈平

ISBN 978-7-5216-4345-9

图书在版编目（CIP）数据

中国法院2024年度案例. 婚姻家庭与继承纠纷/ 国家法官学院，最高人民法院司法案例研究院编 .—北京：中国法制出版社，2024. 5

ISBN 978-7-5216-4345-9

Ⅰ. ①中… Ⅱ. ①国… ②最… Ⅲ. ①婚姻家庭纠纷-案例-汇编-中国②继承法-民事纠纷-案例-汇编-中国 Ⅳ. ①D920. 5

中国国家版本馆CIP数据核字（2024）第054086号

策划编辑：李小草　韩璐玮（hanluwei666@ 163. com）
责任编辑：韩璐玮　　封面设计：李宁

中国法院2024年度案例. 婚姻家庭与继承纠纷

ZHONGGUO FAYUAN 2024 NIANDU ANLI. HUNYIN JIATING YU JICHENG JIUFEN

编者/国家法官学院，最高人民法院司法案例研究院
经销/新华书店
印刷/三河市紫恒印装有限公司
开本/730毫米×1030毫米　16开　　印张/ 17　字数/ 205千
版次/2024年5月第1版　　2024年5月第1次印刷

中国法制出版社出版
书号 ISBN 978-7-5216-4345-9　　定价：75. 00元

北京市西城区西便门西里甲16号西便门办公区
邮政编码：100053　　传真：010-63141600
网址：http：//www. zgfzs. com　　**编辑部电话：010-63141790**
市场营销部电话：010-63141612　　**印务部电话：010-63141606**

（如有印装质量问题，请与本社印务部联系。）